Sozialökonomische Schriften zur Ruralen Entwicklung
Socioeconomic Studies on Rural Development
Band/vol. 101

Herausgeber/Editor: Prof. Dr. Dr. Dr. h.c. Frithjof Kuhnen
Schriftleiter/Executive Editor: Dr. Ernst-Günther Jentzsch
Büsgenweg 2, D-3400 Göttingen
Tel. 0551 / 39 39 02

Arbeit aus dem Institut für Tierproduktion
Technische Universität Berlin

Manfred van Eckert

Kleinbäuerliche Schweinehaltung in Simbabwe

Eine sozio-ökonomische Analyse von Tierhaltungssystemen in den Communalen Gebieten

ALANO
edition herodot

Gefördert von der Deutschen Forschungsgemeinschaft und dem
Bundesministerium für wirtschaftliche Zusammenarbeit

Die Deutsche Bibliothek - CIP-Einheitsaufnahme

Eckert, Manfred van:
Kleinbäuerliche Schweinehaltung in Simbabwe : eine sozio-
ökonomische Analyse von Tierhaltungssystemen in den
communalen Gebieten / Manfred van Eckert. - Aachen :
Alano-Verl., Ed. Herodot, 1993
(Sozialökonomische Schriften zur ruralen Entwicklung ; Bd. 101
Zugl.: Berlin, Techn. Univ., Diss., 1992
ISBN 3-89399-177-8

NE: GT

D 83

Kongreßstr. 5, D-5100 Aachen
Druck: Kinzel, Göttingen

1. Auflage
ISBN 3-89399-177-8
ISSN 0175-2464

Abstract

Eckert, Manfred van: Pig husbandry under peasant conditions in Zimbabwe. Socio-economic analysis of animal production systems in Communal Areas

A farming systems research approach was implemented from 1987 until 1990 in cooperation with the FSR-Unit of the DR&SS and the Pig Industry Board to overcome the conspicious lack of information on smallholder pig production in Zimbabwe.
During the diagnosis phase an extensive survey was conducted among 225 peasant pig producers in 3 different agro-ecological regions in order to identify the role and intensity of pig production in different farming systems. Between November 1987 and March 1990 livestock on-farm trials have been carried out to assess pig performances and to test possible improvements.
140 piglets of genotypes having 25, 50 and 75 percent of exotic blood had been distributed to 48 farmers in order to estimate the growth performance potential of local x exotic crossbred pigs under the production environment of the smallholders. The growth of pigs under improved feeding systems has been tested with 195 pigs in 28 smallholdings by supplementing 50 % and the total feed requirements.
The analysis of measured biological performances of pigs was carried out by using linear models of least squares analysis of variance. Independent variables of the models are production systems, regions, genotypes, seasons as well as socioeconomic variables. The data about the traditional production system is summarized in four scenarios which show a possible strategy for its development and the economic feasibility. The development potential of intensive production systems in peasant mixed farms is shown by gross margin calculations for different grain yield levels and the different production alternatives given by the marketing system.
The results of the base line survey show that pig production ranks third after cattle and crop production according to the calculated marketable output of the different production subsystems. Mainly, pigs are kept by woman and are of great economic importance to them.
The analysis of reproduction and growth performance parameters indicates highly significant differences between the traditional and intensive system as well as differences within the two groups. The differences within the production systems show the potential for further improvements of small scale pig production.
The constraints to production in the traditional production system are the high rate of losses (40%) and the poor feeding level, mainly during the planting season when pigs are pen-fed and kept in pigkraals. The significantly lower performance level of the lokal Mukota breed is not yet a constraint to production at the present traditional managemant system.

Abstract

[illegible]

Vorwort

An dieser Stelle sei allen, die einen Beitrag zum Gelingen dieser Arbeit geleistet haben, herzlich gedankt.
Die Datenerhebung wäre nicht ohne die tatkräftige Mithilfe der Bauern in Simbabwe möglich gewesen, die meine Arbeit unterstützten, obwohl die monatlichen Wiegungen Unruhe in ihre Bestände brachten und die laufenden Befragungen viel Zeit und Geduld erforderten.
Ich danke den Mitarbeitern der Farming Systems Research Unit und dem Department for Research and Specialist Services für ihre freundliche Aufnahme und Unterstützung. Besonders hervorheben möchte ich dabei den Leiter der Farming Systems Research Unit, Herrn Bright Mombeshora, und meine Kollegen, Herrn Godswill Makombe und Herrn Param Mafungoya, die durch ihre freundschaftliche und konstruktive Zusammenarbeit zum Gelingen dieser Arbeit beigetragen haben. Mein besonderer Dank gilt Herrn Andrew Nasasar, der mir bei allen Felderhebungen tatkräftig zur Seite stand und mir so den Einblick in die kleinbäuerlichen Strukuren Simbabwes ermöglichte.
Den Direktoren des Department of Research and Specialist Services, Herrn Ron Fenner, sowie des Pig Industry Boards, Herrn Kingston Mandisodza, danke ich für die Bereitschaft, mir mit Rat und Tat zur Seite zu stehen.

Beim Institut für Tierzucht und Haustiergenetik der Universität Göttingen möchte ich mich für die Unterstüzung, die mir bei der Durchführung der Forschungsarbeit und der anschließenden Datenauswertung gewährt wurde, bedanken. Hervorheben möchte ich hierbei Herrn Dr. Kai Uwe Götz und Herrn Dr. Horst Brandt, die mich bei den statistischen Auswertungen unterstützten.

Besonders herzlich möchte ich mich bei Herrn Prof. Dr. K.J. Peters bedanken, der es mir ermöglichte, die Arbeit durchzuführen und mir uneingeschränkten Rückhalt bot.
Herrn Prof. Dr. W. Manig gilt mein besonderer Dank für die Übernahme des Korreferats und für seine freundliche Unterstützung in der Endphase dieser Arbeit.

Für die Finanzierung der Arbeit möchte ich mich bei der Gesellschaft für Technische Zusammenarbeit (GTZ) und der Deutschen Forschungsgemeinschaft (DFG) bedanken.

Für die Unterstützung, den Rückhalt, das Verständnis und die Geduld meiner Frau und meiner Kinder möchte ich mich besonders herzlich bedanken.

Inhaltsverzeichnis

Verzeichnis der Tabellen

Verzeichnis der Abbildungen

Abkürzungsverzeichnis:

AFA	Abschreibung
AFC	Agricultural Finance Cooperation of Zimbabwe
AK	Familienarbeitskräfte
AKH	Familienarbeitskraftstunde
AMA	Agricultural Marketing Authority
AGRITEX	Agricultural Technical and Extension Services
AMHC	Animal Health Care Center
Betr	Betrieb
BT	Tiere von Bauern
$\hat{c}$	Schätzkonstante
CA	Communal Area
COLCOM	Central Co-operative Company Limited
DB	Deckungsbeitrag
DR&SS	Department of Research and Specialist Services
DVS	Department of Veterinary Services
Ext	extensiv
F_{50}	Fütterungsniveau mit 50-%iger bedarfgerechter Fütterung
F_{100}	Fütterungsniveau mit bedarfgerechter Fütterung
FG	Freiheitsgrad
FSRU	Farming Systems Research Unit
g	Gramm
GP	General Purpose Pig
GZ	Gewichtszunahme
HH	Haushaltsvorstand
I	Mukotarasse
Int	intensiv
J	Jahre
Kr	undefinierte Kreuzungstiere der Bauern
LG	Lebendgewicht
LP	LargePorker
LR*I	F_1-Kreuzungstiere (Large White*Mukota)
LSCF	Large Scale Commercial Farming Sektor
LSQX	geschätzter Mittelwert
LR	Leistungsrassen

LTZ	Lebenstagzunahme
Max	größter Wert
MLARR	Ministry of Lands, Agriculture and Rural Resettlement of Zimbabwe
Min	Kleinster Wert
MP	Medium Porker
MRS	Management Recording Scheme des PIB
N	Stichprobe
n	Anzahl der Beobachtungen,
NFAZ	National Farmers Association of Zimbabwe
NN	Normal-Null
ns	nicht signifikant
p	Irrtumswahrscheinlichkeit
p.a.	per annum
PIB	Pig Industry Board of Zimbabwe
R^2	Bestimmtheitsmaß
s	Standardabweichung
SE	Standardfehler
SGW	Schlachtwicht
SP	Small Porker
Std	Stunde
t	Tonne (1000 kg)
Trad	Traditionell
UP	Undermassed Pig
VEA	Veterinary Extension Assistant
VP	Manufactoring Pig
VK	Variationskoeffizient
Z.$	Simbabwe Dollar Stand Okt. 1989: DM 1.00 = Z.$ 1.18
μ	Gesamtmittel der Stichprobe

1. Einleitung

1.1 Allgemeine Entwicklungstendenzen im Tierproduktionssektor

Durch Bevölkerungswachstum und steigendes Pro-Kopf-Einkommen in den Entwicklungsländern ist die Nachfrage nach tierischen Produkten in der letzten Entwicklungsdekade stetig angestiegen. Die FAO schätzt die jährlichen Nachfragesteigerungen bis zum Jahr 2000 auf 4.5 % (Hrabovszky, 1981).

Prognosen über die Versorgung der Bevölkerung mit tierischen Produkten wie Fleisch, Milch und Eiern in 104 Entwicklungsländern, die sich auf die Bevölkerungs- und gesamtwirtschaftlichen Entwicklungen der 70er Jahre beziehen, prognostizieren ein beträchtliches Mißverhältnis zwischen Angebot und Nachfrage für das Jahr 2000. Für Afrika südlich der Sahara weisen diese Schätzungen ein Defizit von 2.8 Millionen Tonnen Fleisch aus (Sarma and Yeung,1985).

Aufgrund der Nachfrageentwicklung zeichnen sich strukturelle Veränderungen im Tierproduktionssektor ab. Wachsender Besiedlungsdruck und das Vordringen des Ackerbaus auf Weidestandorte haben zur Verringerung der Weideressourcen geführt. Das Ziel der Bauern, möglichst große Viehherden zu besitzen, verursacht erhebliche Überweidungsprobleme, die vor allem nach Dürreperioden durch verstärkte Bemühungen zur Bestandsergänzung und -aufstockung zu teilweise irreversiblen ökologischen Schäden geführt haben. Diese Entwicklung hat in vielen afrikanischen Ländern südlich der Sahara zur Reduktion der Weidekapazitäten und zur Verringerung der Produktivität der Wiederkäuerhaltung beigetragen. Diese Tendenzen und die gleichzeitig erzielten Produktivitätssteigerungen im Pflanzenbau führen im Vergleich zu den Intensivtierarten Huhn und Schwein bei der Wiederkäuerhaltung aufgrund des hohen Flächenanspruchs zum Verlust von komparativen Produktionsvorteilen in der Fleischerzeugung (von Korn, 1988).

Die Analysen der Entwicklungen auf den Fleischmärkten zeigen, daß die Marktentwicklung eine Ausdehnung der Schweine- und Geflügelproduktion seit Mitte der 60er Jahre aufgrund der skizzierten Probleme bei der Wiederkäuerproduktion bewirkt hat. Durch die kürzeren Produktionsintervalle dieser Tierarten konnten schnelle Produktionssteigerungen und Marktanpassungen erzielt werden (Sarma and Yeung, 1985). Die jährliche Steigerungsrate der Schweineproduktion in Afrika lag zwischen 1979 und 1988 bei 7 %, wobei vor allem die Bestände in der Sahelzone sowie in West- und Zentralafrika stark anstiegen (FAO, 1989). Allerdings wird ein großer Teil dieses Produktionswachstums von intensiven und halbintensiven kommerziellen Betrieben erzeugt (Schleich, 1989). Für diese Betriebe werden Umweltbelastungen, z.B Wasserverschmutzungen und Geruchsbelästigungen, prognostiziert, die durch Probleme bei der Beseitigung der tierischen Abfallstoffe verursacht werden (FAO,1989).

Um dieses vorhandene Marktpotential für eine ländliche Entwicklung zu nutzen und negative Auswirkungen der intensiven Massentierhaltung auf die Umwelt zu vermeiden, müssen Anstrengungen zum Aufbau und zur Verbesserung bereits existierender traditioneller kleinbäuerlicher Produktionssysteme für Hühner und Schweine unternommen werden. Im Gegensatz zum Aufbau von industriemäßigen Produktionsanlagen, die schnelle Produktionssteigerungen ermöglichen und zu großer Importabhängigkeit bei Futtermitteln, Zuchtmaterial und der Technologie führen, ergeben sich durch den Aufbau kleinbäuerlicher Produktionsverfahren entwicklungspolitische Vorteile. Diese Strategie führt zur größeren Unabhängigkeit von Importen, kann zur Einkommens- und Ernährungsverbesserungen der ländlichen Bevölkerung beitragen und positive Auswirkungen auf den ländlichen Arbeitsmarkt haben.

Die Schweinehaltung, bisher hinsichtlich ihrer Entwicklungspotentiale in kleinbäuerlichen Betriebssystemen nur wenig untersucht, kann an Ackerbaustandorten einen wesentlichen Beitrag zur Einkommenssteigerung und Verbesserung der Versorgung mit hochwertigen tierischen Proteinen leisten, da Schweine gut in die Betriebssysteme integriert werden können, über ein hohes Produktionspotential verfügen und nur einen geringen Flächenanspruch haben. Durch das breite Spektrum möglicher Anbaufrüchte, Haushaltsabfälle und Erntenebenprodukte, die durch Schweine effizient verwertet werden können, kann die Schweinehaltung zur Intensitätssteigerung der kleinbäuerlichen Betriebe beitragen. Eine flexible Anpassung der Bestandsgrößen an die verfügbaren Futterressourcen kann durch die hohe Reproduktionsleistung und kurzen Produktionsintervalle der Schweine ermöglicht werden. Ein Entwicklungspotential für die Schweineproduktion in kleinbäuerlichen Betriebssystemen existiert vor allem dort, wo durch Produktivitätssteigerungen im Ackerbau Produktionsüberschüsse erzielt werden, so daß es zu keiner direkten Nahrungskonkurrenz zwischen den Schweinen und Menschen kommt.

1.2 Problemstellung

Die bisher skizzierten strukturellen Veränderungen im Tierproduktionssektor, ihre Auswirkungen auf den Fleischmarkt und das durch Produktivitätssteigerungen im Pflanzenbau entstandene Potential für die kleinbäuerliche Schweineproduktion können besonders am Beispiel Simbabwes deutlich gemacht werden.

Simbabwe liegt überwiegend in den semiariden Tropen, weist ein jährliches Bevölkerungswachstum und steigendes Wirtschaftwachstum[1] von mehr als 3 % bzw. ca. 3 % auf.

---

1) Die durchschnittliche jährliche Wachstumsrate wurde zu Preisen von 1980 für den Zeitraum zwischen 1980 und 1988 berechnet (Eurostat, 1990).

Die Agrarstruktur ist von einem Dualismus gekennzeichnet, der sich aus einem Großbetriebssektor, den "Large Scale Commercial Farms" (LSCF), und einem traditionellen ländlichen Subsistenzsektor in den Communal Areas (CAs) zusammensetzt. Die agrarpolitische Förderung des kleinbäuerlichen Sektors seit der Unabhängigkeit 1980, die den Bauern den Zugang zu den Bezugs-, Absatz- und Kapitalmärkten ermöglichte und durch verstärkte Anstrengungen der Beratung gekennzeichnet ist, hat dazu geführt, daß die Kleinbauern ihre Anteile an den vermarkteten Getreide- und Baumwollmengen ständig steigern konnten. In Jahren ohne extreme Dürreperioden liegt der Marktanteil für diese Ackerfrüchte bei mehr als 50 % des nationalen Markangebotes (Heidhues und Thalheimer, 1968; AMA, 1988).

Rindfleisch stellt mit ca. 70 % die Hauptfleischressource für die Versorgung der urbanen Bevölkerung dar. Es wird etwa zu 90 % von den LSCF produziert. Bestandsreduzierungen zwischen 1979 und 1987 im LSCF um ca. 38 % auf 1.8 Millionen Rinder haben zu einer starken Reduzierung des Fleischaufkommens geführt. Als Gründe für diese Bestandsreduzierungen werden Trockenperioden und trotz erheblicher Subventionen mangelhafte Preisanreize sowie gestiegene Faktorpreise im Tierproduktionsentwicklungsplan genannt (MLARR, 1989). Obwohl die Bestände in den CAs im gleichen Zeitraum um 25 % auf ca. 3.9 Millionen Rinder anstiegen, sank die Erzeugung von Rind- und Kalbfleisch zwischen 1979 und 1988 von 79.000 t auf 61.000 t (-23 %), so daß die Regierung aufgrund des geringen Angebots Rationierungsmaßnahmen ergreifen mußte. Neben den Bestandsreduzierungen im LSCF hat der geringe Marktbeitrag, den die Bauern aus den CAs leisten, zu diesen Knappheitsverhältnissen auf dem Rindfleischmarkt geführt.

Pro Jahr werden nur 2.5 % bis 3 % des mehr als 5 Millionen Tiere umfassenden Rinderbestandes der CAs über den offiziellen Fleischmarkt abgesetzt. Die Gründe für diesen geringen Marktbeitrag liegen in den vielfältigen sozio-ökonomischen und kulturellen Funktionen, die die Rinderhaltung in den Betriebssystemen der CAs einnimmt.

Der Druck auf die knappen Weideressourcen in den CAs wird durch ca. 2.5 Millionen[2] kleine Wiederkäuer erhöht. Ihre Funktionen in den Betriebssystemen, die Bedeutung der Lokalvermarktung sowie hohe Vermarktungskosten bei der Belieferung der offiziellen Vermarktungsorganisation führen zu geringen Marktanteilen. 1987 wurden insgesamt 7.000 t Schaf- oder Ziegenfleisch über den formalen Markt vermarktet, was ca. 8 % des gesamten Fleischangebots entspricht.

Vor dem Hintergrund der Funktionen dieser Tierarten in den Betrieben und der zunehmenden Überweidungsprobleme in den CAs, die durch die Ausdehnung des Ackerbaus in

2) Bestandszahlen von 1987; Ziegenbestand: 2.1 Millionen

vielen Gebieten ökologisch bedenkliche Ausmaße angenommen haben, ist eine bedarfsgerechte Steigerung der Fleischproduktion durch die Wiederkäuerhaltung aufgrund langsamer Produktivitätsfortschritte und nur begrenzt mobilisierbarer alternativer Futterressourcen kaum realisierbar.

Zusätzlich zu der durch Bevölkerungswachstum induzierten Fleischnachfrage entsteht durch die rückläufige Entwicklung des Rindfleischangebotes ein zusätzliches Marktpotential für die Schweineproduktion, da nur 20 % der simbabwischen Bevölkerung den Verzehr von Schweinefleisch aus religiösen oder kulturellen Gründen ablehnen (MLARR, 1989).

Die Tendenz für eine bereits zunehmende Bedeutung der Schweineproduktion zeigt sich in der Vergrößerung des nationalen Schweinebestandes, der zwischen 1980 und 1987 von 132.000 Tieren auf 217.000 Tiere (64 %) angestiegen ist. Eine ähnliche Entwicklung wie in der Rinderproduktion kann auch für die Schweineproduktion in beiden Sektoren seit 1980 festgestellt werden. Während die Schweinebestände in den intensiven Produktionssystemen des LSCF abnahmen, stieg der Bestand in den extensiven Systemen der CAs von 39.000 Tiere auf 120.000 Tiere stark an (AMA, 1988; EUROSTAT, 1990). Dabei konnten Tendenzen für eine zunehmende Marktorientierung kleinbäuerlicher Schweineproduzenten festgestellt werden (Bonga, 1988).

Jüngste Entwicklungen des Schweinefleischangebotes zeigen den vermehrten Verzehr von Schweinefleisch an, obwohl Wettbewerbsnachteile durch die subventionierten Rindfleischpreise bestehen. Die Zahl der Schweineschlachtungen der größten Vermarktungsorganisation COLCOM[3] hat zwischen 1985 und 1990 um 48 % von 129.000 Tieren auf 192.000 Tiere zugenommen. Das daraus resultierende Fleischangebot stieg um ca. 40 % von 9.800 t auf 13.700 t (ZPS, 1990).

Die Produktionsausdehnung der Schweinehaltung in den CAs kann in engem Zusammenhang mit der Verbesserung der landwirtschaftlichen Produktionsbedingungen gesehen werden. Der technisch-institutionelle Wandel seit der Unabhängigkeit 1980 und die Ausdehnung der Anbauflächen haben zu beträchtlichen Produktionssteigerungen im Ackerbau geführt. Die Bauern erzielen selbst in Jahren mit durchschnittlichen Niederschlagsverhältnissen bei den Hauptanbaufrüchten Mais, Hirse und Baumwolle beträchtliche Überschüsse, die zu einem starken Anstieg ihres Marktanteils geführt haben.

In der Vergangenheit beschränkten sich die Forschungsaktivitäten zur Schweineproduktion in Simbabwe hauptsächlich auf die Probleme der großbetrieblich organisierten,

---

3) Die COLCOM - Vermarktungsgenossenschaft hält einen Marktanteil von ca. 80 %.

intensiven Schweinehaltung, so daß die Probleme der kleinbäuerlichen Schweineproduzenten weitgehend unberücksichtigt blieben.

Über Funktionen und Leistungen der Schweine in kleinbäuerlichen Betriebs- und Produktionssystemen und über die begrenzenden Faktoren gibt es bisher nur wenige Informationen. Kenntnisse darüber bilden jedoch die Grundlage für die Einschätzung des Produktionspotentials und die Entwicklung gezielter Maßnahmen, die zu Verbesserungen im Betriebszweig Schweineproduktion führen können. Durch diese Maßnahmen soll der Beitrag der Schweineproduktion an der Versorgung der ländlichen Bevölkerung mit tierischem Eiweiß gesteigert werden und den Kleinbauern der Zugang zu den expandierenden Fleischmärkten ermöglicht werden.

1.3 Ziele der Untersuchungen

Ziel der Untersuchung ist die Bestimmung der Leistungen der Schweine in den Produktions- und Betriebssystemen und das Aufzeigen von Verbesserungsmöglichkeiten, die an interne und externe Produktionsbedingungen der Betriebe angepaßt sind. Dafür wurden in ausgewählten Betrieben Untersuchungen durchgeführt, die auf die Erfassung folgender Elemente zielten:

a) sozio-ökonomische, infrastrukturelle und produktionstechnische Bestimmungsfaktoren der kleinbäuerlichen Schweinehaltung

b) Produktions- und Reproduktionsleistungen in der bäuerlichen Schweinehaltung

c) Bewertung von Leistungssteigerungen, die durch Einkreuzung von Leistungsrassen in die Lokalrasse und durch verbesserte Fütterungsmaßnahmen erzielt werden können.

Aus diesen Elementen werden besondere produktionstechnische und wirtschaftliche Einzelaspekte herausgearbeitet, um die wichtigsten Bestimmungsgrößen der Schweineproduktion in den Betrieben und das bestehende Entwicklungspotential aufzuzeigen. Die Erhebung von Leistungsdaten der Schweine in den Produktionssystemen trägt zur Dokumentation der Leistungseigenschaften afrikanischer Schweinerassen bei.

2. Untersuchungsmethoden

2.1 Der Forschungsansatz

Der Betriebszweig der Schweineproduktion stellt ein Subsystem des Tierproduktions- und Gesamtbetriebssystems dar. Aufgrund von Wechselbeziehungen zwischen dem Betriebszweig Schweineproduktion und den anderen Systemkomponenten können die begrenzenden Faktoren des Schweineproduktionssubsystems nur im Gesamtsystem analysiert werden. Denn in subsistenzorientierten kleinbäuerlichen Mischbetriebssystemen versuchen die Bauern durch Pflanzen- und Tierproduktion ihre Ziele, die in der Erwirtschaftung von materiellen und immateriellen Werten liegen, zu erreichen. Dabei müssen die Produktionsentscheidungen des Bauern vor dem Hintergrund konkurrierender, komplementärer und supplementärer Beziehungen zwischen den einzelnen Subsystemen betrachtet werden. Pflanzen- und Tierproduktionssysteme konkurrieren um die Produktionsfaktoren Boden, Arbeit und Kapital. Supplementäre und komplementäre Beziehungen zwischen diesen beiden Systemen sind beispielsweise die Zugkraft- und Dungleistung sowie die Verwertung von Abfällen und Erntenebenprodukten.

Nach Ruthenberg (1980) ist die Bedeutung der komplementären Beziehungen und der Interaktionen zwischen den Systemkomponenten bei der Entwicklung der Betriebssysteme umso höher, je schlechter die sozio-ökonomischen und produktionstechnischen Rahmenbedigungen sind.

In den CAs Simbabwes kann von sehr engen Beziehungen zwischen den Subsystemen innerhalb der kleinbäuerlichen Betriebe ausgegangen werden, so daß bei Untersuchungen der Tierproduktionskomponenten auch das Pflanzenproduktionssytems mitberücksichtigt werden muß (Mc Dowell and Hildebrand 1980).

Liegt eine mögliche Konkurrenzbeziehung zum Haushaltssystem in der Verwendung von Primärprodukten - als Hauptnahrungsfrüchte oder Hauptfutterressourcen - vor, kann davon ausgegangen werden, daß diese Nahrungskonkurrenzbeziehung vor allem solche Bauern vor schwierige Produktionsentscheidungen stellt, die in ariden Gebieten siedeln, da dort durch häufig auftretende Trockenheiten die Produktionsrisiken des Ackerbaues groß sind.

Die Perspektiven der Schweineproduktion stehen in engem Zusammenhang mit dem Entwicklungspotential des Pflanzenproduktionssystems und der Kapitalausstattung des Gesamtbetriebs. Darüber hinaus hängen sie hinsichtlich der Marktanbindung von der Verkehrslage des Betriebes ab.

Der in dieser Untersuchung gewählte Betriebssystemansatz beinhaltet verschiedene sozialwirtschaftliche und landwirtschaftliche Untersuchungsmethoden. Eine wichtige

Voraussetzung für die erfolgreiche Durchführung der Erhebungen war dabei ein hohes Maß an Partizipation seitens der Bauern, mit deren Hilfe entsprechende Maßnahmen und Empfehlungen entwickelt werden konnten, die an die sozio-ökonomischen Rahmenbedingungen der Kleinbetriebe angepaßt sind. Neben der Erfassung der Beziehungen zwischen dem Schweineproduktionssubsystem und den anderen Systemkomponenten des Betriebes wurden haltungstechnische Maßnahmen in Feldversuchen erprobt.

Die Untersuchungen wurden in Zusammenarbeit mit dem Pig Industry Board und der Farming Systems Research Unit (FSR-Unit) vom Department of Research and Specialist Services (DR&SS) des Ministry of Lands, Agriculture and Rural Resettlements (MLARR) durchgeführt.

Den Ablauf und die Struktur der Untersuchungen sowie den möglichen Verwertungszusammenhang der erzielten Ergebnisse zeigt Abbildung 2.1. Der auf langjährige Untersuchungen angelegte Betriebssystemansatz konnte im Rahmen dieser Arbeit im wesentlichen nur einmal durchlaufen werden. Dieser Ansatz erfordert ein interdisziplinäres Team, was durch die Einbindung des Projektes in die FSR-Unit teilweise gesichert war. Die Studie stellt aufgrund der befristeten Mittel und Zeit einen ersten Ansatz zur Erklärung der Gesamtproblematik der Schweineproduktionssysteme und ihrer komplexen Zusammenhänge innerhalb der Betriebssysteme dar und zeigt erste Entwicklungsmöglichkeiten auf. Zur Determination von Jahreseffekten sowie von Einflüssen sich ändernder sozio-ökonomischer Rahmenbedingungen ist es erforderlich, diesen Systemansatz über einen längeren Zeitraum zu verfolgen.

Abbildung 2.1: Untersuchungsaufbau und Verwertungszusammenhang

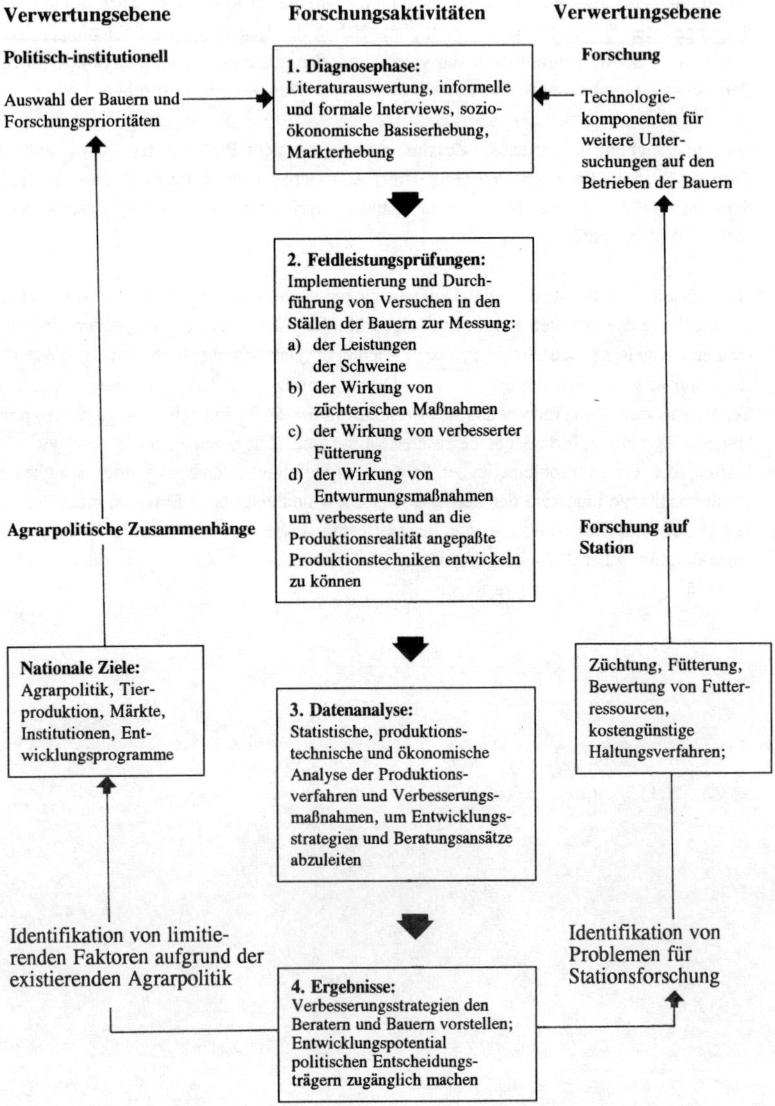

2.2 Diagnosephase

Den Kern der Diagnosephase bildet die sozio-ökonomische und produktionstechnische Basiserhebung, die von August bis Oktober 1989 durchgeführt wurde und auf deren Grundlage die Planung für den weiteren Versuchsaufbau in Absprache mit dem Team der FSR-Unit vorgenommen wurde.

2.2.1 Strukturkriterien

Das wichtigste Kriterium bei der Auswahl der Untersuchungsstandorte für die Diagnosephase war deren regionale Lage (siehe Abb. 3.1 S. 27) und die daraus resultierenden Fragen nach dem Landnutzungspotential und der Entfernung zu urbanen Zentren und Schlachthöfen.

Das Landnutzungspotential hat einen wesentlichen Einfluß auf die Gesamtbetriebsentwicklung und somit auf das Potential für die Schweineproduktion, da es folgende Faktoren determiniert:

- Anbaustruktur und Ertragshöhe,
- Futterverfügbarkeit und -zusammensetzung,
- Einstellung und Kenntnisse der Bauern zur bzw. über die Tierproduktion,
- Bedeutung der Schweineproduktion im Betrieb,
- Potential für Verbesserungsmaßnahmen.

Es wurde angenommen, daß die Entfernung zu urbanen Zentren und zum nächstgelegenen Schlachthof folgende Parameter der Schweineproduktion in den Untersuchungsregionen beeinflußt:

- subsistenz- oder marktorientierte Produktion,
- traditionelle und intensive Produktionssyteme,
- Vermarktungsmöglichkeiten für Schweine,
- Zugang zu Vorleistungen,
- Zugang zu Informationen und Beratung,
- Wirtschaftlichkeit der Schweineproduktion,
- Potential zur Erhöhung der Intensität der Produktionssysteme.

Die hier genannten Faktoren bildeten den Hintergrund für die Auswahl der Untersuchungsstandorte.

2.2.2 Auswahl der Regionen und Betriebe

Unter Berücksichtigung dieser Auswahlkriterien und der Ergebnisse einer Befragungsaktion der lokalen Beratungsbehörde AGRITEX über den Umfang der Schweinehaltung in den CAs wurden die Communalen Gebiete Mangwende, Kandeya und Chivi in die Untersuchungen einbezogen.

Mit Hilfe von AGRITEX-Beratern der Distrikte Murehwa und Mt. Darwin wurden in Mangwende bzw. Kandeya zwei Wards[4] nach Maßgabe der inneren Verkehrslage und der Verbreitung der Schweineproduktion ausgewählt. Für Mangwende wurden die Wards Zihute und Musami gewählt, die ca. 5 bzw. mehr als 30 km vom Distriktzentrum Murehwa entfernt sind. In Kendeya wurden für die Erhebungen die Wards Dotito und Bveke gewählt, die ca. 20 km und mehr als 50 km vom Distriktzentrum Mt. Darwin entfernt liegen. Aus logistischen und informationstechnischen Gründen konnte für die Basiserhebung keine Zufallsstichprobe von allen Schweineproduzenten der verschiedenen Wards gezogen werden. Für die Befragung wurden anhand von Informationen lokaler Autoritäten, Bauern und AGRITEX-Beratern Dörfer bzw. Kraals[5] ausgewählt, in denen es mehrere Schweineproduzenten gab. Befragt wurden alle erreichbaren Schweineproduzenten in den ausgewählten Dörfern bzw. Kraals.

Die Auswahl und Identifikation der Betriebe in Chivi unterschied sich von derjenigen der beiden anderen Regionen, da in Chivi aufgrund der geringeren Dichte der Schweineproduzenten keine Konzentration der Untersuchungsstandorte auf wenige Wards und Dörfer vorgenommen werden konnte, so daß sich die sozio-ökonomische Basiserhebung über weite Teile des gesamten CAs erstreckte. Für diese Basiserhebung gaben traditionelle Führer, Administratoren und Bauern in den verschiedenen Wards Auskunft über das Vorhandensein von Schweineproduzenten, die dann aufgesucht und befragt wurden.

2.2.3 Die Basisbefragung

Das Ziel der Basisbefragung, die in 225 Betrieben mit Schweinehaltung durchgeführt wurde, war die Erhebung von Daten zu den sozio-ökonomischen Rahmenbedingungen, den vorhandenen Produktions- und Betriebssystemen sowie zu den Problemen in den Tierproduktionssubsystemen.

Zur Vorbereitung des Fragebogens wurden mehrere informelle Gespräche bei Schweineproduzenten in den CAs von Seke und Mangwende durchgeführt. Besonderer Wert wurde bei der Gestaltung des Fragebogens auf die persönlichen Antworten der Bauern gelegt, weshalb auf eine weitgehende Vorstrukturierung möglicher Antworten verzichtet wurde. Durch die offenen Fragen, die vor allem auf die Erhebung von Daten zu Managementpraktiken und zur Erlangung von besonderen Kenntnissen über das Schweineproduktionssubsystem sowie über die Einstellungen und persönlichen Präferenzen der Bauern abziel-

---

4) Ward: Regionale Untergliederung der Distrikte unter Berücksichtigung traditioneller Machtstrukturen.

5) Kraal: Traditionelle Ansiedlungen, in denen die Mitglieder einer Großfamilie (extended family) leben.

ten, sollte die Interviewsituation ihren formalen Charakter verlieren und mehr einer durch den Fragebogen geleiteten Diskussion entsprechen. Auf diese Weise kam dem Bauern eine aktive Rolle während der Befragung zu.

Der Fragebogen wurde in enger Zusammenarbeit mit den wissenschaftlichen Mitarbeitern der FSR-Unit entwickelt. Die in zwei Pretestphasen gesammelten Erfahrungen wurden bei der Erarbeitung der endgültigen Version berücksichtigt.

Für die Durchführung der Befragung standen qualifizierte Mitarbeiter der FSR-Unit zur Verfügung, die in einem eintägigen Seminar und während der Pretestphase mit der Zielsetzung und den Besonderheiten des Fragebogens vertraut gemacht wurden.

Die Befragung war auf eine durchschnittliche Interviewdauer von ca. 1 bis 1.5 Stunden ausgerichtet.

Für die Standardisierung der Antworten wurden nach der Befragung Stichwortlisten der gegebenen Antworten der Bauern erstellt, die codiert und ausgewertet werden konnten.

2.3 Feldleistungsprüfungsphase

Die Feldleistungsprüfungsphase dauerte von November 1987 bis Februar 1990 und bestand aus kontinuierlichen Betriebserhebungen und den Leistungstests der Schweinepopulation sowie den Tests bezüglich der Entwicklung von Verbesserungsstrategien in ausgewählten Betrieben.

Neben den bereits beschriebenen Stratifizierungskriterien wurde zusätzlich die Produktionsintensität und -orientierung bei der Auswahl der Betriebe, in denen die Feldleistungsprüfungen durchgeführt wurden, berücksichtigt.

2.3.1 Auswahl der Betriebe

Zur Erfassung der Leistungen der Schweine in kleinbäuerlichen extensiven Produktionssystemen wurden anhand erster Ergebnisse der Basisbefragung Dörfer in Mangwende und Kandeya ausgewählt, in denen die größte Konzentration von Schweineproduzenten festgestellt wurde und die ausreichende Zufahrtsmöglichkeiten aufwiesen. Diese Dörfer lagen in Mangwende im Musami Ward und in Kandeya im Bveke Ward. In der Region Chivi konnte keine Massierung der Schweineproduktion innerhalb der einzelnen Dörfer oder Wards festgestellt werden. In die Erhebungen wurden deshalb alle Betriebe mit Schweinehaltung im Umkreis von ca. 15 km um das Distriktzentrum Chivi-Township[6] einbezogen.

Die Auswahl der Betriebe zur Bestimmung der Wachstumsleistung der vorhandenen Schweine war von der innerdörflichen Verkehrslage, der Bereitschaft der Bauern zur Partizipation sowie vom Zeitpunkt der Reproduktion der Sauen abhängig, da eine möglichst vollständige Erfassung aller erreichbaren Würfe in den ausgewählten Dörfern während der Versuchsdurchführungsphase angestrebt wurde. Die Dauer der Erhebungsphase in den Betrieben war von der Verweildauer der im Test befindlichen Tiere abhängig.

Alle Betriebe mit intensivem Produktionssystem, die in der Nähe der Untersuchungsstandorte lagen und kooperationswillig waren, wurden in die Untersuchungen mit einbezogen.

Betriebe im Zuchtstufentest: Zur Überprüfung der Leistungsfähigkeit von Schweinen mit unterschiedlichem Leistungsrasseanteil (25 %, 50 %, 75 %) wurden 140 Kreuzungsferkel an ausgewählte Betriebe verteilt. Bedingungen zur Teilnahme an diesen Leistungstests waren die Bereitschaft zu einer guten Kooperation, die Zusage, die Tiere mindestens sechs Monate zu halten, sowie bereits vorhandene Vergleichstiere im Betrieb.

Betriebe im Test von Fütterungs- und Hygienemaßnahmen: Der Test bezüglich der Fütterungs- und Hygienemaßnahmen konnte aus Organisations- und Transportgründen nur in Betrieben in Mangwende und Kendeya durchgeführt werden. Die Versuche wurden in Betrieben vorgenommen, in denen Sauen in den Monaten September, Oktober und November 1989 geferkelt hatten. Die Teilnahme hing von der Bereitschaft der Bauern ab, einige Änderungen an ihren Ställen vorzunehmen.

Um die Kooperation mit den Bauern während der Versuchsphase nicht zu gefährden, wurde eine möglichst weite räumliche Trennung zwischen den Betrieben mit bzw. ohne Kraftfutterzufütterung innerhalb der Regionen vorgenommen.

Eine Übersicht über die Anzahl der Betriebe, die in die verschiedenen Untersuchungen einbezogen wurden, und über die Dauer der Datenerhebungsphasen gibt folgende Tabelle.

---

6) Township: Bezeichnung für Verwaltungs- und Geschäftsunterzentren in den ruralen Gebieten.

Tabelle 2.1: **Anzahl der Betriebe in den Untersuchungsabschnitten und Dauer der Erhebungsphasen nach Produktionssystem und Region gegliedert**

	Betr.	Regionen			Erhebungs-
Untersuchungen	N	Mangwende	Kandeya	Chivi	dauer
Basisbefragung	225	73	76	76	08. 87 - 10. 87
Leistungsprüfung	57				
extensiv	46	22	16	8	11. 87 - 10. 89
intensiv	11	3	--	8	11. 87 - 10. 89
On-Farmversuche:					
Zuchtstufentest	48				
extensiv	37	20	14	6	05. 88 - 10. 89
intensiv	11	3	--	8	05. 88 - 10. 89
Fütterung	28	17	11	--	11. 89 - 03. 90

Quelle: eigene Erhebungen

2.3.2 Befragungen

Mit den im ca. vierwöchigen Rhythmus durchgeführten Befragungen wurde das Ziel der genauen Erfassung von Vorgängen im Schweineproduktionssubsystem und dessen Beziehungen zu den anderen Systemkomponenten der Betriebe verfolgt. Zusätzlich wurden die saisonalen Veränderungen in der Schweineproduktion systematisch erfaßt. Dazu wurde bei den Untersuchungen in den 57 Betrieben eine etwa 20-minütige Befragung mit dem Betriebsleiter oder einem anderen Familienmitglied, das Auskunft über die Ereignisse seit der letzten Befragung geben konnte, durchgeführt.

Neben der Erfassung der jeweiligen Anbaustruktur, der Erträge und der Lagermengen waren die wesentlichen Elemente dieser Befragungen zum Schweineproduktionssubsystem die Bestimmung der

- Zu- und Abgänge der Schweine,
- Abgangsgründe und Verlustursachen,
- Vermarktungsaktivitäten und erzielten Erlöse,
- Verwendung der Erlöse,
- Futterverfügbarkeit und Futterzusammensetzung,
- Haltungspraktiken und züchterischen Maßnahmen.

Für die Erfassung der Reproduktionsleistung der Sauen wurde eine intensive Befragung durchgeführt. Bei Beginn der Feldleistungsprüfungen konnten nur Betriebe mit Würfen einbezogen werden, die nicht älter als 3 Monate waren. Diese Vorgehensweise wurde gewählt, weil die Altersbestimmung älterer Tiere durch die Bauern zu ungenau erschien.

Für diese ferkelführenden Sauen wurden Sauen- und Wurfkarten angelegt, mit deren Hilfe die weiteren Daten systematisch gesammelt wurden. Die Erhebungen zur Reproduktionsleistung der Sauen wurden auf allen Betrieben in unmittelbarer Nähe der entsprechenden Sau durchgeführt, um die Möglichkeit von Datenverwechslungen gering zu halten. Die Bauern wurden über das gegenwärtige Alter der Sau und das ungefähre Alter zum Zeitpunkt des ersten Wurfes befragt sowie über die Anzahl und Größe der Würfe bis zum Zeitpunkt der Erhebung. Daneben wurden Informationen über den Zeitpunkt des letzten Wurfes sowie über aufgetretene Verluste und deren Ursachen gesammelt. Die Sauen wurden mit Metallohrmaken identifiziert, um ihre Leistungen im Verlauf der Feldleistungsprüfungen verfolgen zu können.

Die Gesamtstruktur der durch Befragung erhobenen Daten und ihr funktioneller Zusammenhang innerhalb der verschiedenen Ebenen des Betriebssystems können dem Schaubild 2.2 entnommen werden.

Abbildung 2.2: Funktioneller Zusammenhang zwischen den Betriebssystemkomponenten und der Datenstruktur

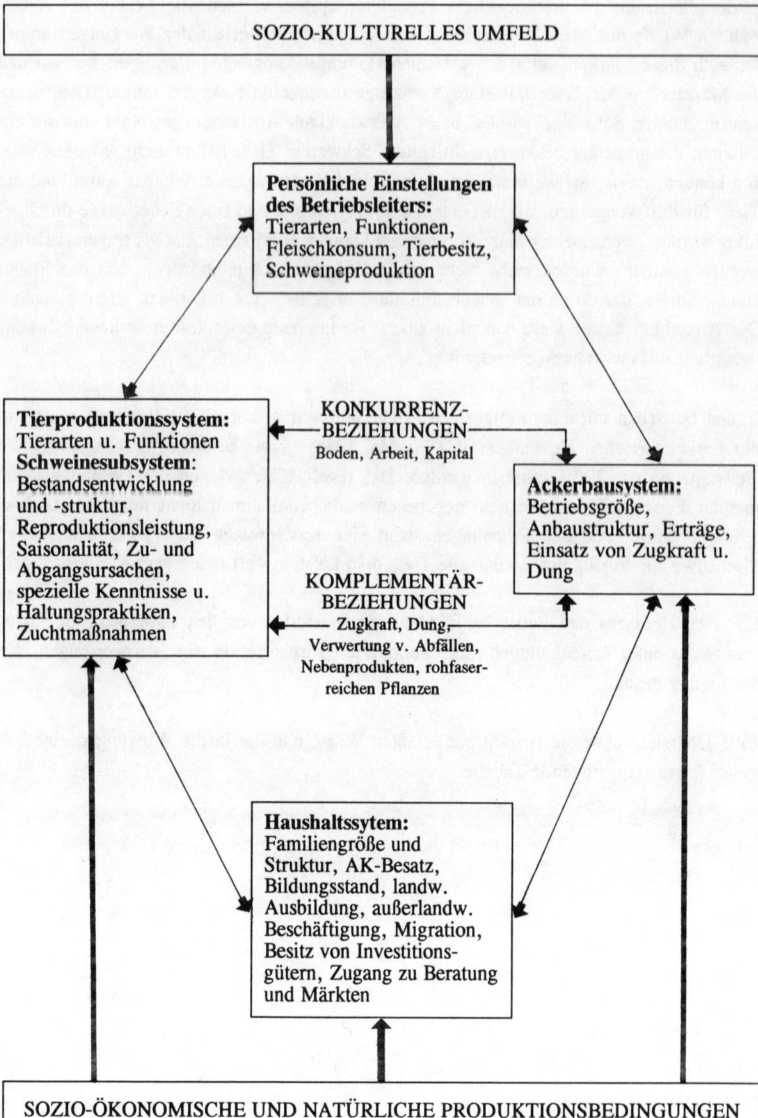

2.3.3 Gewichtsleistungserhebungen

Wachstumsleistung der einheimischen Schweine: Für die Gewichtsleistungserhebungen in den Betrieben mit traditionellem Produktionssystem wurden alle Ferkel der ausgewählten Würfe mit Metallohrmarken gekennzeichnet. Im Verlauf der Wiegungen erwiesen sich diese Marken unter den extremen Haltungsbedingungen als ungeeignet, so daß die Markierung der Tiere mit einer Kerbzange durchgeführt werden mußte. Die so gekennzeichneten Schweine wurden in ca. vierwöchigen Abständen gewogen, bis sie ein Gewicht von ungefähr 50 kg erreicht hatten. Schwerere Tiere hätten nicht gewogen werden können, da die Schweineställe nicht mit einer Kastenwaage erreichbar waren und die Tiere für die Wiegungen, die mit einem Polyethylensack und einer Federwaage durchgeführt wurden, nicht mehr gehandhabt werden konnten. Jungsauen, die als tragend erkannt werden konnten, wurden nicht mehr in die Wiegungen miteinbezogen, um das Risiko eines Abortes, der durch den Wiegestreß hätte ausgelöst werden können, auszuschließen. Der Ausschluß dieser Tiere war nicht zuletzt im Interesse einer kontinuierlichen Zusammenarbeit mit den Bauern erforderlich.

In den Betrieben mit einem intensiven Produktionssystem konnte die Wachstumsleistung der Ferkel zwischen November 1987 bis Mai 1988 nur bis zu einem durchschnittlichen Gewicht von ca. 30 kg erhoben werden. Das regelmäßige Wiegen der Gesamtbestände mit der Federwaage war in dem gegebenen zeitlichen Rahmen nicht möglich. Ab Mai 1988 bis zum Ende der Erhebungen stand eine Kastenwaage der Firma "Cattleway" Simbabwe zur Verfügung, so daß alle Tiere dem Leistungstest unterzogen wurden.

Für 295 Tiere aus den Betrieben in Mangwende wurden von den Bauern die Schlachtprotokolle und Abrechnungen der Vermarktungsorganisation für Auswertungen zur Verfügung gestellt.

Eine Übersicht über die Anzahl der erfaßten Würfe und die in die Wiegungen einbezogenen Tiere zeigt folgende Tabelle.

Tabelle 2.2: Anzahl der erfaßten Würfe und Ferkel nach Rasse, Region und Haltungssystem gegliedert

		Region			
	Rassen	Mangwende	Kandeya	Chivi	Gesamt
Würfe					
ext.System	I	16	22	7	45
	LR*I	44	37	4	85
int.System	LR	77	--	37	114
	LR*I	2	--	9	11
Gesamt		139	59	57	255
Ferkel					
ext.System	I	115	238	50	403
	LR*I	265	127	26	418
int.System	LR	764	--	341	1105
	LR*IND	19	--	70	89
Gesamt		1163	365	487	2015

Quelle: eigene Erhebungen

Zuchtstufentest: Die Verteilung der Kreuzungsferkel mit unterschiedlichem Leistungsrasseanteil wurde in zwei Stufen, im Mai und Juni sowie November und Dezember 1988, vorgenommen. Bei der Erstverteilung wurde die Verteilung nach Gewicht gewählt, um möglichen Verlusten vorzubeugen. Es wurden 49 Ferkel mit einem Gewicht zwischen 15 kg und 20 kg verteilt. Bei der zweiten Verteilung wurden 91 Ferkel im Alter von 5 bis 6 Wochen an Betriebe verteilt, da die Altersunterschiede zwischen den einzelnen Zuchtstufen bei der Erstverteilung sehr groß waren. Die ausgewählten Betriebe erhielten ein Ferkel der verschiedenen Zuchtstufen. Diese Tiere wurden bis einschließlich September 1989 in monatlichen Abständen gewogen. Tiere, die in den Betrieben mit traditioneller Schweinehaltung ein Gewicht von über 50 kg erzielten, oder Jungsauen, die trächtig wurden, schieden vorzeitig aus dem Versuch aus.

Zusätzlich konnten Ferkel aus 11 Würfen, die von aufgezogenen Tieren der ersten Verteilung abstammten und deren genaue Zuchtgruppe bestimmt werden konnte, bei der Auswertung der Gewichtsentwicklung berücksichtigt werden. Bei einigen dieser Tiere in den intensiven Systemen beträgt der Leistungsrasseanteil 87.5 %.

Die Struktur des für diese Untersuchungen zur Verfügung stehenden Tiermaterials wird in folgender Tabelle dargestellt.

Tabelle 2.3: Verteilung der Kreuzungstiere nach Haltungsintensität, Leistungsrasseanteil, Herkunft und Region

	Herkunft		Region		
	Verteilt	Aufgezogen	Mangwende	Kandeya	Chivi
Intensives System :					
(LR in %) 25	11	---	5	0	6
50	22	---	8	0	14
75/87.5	13	56	5	0	64
Extensives System :					
(LR in %) 25	18	16	22	9	3
50	47	--	16	23	8
75	29	--	10	15	4
GESAMT	140	72	66	47	99

Quelle: eigene Erhebungen

Test von Fütterungs- und Hygienemaßnahmen: Die Ferkelställe mußten mit einem regendichten Dach ausgestattet werden, damit ein aus verfügbaren Materialien hergestellter, einfacher Futterautomat für die Vorlage des Schweinefutters aufgestellt werden konnte. Zusätzlich mußten diese Ställe so gebaut sein, daß ein Eindringen der Muttersau und anderer auf dem Betrieb befindlicher Schweine in den Fütterungsbereich nicht möglich war.

Die Tiere, denen Kraftfutter zugefüttert wurde, erhielten zweimal pro Woche von einem Mitarbeiter die errechnete, bedarfsgerechte Futtermenge, wobei das noch in den Trögen vorhandene Futter zurückgewogen wurde. Der Futterbedarf pro Tier und Tag wurde für das Futter, das in etwa einen Energiegehalt von 12.5 Megajoule metabolisierbarer Energie pro kg Futter hatte, folgendermaßen berechnet (Mohme, 1989) :

$$\textbf{Tiergewicht (kg)}^{0.56} * \textbf{2 MJ ME/12.5 MJ ME/kg}$$

Einmal in der Woche wurden die Tiere gewogen bzw. die entsprechende Futtermenge berechnet und bereitgestellt.

Die Fütterungsversuche wurden in 26 Betrieben mit traditionellem Haltungssystem durchgeführt, wobei 29 Würfe mit 195 Tieren zur Verfügung standen. Parallel zur Fütterung wurde bei 13 Würfen die Wirkung einer Entwurmungsmaßnahme mit dem Breitspektrum-Antihelminthika IVOMEC getestet.

Tabelle 2.4: Anzahl der Tiere und Würfe (in Klammern) für die Fütterungs- und Entwurmungsmaßnahmen

Region	Mangwende		Kendeya		Gesamt
	Entwurmung		Entwurmung		
Zufütterung	ohne	mit	ohne	mit	
ohne	14 (2)	13 (3)	13 (2)	18 (3)	58 (10)
Bedarf 50 %	16 (2)	13 (3)	12 (2)	23 (3)	74 (10)
Bedarf 100 %	22 (3)	15 (2)	11 (2)	15 (2)	63 (9)
Gesamt	51 (7)	41 (8)	36 (6)	56 (8)	195 (29)

Quelle: eigene Planung, Erhebungen von Scherf

Letztere basierten auf der Erfassung der Wachstumsleistungen von Leistungs*Lokalrassekreuzungstieren in den vorgefundenen Produktionssystemen unter bäuerlichem Management. Als zweite Strategie wurde die Wirkung von Fütterungs- und Hygienemaßnahmen getestet, die von einem Forschungsteam in den Ställen der Bauern durchgeführt wurden.

Um Rückkopplungen zu Institutionen, Beratern und Wissenschaftlern, die sich mit der Problematik der Verbesserung der Tierproduktion in den CAs beschäftigen, herzustellen, wurden im Verlauf der Versuchsdurchführungsphase erste Ergebnisse auf mehreren Landbautagen, an denen Bauern und Berater in den Untersuchungsregionen teilnahmen, vorgestellt. Darüber hinaus wurden diese Ergebnisse in drei Seminaren, die einer breiteren Öffentlichkeit zugänglich waren, zur Diskussion gestellt.

2.4 Datenauswertung

Die Datenaufnahme und die statistische Auswertung erfolgte mit Programmen des Instituts für Tierzucht und Haustiergenetik der Universität Göttingen sowie den dort vorhandenen PC-Versionen der Programmpakete DBase4 (1989), Statistical Analysis System (SAS, 1985a, 1985b, 1985c), Lotus 123 (Version 2), PARMCARD (Parameter Card Generation Program) für Mixed Model Least-Squares and Maximum Likelihood Computer Program (LSMLMW, Harvey, 1987). In diesen Programmpaketen werden die Dezimalstellen durch Punkte angezeigt, weshalb auch in dieser Arbeit aus Gründen der Vereinfachung alle Dezimalstellen durch Punkte angezeigt werden. Für die grafische Darstellung wurde das Programmpaket von Harvard Graphics benutzt.

2.4.1 Daten des Betriebs- und Schweineproduktionssubsystems

Betriebssystem: Die Charakterisierung der Betriebssysteme in den drei Untersuchungsregionen erfolgt im Wesentlichen anhand der Ergebnisse der Anfangserhebung. Die Unterschiede in der Faktorausstattung der Betriebe stehen im Vordergrund der Analysen. Darüber hinaus werden Elemente des Haushalts- und Pflanzenproduktionssubsystems, die sich limitierend auf die Schweineproduktion auswirken und zu einer Stratifizierung der Betriebe beitragen können, untersucht. Die Berechnung der marktfähigen Leistungen anhand der im Ackerbau erzielten Erträge sollen die unterschiedlichen regionalen Landnutzungspotentiale verdeutlichen. Diese Analysen sollen zu einer Einschätzung der unterschiedlichen Entwicklungspotentiale der Schweineproduktion in den Betrieben führen und richtungsweisend bei der Erarbeitung zielgruppenorientierter Verbesserungsmaßnahmen sein.

Tierproduktionssystem: Für die Tierproduktionssubsysteme werden die Daten der Anfangserhebung zu den Leistungen und Funktionen der wichtigsten Tierarten analysiert, wobei Mittelwerte und Verteilungen errechnet werden. Die Bewertung der ökonomischen Bedeutung der Tiersubsysteme im Betriebssystem berücksichtigt die marktfähigen Leistungen, die mit den von den Bauern genannten Durchschnittspreisen bzw. ermittelten Ersatzkosten berechnet werden konnten.

Bei der Darstellung des Schweineproduktionssubsystems werden sowohl Informationen aus der Anfangsbefragung sowie qualitativ erhobene Daten aus der Feldleistungsprüfungsphase ausgewertet. Die berechneten statistischen Kenngrößen oder Häufigkeitsverteilungen der quantitativ erhobenen Befragungsdaten erstrecken sich hauptsächlich auf die Entwicklung der Schweinehaltung, auf die Futterressourcen, die Reproduktionsleistungen der Sauen sowie auf die Kenntisse und Haltungspraktiken der Bauern. Die ausgewerteten qualitativ erhobenen Daten dienen der Vervollständigung der Beschreibung des Schweineproduktionssubsystems.

2.4.2 Analyse der Feldleistungsdaten der Schweine

Zur Bewertung von Einflußfaktoren auf die Reproduktions- und Wachstumsleistungen der Schweine im Feld kommen mathematische Modelle nach der Methode der kleinsten Quadrate zur Anwendung (Harvey 1975). Dabei werden die Varianzen zwischen Beständen, die nach den wichtigen Einflußfaktoren zusammengefaßt werden, verglichen (Peters, 1987). Aus Gründen der besseren Übersichtlichkeit wird die Beschreibung des Datenmaterials und der mathematischen Modelle in den jeweiligen Unterpunkten vorgenommen. Für einzelne Leistungsparameter der Reproduktions- und Wachstumsleistung werden Häufigkeitsverteilungen und Korrelationen berechnet. Nicht normal verteilte Leistungsparameter werden als Rohmittelwerte dargestellt.

2.4.3 Wirtschaftlichkeitsanalysen

Für die Analyse der Marktsituation für Schweine werden die qualitativ erhobenen Daten über die Vermarktungsaktivitäten und -probleme der Bauern herangezogen. Die Ermittlung der Schweinepreise im intensiven System erfolgt durch die Berechnung der erzielten Durchschnittspreise von 295 totvermarkteten Tieren. Zusätzlich werden die am Untersuchungsstandort üblichen Schweinefleischpreise analysiert. Die erzielten Kilopreise in den extensiven Systemen werden anhand der Erlöse der Tiere und ihres Gewichtes bei der letzten Wiegung vor dem Verkauf berechnet und mit Hilfe der Methode der kleinsten Quadrate hinsichtlich bestehender Haupteinflußfaktoren analysiert.

Die ökonomische Bewertung der Produktionsverfahren wird durch Erfolgsrechnungen für die Jahresdurchschnittsleistung einer Sau in den unterschiedlichen Systemen und Regionen durchgeführt. Dafür werden die Ergebnisse der erhobenen Leistungsdaten zugrundegelegt. In den Erfolgsrechnungen werden die Deckungsbeiträge, das Arbeitseinkommen und der Gewinnbeitrag berechnet. Darüber hinaus werden Betriebszweigabrechnungen anhand der Ergebnisse der durchschnittlichen Jahresextraktionsleistung der Betriebe mit extensiver Produktionsweise vorgenommen.

Die Bewertung der Verbesserungsmaßnahmen, die in Feldversuchen im extensiven System getestet wurden, erfolgt durch die Berechnung der partiellen Deckungsbeiträge.

Teilweise gehen diese Ergebnisse in Modellrechnungen ein, die die Entwicklungsmöglichkeiten für die extensiven Produktionssysteme aufzeigen.

Das Potential und die Rentabilität der intensiven Schweineproduktion wird aus dem Zusammenhang zwischen Landnutzungspotential und Ertragsniveau für die verschiedenen Produktionsalternativen der Schweinemast in Simulationsrechnungen dargestellt. Ausgangspunkt für diese Simulationsmodelle sind die Deckungsbeiträge, die anhand der erzielten Gewichts- und Preisleistungen der totvermarkteten Schweine und der erhobenen Produktionskosten der untersuchten Betriebe berechnet wurden. Zur Berechnung der vom Flächenertrag abhängigen Erzeugungskosten des Schweinefutters werden die Kosten für die von AGRITEX empfohlenen Anbaupakete pro Hektar Mais der unterschiedlichen agrar-ökologischen Zonen und die Kosten für die entsprechenden Ergänzungsfuttermengen eingesetzt. Erzeugungskosten pro Kilogramm Futter, Deckungsbeiträge des Getreideanbaus und der darauf basierenden Schweineproduktion werden für verschiedene Ertragsniveaus berechnet. Anhand der Flächenausstattung, der Anbaustruktur und der durchschnittlichen Hektarleistung können der mögliche Produktionsumfang und die Rentabilität der Schweinehaltung für die Einzelbetriebe bestimmt werden.

Diese Berechnungen werden für alle Produktionsalternativen der Schweineproduktion und für die Preis-Kostenrelationen des Getreideanbaus der Anbausaison 88/89 durchgeführt. Anhand der daraus gewonnenen Ergebnisse werden die Deckungsbeiträge für die Betriebe mit intensivem Produktionssystem annäherungsweise bestimmt. Darüber hinaus wird die optimale Produktionsstrategie und die Entwicklungsmöglichkeiten der Schweineproduktion in den Untersuchungsbetrieben unter Berücksichtigung der betriebsspezifischen Faktorausstattungen verdeutlicht.

3. Natürliche und wirtschaftliche Standortbedingungen

3.1 Agrarstruktur und Landnutzungspotential

Der Agrarsektor Simbabwes ist von einem wirtschaftlichen und sozialen Dualismus gekennzeichnet, der sich aus der Existenz eines kommerziell orientierten, groß-betrieblichen und eines traditionell, subsistenzorientierten kleinbäuerlichen Sektors ergibt.

Im kommerziell orientierten Sektor (LSCF) bewirtschaften 4800 Großbetriebe ca. 12.8 Mio ha Land und bilden für insgesamt 1.7 Mio Menschen die Lebensgrundlage. Neben der Rindfleisch- und Milcherzeugung leisten diese Betriebe den größten Beitrag zu den landwirtschaftlichen Exporteinnahmen (Tabak, Baumwolle, Rindfleisch). Zu diesem Sektor werden desweiteren 8500 kleinere Betriebe (small-scale commercial farms) mit einer Bewirtschaftungsfläche von ca. 1.4 Mio ha Land gerechnet. Diese Betriebe befinden sich überwiegend in Regionen mit hohen und regelmäßigen Niederschlägen. Zwischen der Unabhängigkeit im Jahre 1980 und 1985 wurden in den Neuansiedlungsgebieten (resettlement areas) auf Flächen ehemaliger Großbetriebe rund 35 000 Bauernfamilien auf 2.6 Mio ha Land angesiedelt.

Im traditionell, subsistenzorientierten kleinbäuerlichen Sektor der CAs existieren ca. 850 000 Kleinbetriebe mit einer Bevölkerung von etwa 4 Mio Menschen. Sie bewirtschaften annähernd die Hälfte der verfügbaren landwirtschaftlichen Nutzfläche (16.5 Mio ha). Die Mehrzahl dieser Betriebe liegt in niederschlagsarmen Regionen der agrar-ökologischen Zonen 4 und 5.

Die Tabelle 3.1 verdeutlicht die Flächenverfügbarkeit in den unterschiedlichen agrar-ökologischen Zonen und die Verteilung des Landes auf die landwirtschaftlichen Sektoren. Die Abbildung 3.1 (siehe Seite 27) verdeutlicht die geografische Lage der agrar-ökologischen Zonen in Simbabwe.

Tabelle 3.1: Landnutzungspotential und Landverteilung

agrar-ökol. Zone	I	II	III	IV	V	Summe
Niederschlag (mm)	>1000	750-1000	650-750	450-650	<450	
Fläche (Mio ha)	0.70	5.86	7.29	14.78	10.44	39.07
Landverteilung (%)						
Large - Scale	3.0	29.7	15.8	23.6	27.9	100
Small - Scale	0.4	17.7	38.1	36.7	7.1	100
Communal Areas	0.9	7.8	17.3	44.7	29.3	100
Resettlement Areas	1.6	20.3	37.0	37.7	3.4	100

Quelle: World Bank: Zimbabwe, Land Subsector Study, Report No. 5878-Zim, January 1986,aus Heidhues und Thalheimer, 1986

3.2 Organisationen

Bei der Entwicklung der kleinbäuerlichen Schweineproduktion in den CAs wirken nachfolgend aufgeführte Organisationen mit.

Pig Industry Board (PIB): Der PIB ist die Forschungs- und Beratungsorganisation der Schweineproduzenten in Simbabwe. Die Aktivitäten des PIB's werden hauptsächlich durch den Verkauf von Schweinen aus eigenen Produktionsanlagen und durch Gebühren, die von COLCOM für jedes vermarktete Schwein erhoben werden, finanziert. Regierungszuschüsse wurden gewährt für den Erwerb einer zweiten Forschungsstation, den Aufbau von kostengünstigen, den kleinbäuerlichen Bedingungen angepaßten Modellproduktionseinheiten auf den Stationen sowie einem Schlachthaus zu Demonstrationszwecken und Förderung der Vermarktung von Schweinefleisch in den CAs (ZPS, 1990). Zu den Hauptfunktionen des PIBs gehören die

- Durchführung von angewandter Forschung im Bereich der Fütterung und Haltungstechnik,
- Durchführung von Eigenleistungsprüfungen für Zuchttiere,
- Individualberatung von Schweineproduzenten auf den Stationen oder bei Bedarf in den Betrieben,
- Durchführung von Schulungen für AGRITEX-Berater, Bauern und Landarbeiter der Großbetrieben.

Zur Erfüllung dieser Aufgaben stehen dem PIB allerdings nur vier wissenschaftlich qualifizierte Mitarbeiter zur Verfügung.

COLCOM: Die COLCOM-Vermarktungsgenossenschaft wurde 1957 von organisierten Schweineproduzenten in Simbabwe gegründet. Alle Mitglieder müssen ihre Schweine über die drei Schlachthöfe in Harare, Bulawayo und Masvingo vermarkten. 1990 gab es 850 registrierte Mitglieder. Mit dem Erwerb der Mitgliedschaft, die 1989 den Betrag von Z.$ 500.0 kostete, erhält der Erwerber eine handelbare Produktionsquote, für die volle Preis- und Absatzgarantien gewährleistet werden. Die Preise für überzählige Schweine werden je nach Marktlage festgesetzt. COLCOM hält einen Marktanteil von ca. 80 % des Schweinefleischmarktes. Annähernd 80 % des Schweinefleisches werden zu 130 Produkten weiterverarbeitet. Erst seit 1988 werden verstärkte Bemühungen bezüglich des Absatzes von Frischfleisch unternommen, das in Zukunft über das Vermarktungsnetz der halbstaatlichen Rindfleischvermarktungsorganisation vermarktet werden kann (ZPS, 1990).

Agricultural, Technical and Extension Services (AGRITEX): AGRITEX ist die staatliche Beratungsorganisation, die dem Ministry of Lands, Agriculture and Rural Resettlement (MLARR) untersteht und aus zwei Hauptabteilungen besteht: der Abteilung für Beratungsaufgaben und für technische Dienste. In der Beratungsabteilung hat durchschnittlich ein Berater 850 Bauern der CAs zu betreuen. Gruppenberatungen und die noch nicht abgeschlossene Einführung des Training and Visit Systems sind die angewandten Beratungsstrategien. Die Hauptberatungsaktivitäten erstrecken sich auf die Bereiche des Ackerbaus und der Rindviehhaltung. Beratungen zur Ziegen-, Schweine- oder Geflügelhaltung erfolgen nur für bereits existierende Produktionsgemeinschaften. Die Abteilung für technische Dienstleistungen ist für die Aufrechterhaltung der engen Beziehung zwischen Forschung und Beratern zuständig und für die Entwicklung von praxisrelevanten Beratungselementen verantwortlich.

Department of Veterinary Services (DVS): Die Aufgaben vom DVS sind die Verhinderung und Eindämmung der Ausbreitung von Tierseuchen sowie die regelmäßige Durchführung von Zeckenbekämpfungsmaßanhmen bei Rindern in den CAs. Das DVS soll in Zukunft in verstärktem Maße Beratungsaufgaben durch die Einrichtung von 250 Tiergesundheitszentren (AMHC) in den CAs für die Bereiche der Tiergesundheit und Tierhaltung übernehmen. Diese Tiergesundheitszentren sollen mit speziell ausgebildeten Veterinary Extension Assistants (VEAs) besetzt werden.

Department of Research and Specialist Services (DR&SS): Das DR&SS ist die nationale Agrarforschungsorganisation und für alle produktionsorientierten landwirtschaftlichen Forschungsfragen zuständig. Die Hauptaktivitäten liegen in den Bereichen der Pflanzenproduktion, Weidewirtschaft und Wiederkäuerproduktion sowie der Betriebssystemforschung, die von der FSR-UNIT in den Kleinbetrieben der CAs durchgeführt wird. Zusätzlich ist es für die Durchführung der Milch- und Fleischkontrolle sowie der Schlachtkörperklassifizierung in den Schlachthäusern zuständig.

Agricultural Finance Cooperation (AFC): Die AFC ist eine halbstaatliche Agrarkreditinstitution, die Kredite für die empfohlenen Inputpakete im Ackerbau gegen Einzugsermächtigungen bei den Vermarktungsorganisationen an Kleinbauern vergibt. Bei entsprechenden Sicherheiten und entsprechendem Produktionsumfang können Mitglieder von COLCOM kurzfristige Kredite für Futtermittel erhalten.

3.3 Die Untersuchungsgebiete

In Tabelle 3.2 werden die wichtigsten Kriterien der Untersuchungsregionen zusammengefaßt, wobei nach Möglichkeit die spezifischen Informationen über die Untersuchungsstandorte innerhalb der Regionen dargestellt werden.

3.3.1 Natürliche Standortbedingungen

Die agrar-ökologischen Zonen Simbabwes und die geographische Lage der CAs, in denen die Untersuchungen durchgeführt wurden zeigt Abbildung 3.1. Die Untersuchungsstandorte in Mangwende liegen in der agrar-ökologischen Zone 2b und haben ein hohes Landnutzungspotential, so daß selbst in trockenen Jahren eine vermarktbare Überschußproduktion von Mais erzielt werden kann. Die durchschnittliche Niederschlagsmenge beträgt 939 mm pro Jahr. Sie verteilt sich hauptsächlich auf die Monate von Oktober bis April und ermöglicht eine Anbausaison von mehr als 150 Tagen (Shumba, 1985; Met. Services, 1989).

Tabelle 3.2: Beschreibung der ausgewählten Untersuchungsgebiete

Kriterien	Mangwende	Kandeya	Chivi
Provinz	Mashonaland Ost	Mashonaland Zentral	Masvingo
Distrikt	Murehwa	Mt. Darwin	----- Chivi
Entfernung zum			
Provinzzentrum (km)	60 - 80	100 - 150	80 - 120
Schlachthof (km)	60 - 80	200 - 250	80 - 120
Ethnische Gruppe	Zesuru	Korekore	Karanga
Bevölkerungsdichte (Personen pro km^2)	97	30	44
Niederschläge (mm)	940	700	300 - 500
Anbausaison (Tage)	>150	110 - 130	76-110
Landnutzungspotential	hoch	niedrig	sehr niedrig
Höhenlage (m.ü.NN)	1330	900	1000
Ortsgestein	Granit	Granit, Gneis	Granit, Gneis
Böden	Fersialite	Fersialite	Fersialite Parafersialite
Tierbestände: 86/87 der CAs:			
Rinder	92259	41295	84207
Ziegen	9273	5527	94608
Schafe	996	1512	5311
Schweine	1618	2987	7262
Esel	343	129	13275

Quellen: ICRA, 1987; DVS, 1989; Shumba, 1985;

Das Landnutzungspotential in Kandeya ist sehr unterschiedlich und schließt die agrarökologischen Zonen 2b bis 4 ein. Die Untersuchungsstandorte befinden sich im Regenschatten von Ausläufern des Mavuradonna-Gebirgszuges. Die durchschnittliche Niederschlagsmenge beträgt ca. 700 mm, die zwischen Ende November und Ende März niedergehen. Daraus resultiert eine Anbausaison von 110 bis 130 Tagen, die von häufig auftretenden, länger anhaltenden Trockenperioden unterbrochen wird. Aufgrund der klimatischen Bedingungen an den Untersuchungsstandorten dieses CAs ergibt sich für den Maisanbau ein mittleres bis geringes Landnutzungspotential. Im Gegensatz dazu existieren allerdings günstige Standortbedingungen für den Baumwollanbau an diesem Standort.

Abbildung 3.1: Agrar-ökologische Zonen Simbabwes und Lage der Untersuchungsstandorte

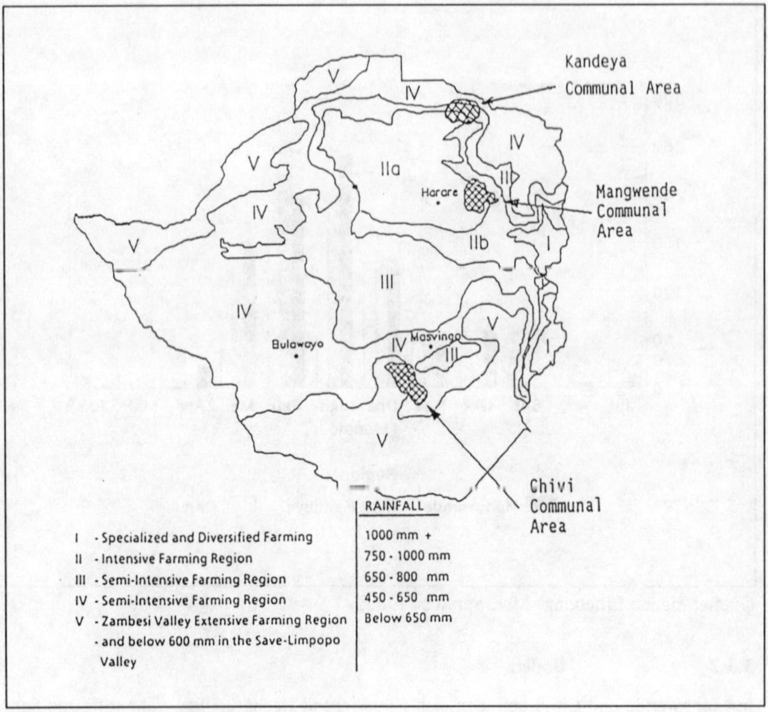

Quelle: erstellt nach Rohrbach, 1989, und CSO, 1988.

Die untersuchten Betriebe in Chivi liegen in der agrar-ökologischen Zone 5 und haben das schlechteste Landnutzungspotential, da nur 300 bis 500 mm Niederschlag zwischen Dezember und März niedergehen. Die geringe Niederschlagsmenge und ihre ungünstige Verteilung führen zu einer durchschnittlichen Wachstumsperiode von nur 76 Tagen (Nduna 1988, CARD, 1988a). In 3 von 5 Jahren kommt es in dieser Region aufgrund von längeren Dürreperioden zu Getreidemangelsituationen, die vor allem durch Maisernteausfälle verursacht werden (Makombe, 1989).

Eine Darstellung der monatlichen Niederschlagsverteilung in den Untersuchungsregionen während der Untersuchungsperiode zeigt Abbildung 3.2.

Abbildung 3.2: Jährliche Niederschlagsverteilung in den drei Regionen während der Untersuchungsperiode

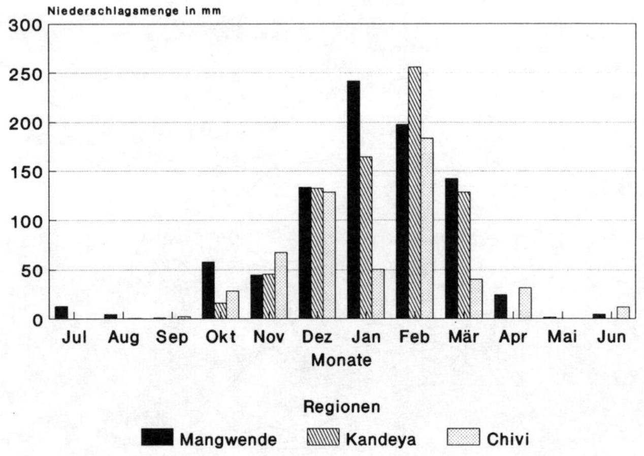

Quelle: eigene Erhebung, Met. Services 1989;

3.3.2 Boden

In Mangwende und Chivi befinden sich überwiegend flachgründige, nährstoffarme Sandböden, die der Guppe der Fersialitböden zugeordnet werden und die aus dem in diesen Regionen dominierenden Granitgestein entstanden sind. Diese Böden haben sehr geringe Anteile an wasserlöslichen Mineralien und demzufolge niedrige pH-Werte sowie einen geringen Ton- und Humusgehalt. Das leichte Bodengefüge, die schlechte Bodenstruktur und die über lange Perioden fehlende Bodenbedeckung durch den vermehrten Getreideanbau in Monokultur führt zu einer zunehmenden Bodenerosion, die durch den schnellen Oberflächenabfluß des Regenwasses und durch Winderosion verursacht wird (Shumba 1985).

Die Fersialitböden in Kandeya unterschieden sich deutlich hinsichtlich ihrer Fruchtbarkeit von denen der beiden anderen Untersuchungsstandorte. Dies liegt in dem höheren Tonanteil begründet, der diesen Böden eine braune bzw. rotbraune Farbe verleiht. Zusätzlich besitzen diese Böden einen deutlich höheren Humusgehalt, der mit Hilfe der noch teilweise praktizierten Buschbrache erhalten werden konnte.

In den Niederungen und Flußläufen befinden sich in allen Untersuchungsstandorten ton- und humusreiche Böden (Vleis), die während der Regenzeit zu Staunässe neigen.

3.3.3 Bevölkerung

Die Bevölkerung in allen Untersuchungsgebieten gehört dem Volksstamm der Shona an, die mit 70 % Anteil an der Gesamtbevölkerung die dominierende Ethnie Simbabwes ist. Die Shona sind traditionelle Ackerbauern.

Die größte Bevölkerungsdichte verzeichnen Mangwende und Chivi, die beiden Regionen mit dem höchsten und niedrigsten Ertragspotential. Beide Gebiete gelten als extrem überbevölkert (Witsun Foundation,1986; FSR-Unit, 1985).

Die periphere Lage und die daraus resultierende schlechte infrastrukurelle Entwicklung, die geringen Beschäftigungsmöglichkeiten in der näheren Umgebung und nur geringe landwirtschafliche Einkommensquellen vor der Unabhängigkeit Simbabwes sowie die Kriegseinwirkungen während des Unabhängigkeitskrieges führten zur Dauermigration eines hohen Anteils der Bevölkerung von Kandeya, das die geringste Bevölkerungsdichte aufweist (Bourdillon,1987).

3.3.4 Tierbestände

Anhand der Bestandszahlen von 1986/87 wird die überragende Bedeutung der Rinderhaltung in allen Untersuchungsstandorten deutlich. Die Rinderbestände von Mangwende und Kandeya liegen mit Abstand über den Beständen der anderen Tierarten in diesen Regionen. Die wichtige Rolle, die der Ziegen- und Eselhaltung an ariden Standorten zukommt, zeigt sich in den großen Beständen in Chivi. Die Schweinebestände liegen in allen Regionen über denen der Schafe. Besonders auffallend ist dabei, daß in den Regionen mit niedrigem Landnutzungspotential größere Schweinebestände existieren als in der Region mit dem höchsten Potential. Der größere Schweinebestand in Chivi ist auf die in dieser Region in zunehmendem Maße betriebene genossenschaftlich organisierte und marktorientiert produzierende Schweinehaltung zurückzuführen (Nduna,1988).

3.3.5 Verkehrslage und Infrastruktur

Nach Verkehrslage und Infrastruktur unterscheiden sich die Untersuchungsstandorte deutlich. Das Communale Gebiet Mangwende liegt im Mashonaland Ost, zwischen 60 und 80 Kilometer nordöstlich von Harare. Es ist infrastrukturell gut erschlossen. Das Distriktzentrum Murehwa, das in diesem CA liegt, genießt durch den besonderen Status eines Wachstumszentrums[7] eine spezielle Wirtschaftsförderung. Dies zeigt sich nicht zuletzt darin, daß sich dort ein Depot des Grain Marketing Boards[8] befindet.

Kandeya, das als abgelegene Untersuchungsregion ausgewählt wurde, liegt im Zentral Maschonaland, d.h. mehr als 200 Kilometer nördlich von Harare, wo sich die für dieses Gebiet nächste offizielle Schweinevermarktungsmöglichkeit befindet. Die großen Entfernungen zum Provinz- und Distriktzentrum (100 - 150 bzw. 50 - 70 Kilometer) verdeutlichen die periphere Lage. Die schlechte infrastrukturelle Entwicklung findet ihren Niederschlag in der mangelnden Qualität des Verkehrsnetzes und Straßenzustandes sowie in der niedrigen Anzahl von Geschäftszentren.

Das Communale Gebiet Chivi liegt etwa 400 Kilometer südlich von Harare in der Provinz Masvingo. Im gleichnamigen Provinzzentrum, das etwa 80 Kilometer vom Distriktzentrum Chivi entfernt liegt, befindet sich ein Schlachthof von COLCOM. Die Nähe zu Masvingo, die in dieser Region vorhandenen Bergwerke und die Tatsache, daß die Hauptverkehrslinie zwischen Harare und Südafrika durch Chivi führt, scheinen einige wichtige Gründe für die relativ gute infrastrukturelle Entwicklung zu sein.

---

7) Wachstumszentren werden im Rahmen der Regionalentwicklung bei der Ansiedlung von Industrie- und Handwerksbetrieben besonders unterstützt.

8) Das Grain Marketing Board ist die halbstaatliche Vermarktungsorganisation für alle wichtigen Getreidearten.

4. Die Betriebssysteme der Schweineproduzenten in den Untersuchungsregionen

Die Charakterisierung der Betriebssysteme in den drei Untersuchungsregionen erfolgt im Wesentlichen anhand der Ergebnisse der Anfangserhebung, die im September 1987 in 225 Betrieben mit Schweinehaltung durchgeführt wurde.

4.1 Die Ressourcenausstattung der Betriebe

4.1.1 Landbesitz und Betriebsgrößenstruktur

In den Communalen Gebieten gibt es keine privaten Bodenbesitztitel. Alle ortsansässigen, männlichen Bewohner erhalten bei ihrer Heirat einen Anspruch auf die Nutzungsrechte von Ackerland und den uneingeschränkten Zugang zu den gemeinsamen Weideflächen. Die Landnutzungsrechte werden in Anlehnung an das traditionelle Bodenrecht durch Erbschaft oder bei noch vorhandenen Landressourcen von dem traditionellen Führer verteilt. Seit der Unabhängigkeit ist die Zustimmung des VIDECO-Chairman[9] und des District Council für diese Bodennutzungsrechtstransaktionen notwendig. Das zugeteilte Land beinhaltet ein Areal für die Errichtung der Wohnhütten und mehrere Felder für den Ackerbau. Bei der Heirat mehrerer Frauen konnten die Bauern bei verfügbarem Land zusätzliche Flächenallokationen erhalten (Mugambiwa 1988). Die Nutzungsrechte verbleiben im Besitz des Familienoberhauptes bis zu dessen Tod und gehen dann in den Besitz des ältesten männlichen Familienmitglieds über. Dieses Land kann zwar an andere Bauern verliehen, aber nicht vertragsmäßig verpachtet oder verkauft werden (Mugabe and Rudzvidzo 1986; Makombe 1987).

Nur 3.5 % der befragten Bauern verliehen in der Anbausaison 1986/87 einen Teil ihres Ackerlandes an andere Bauern. Demgegenüber konnten insgesamt 8 % der Bauern Land von anderen Bauern bewirtschaften. Während nur geringe Unterschiede zwischen den Regionen bei den "Verpachtungen" auftraten, zeigten sich große Unterschiede bei der "Zupacht" zwischen Mangwende mit 4.1 % sowie Kandeya und Chivi mit 9.2 % und 10.5 %.

Die Schweineproduzenten bewirtschafteten im Durchschnitt 3.04 ha Ackerland, wobei große Unterschiede zwischen den verschiedenen Regionen auftraten. Die größten Betriebe mit durchschnittlich 3.68 ha Ackerfläche befanden sich in Kandeya. Die Betriebsgrößen in Chivi und Mangwende waren dagegen deutlich geringer und lagen bei 2.99 ha. und 2.41 ha. In Tabelle 4.1 ist die Verteilung der Betriebe auf die verschiedenen Betriebsgrößenklassen zusammengefaßt.

---

9) Der VIDECO-Chairman ist der offiziell gewählte Vorstand eines "Village Development Committee".

Die Ergebnisse der unterschiedlichen Flächenausstattung der Betriebe zeigen in Tabelle 4.1, daß 42.3 % aller Betriebe weniger als 2.0 ha Ackerfläche bewirtschafteten, wobei deutliche Unterschiede zwischen den Regionen existieren. Der höchste Anteil kleiner Betriebe mit weniger als 2.0 ha Ackerfläche wurde mit 53.4 % für Mangwende errechnet, der Region mit der höchsten Besiedlungsdichte und dem höchsten Landnutzungspotential. Der Anteil überdurchschnittlich großer Betriebe mit mehr als 4.01 ha Ackerfläche belief sich insgesamt auf 21.3 %. Er lag in Kandeya mit 30.2 % deutlich über dem Anteil der beiden anderen Regionen.

Tabelle 4.1: Betriebsgrößenstruktur der Schweineproduktionsbetriebe in drei Untersuchungsregionen - 1987/88

Region	Mangwende		Kandeya		Chivi		Gesamt	
Betriebsgröße (in ha)	N	(%)	N	(%)	N	(%)	N	(%)
0.00 - 1.00	6	8.2	7	9.2	4	5.3	17	7.6
1.01 - 2.00	33	45.2	20	26.3	25	32.9	78	34.7
2.01 - 3.00	19	26.0	15	19.7	18	23.7	52	23.1
3.01 - 4.00	7	9.6	11	14.5	12	15.8	30	13.3
4.01 - 5.00	5	6.8	5	6.6	8	10.5	18	8.0
5.01 - 6.00	2	2.7	9	11.8	5	6.6	16	7.1
> 6.01	1	1.4	9	11.8	4	5.3	14	6.2
Gesamt	73	100.0	76	100.0	76	100.0	225	100.0

Quelle: eigene Erhebungen

4.1.2 Haushaltsgröße, Arbeitskräftebesatz und außerlandwirtschaftliches Einkommen

Die Anzahl und Altersstruktur der zum Haushalt[10] des Betriebes gehörenden Mitglieder bestimmen den verfügbaren Familienarbeitskräftebesatz und den notwendigen Nahrungsmittelbedarf. In den kleinbäuerlichen Betrieben der Communalen Gebiete hat die Arbeitsmigration der Männer und anderer erwachsener Familienmitglieder einen großen Einfluß auf die Betriebssysteme, da sich die verfügbare Arbeitskraft entsprechend verringert und die außerlandwirtschaftlichen Einkommen teilweise für Konsum- und Investitionszwecke im Betrieb verwendet werden. Zusätzlich sind diese Familien-

10) Zum Betriebshaushalt werden alle von den Einkünften des Betriebes lebenden Mitglieder der Kernfamilie gerechnet. Darüber hinaus werden jüngere und ältere Mitglieder mitgerechnet, die im weiteren Blutsverwandtschaftsverhältnis zum Haushaltsvorstand stehen und auf dem Betrieb wohnen.

mitglieder häufig im Besitz von Land und Tieren, bestimmen wichtige Betriebsentscheidungen und stehen allerdings häufig in arbeitsreichen Zeiten als zusätzliche Arbeitskräfte zur Verfügung (Avila,1986; GFA, 1987).

Die Struktur der Haushalte der 225 Betriebe mit Schweineproduktion zeigt in Tabelle 4.2, daß durchschnittlich 7.4 Personen auf den Betrieben leben, wobei der Anteil von Kindern unter 16 Jahren 53 % beträgt. Die größten Haushalte mit 9.2 Personen und einem Kinderanteil von 55 % befanden sich in Chivi, was auf den größeren Anteil polygamer Familien in der Stichprobe für diese Region zurückgeführt werden kann. Die durchschnittliche Gesamthaushaltsgröße, die aus der Anzahl der ansässigen Haushaltsmitglieder und nichtansässigen Familienmitglieder errechnet wurde, betrug im Gesamtmittel 8.8 Personen.

Die Zahl der zur Verfügung stehenden Arbeitskräfte (AK), die der Summe der ansässigen Haushaltsmitglieder zwischen 16 und 60 Jahren entspricht, lag im Gesamtdurchschnitt bei 3.1 AK pro Betrieb. Neben der kleinsten Betriebs- und Haushaltsgröße wurde in Mangwende der geringste Arbeitskräftebesatz mit 2.5 AK pro Betrieb ermittelt. Die meisten Arbeitskräfte befanden sich in den Betrieben in Chivi. Die Anzahl der Arbeitskräfte pro Hektar, die im Gesamtmittel ca. 1 AK/ha ergab, zeigt, daß in Kandeya nur 0.76 AK/ha für die Arbeitserledigung zur Verfügung standen, während der Wert in Chivi, der Region mit dem geringsten Landnutzungspotential, bei 1.27 AK/ha lag. Diese Werte geben einen zusätzlichen Hinweis auf die unterschiedliche Bodenverfügbarkeit der Betriebe in den verschiedenen Regionen.

Die abgewanderten Familienmitglieder über 16 Jahre gingen teilweise auf weiterführende Schulen oder befanden sich in Beschäftigungsverhältnissen außerhalb der Untersuchungsregionen. Die Abwanderungsrate von Familienmitgliedern aus Mangwende nahm den relativ größten Anteil ein. Dies liegt an der geringen Entfernung zu Harare und den dortigen außerlandwirtschaftlichen Beschäftigungsmöglichkeiten. Die monetären Transferleistungen dieser Familienmitglieder werden nach Angaben der Bauern hauptsächlich für Schulgeld, Nahrungsmittel für den Haushalt sowie den Zukauf von Betriebsmitteln verwendet.

Tabelle 4.2: Haushaltszusammensetzung und Arbeitskräfteverfügbarkeit der kleinbäuerlichen Schweineproduzenten in den drei Untersuchungsregionen

Altersgruppen		Mangwende	Kandeya	Chivi	Gesamt
ansässige Haushaltsmitglieder:					
männlich	< 6 Jahre	0.5	0.9	0.6	0.7
	7 - 15	0.8	1.1	1.6	1.2
	16 - 60	1.2	1.4	1.8	1.5
	> 60	0.3	0.2	0.3	0.3
Gesamt (männlich)		2.8	3.6	4.3	3.7
weiblich	< 6 Jahre	0.5	0.8	1.1	0.8
	7 - 15	0.7	1.1	1.6	1.2
	16 - 60	1.3	1.4	2.0	1.6
	> 60	0.1	0.1	0.2	0.1
Gesamt (weiblich)		2.6	3.4	4.9	3.7
Betriebshaushalt (Pers.)		5.4	7.0	9.2	7.4
Kinderanteil (%)		46	56	55	53
Arbeitskräfte[11] (AK)		2.5	2.8	3.8	3.1
AK/haAF		1.04	0.76	1.27	1.02
nicht ansässige Familienmitglieder					
männlich	> 16	1.5	0.7	0.8	1.0
weiblich	> 16	0.6	0.2	0.4	0.4
Gesamt		2.1	0.9	1.2	1.4
Gesamthaushalt		7.5	7.9	10.4	8.8
Migration (%)		28	11	11	16

Quelle: eigene Erhebungen

Neben den Transferleistungen der sich in Arbeitsmigration befindenden Familienmitglieder konnten einige Haushalte beträchtliche außerlandwirtschaftliche Einkommen in den Untersuchungsregionen erzielen. Die Angaben über die außerlandwirtschaftlichen Einkommen, die in Tabelle 4.3 dargestellt sind, beziehen sich aber nur auf die Einkommen der Familienmitglieder, die in den Betriebshaushalten leben und temporär auf Arbeitssuche gehen oder eine ganzjährige Beschäftigung in der näheren Umgebung haben.

Die Ergebnisse der Tabelle zeigen, daß fast ein Drittel der Betriebe über außerlandwirtschaftliche Einkommensquellen verfügte, wobei große Unterschiede zwischen den

11) Als Vollarbeitskräfte werden nur die ansässigen Haushaltsmitglieder in der Altersgruppe zwischen 16 und 60 Jahre eingestuft (Makombe, 1987; GFA, 1987). Kinder unter 16 Jahre unterliegen der ganztägigen Schulpflicht und können deshalb nur einen geringen Beitrag zur Erledigung der anfallenden Arbeiten außerhalb der Ferienzeiten leisten.

Regionen in der Höhe des durchschnittlich erzielten Einkommens auftraten. Die höheren Einkommen in Mangwende resultieren aus der größeren Anzahl von fest angestellten Familienmitgliedern, die z.B. als Verkäufer, Lehrer oder Angestellte in der lokalen Verwaltung und den Missionsstationen tätig sind. Die große Variation der außerlandwirtschaftlichen Einkommen, die durch den Variationskoeffizienten zum Ausdruck gebracht wird, ergibt sich aus der Berücksichtigung geringerer Einkommen, die hauptsächlich von Frauen durch handwerkliche Tätigkeiten im Nebenerwerb erwirtschaftet werden. Am häufigsten wurden Einkommen durch Brauen von traditionellem Bier, Töpfer-, Webe- und Schneiderarbeiten sowie durch Flechten von Fußmatten genannt.

Tabelle 4.3: Anteil der Betriebe und durchschnittliches außerlandwirtschaftliches Einkommen

außerlandw. Einkommen	Mangwende	Kandeya	Chivi	Gesamt
Anteil Betriebe (%)	27	25	34	29
Einkommen/Betrieb (Z.$)	2312.8	510.3	1285.4	1375.0
Variationskoeff. (%)	128	120	164	164

Quelle: eigene Erhebungen

4.1.3 Investitions- und Kapitalgüter

Gebäude, Ausrüstungsgegenstände des Haushaltes, Investitionsgüter für den Betrieb sowie der Besitz von Vieh, vor allem der Rinderbesitz, dienen als Wohlstandsindikatoren und ermöglichen einen Einblick in die ökonomische und soziale Stellung der Betriebe (Ecker 1981; Shumba 1985).

4.1.3.1 Investitionsgüter für Haushalt und Betrieb

Die Darstellung der durchschnittlichen Anschaffungswerte für Konsumgüter und Betriebsinvestitionsgüter bezieht sich auf die Angaben der Bauern zu Investitionen, die zum Zeitpunkt der Anschaffung mehr als Z.$ 50.00 gekostet haben und die nicht länger als 7 Jahre zurück lagen. In dieser Untersuchung wurden die Haushalts- und Betriebsgebäude nicht berücksichtigt. Die Mittelwerte der Anschaffungskosten für die Investitionsgüter werden in Tabelle 4.4 dargestellt und ermöglichen einen Einblick in die sozio-ökonomische Differenzierung innerhalb und zwischen den Regionen.

Die Ergebnisse zeigen, daß die Ausstattung der kleinbäuerlichen Schweineproduzenten mit Kapitalgütern sehr gering ist. In der Gruppe der Summe der Ausgaben für Haushaltsgüter im Gesamtwert von bis zu Z.$ 200.0 lagen 88 % aller befragten Haushalte, wobei nur geringe Unterschiede zwischen den Regionen auftraten und der geringe Mittelwert von Z.$ 20.6 den Schluß zuläßt, daß in vielen Haushalten dieser Gruppe keine

Konsumgüter mit Anschaffungswerten von mehr als Z.$ 50.0 vorhanden sind. Während in Mangwende und Chivi 9 % bzw. 5 % der Haushalte über Güter verfügten, deren Anschaffungskosten mehr als Z.$ 1001.0 betrugen, befand sich kein einziger Haushalt in Kandeya in dieser Gruppe.

Bei den Betriebsinvestitionen lag der Anteil der Betriebe mit Investitionen von weniger als Z.$ 200 bei 62 %. Diese Betriebe besaßen im Mittel Geräte im Neuwert von Z.$ 71.8. Ein auffällig hoher Prozentsatz an Betrieben in Mangwende (71 %) wies dabei den niedrigsten Durchschnittswert für Investitionen mit Z.$ 47.4 auf, die deutlich unter den Ausgaben der beiden anderen Regionen lagen. Der höchste Anteil der Betriebe, die Investitionsgüter zu Anschaffungskosten von mehr als Z.$ 200.0 hatten, befand sich mit 54 % in Chivi. In Mangwende und Kandeya investierten 29 % bzw. 31 % der Betriebe mehr als Z.$ 200.0.

Die geringen Ausgaben für Anschaffungen im Betrieb und Haushalt deuten auf niedrige Einkommen und eine andere Verwendung des erwirtschafteten Geldes bei der Mehrzahl der Befragten hin. Als wichtigste Ausgebepositionen während eines Jahres nannten die Bauern am häufigsten die Aufwendungen für Schulgeld und für den Kauf von Kleidern.

Tabelle 4.4: Anteil der Betriebe (in %) und Mittelwerte der Ausgaben für Haushalts- und Betriebsinvestitionsgüter der Schweineproduzenten

Region	Mangwende		Kandeya		Chivi		Gesamt	
Ausgaben für	Betr. (%)	Ausg. (Z.$)	Betr. (%)	Ausg. (Z.$)	Betr. (%)	Ausg. (Z.$)	Betr. (%)	Ausg. (Z.$)
Haushalt (in Z.$):								
0 - 200	84	17.6	92	18.2	88	25.7	88	20.6
201 - 500	6	282.5	7	323.8	6	365.0	6	323.8
501 - 1000	-	---	1	560.0	1	640.0	1	600.0
> 1001	9	4500.2	-	---	5	5567.5	5	4927.1
Haushaltsgüter	100	441.2	100	45.8	100	351.9	100	272.5
Betrieb (in Z.$):								
0 - 200	71	47.4	69	87.2	46	83.6	62	71.8
201 - 500	17	354.2	10	322.1	27	312.4	18	326.7
501 - 1000	8	740.6	15	764.6	24	702.7	16	729.1
> 1001	4	4710.7	6	1608.3	3	1310.0	4	2543.0
Betriebsgüter	100	363.1	100	298.0	100	331.1	100	329.8

Quelle: eigene Erhebung

Aus den in Tabelle 4.5 zusammengestellten Ausgaben über Haushaltsgüter, Maschinen und Geräte in den Betrieben ist zu ersehen, daß mehr Betriebe in Mangwende über Kapitalgüter verfügen, die dem Haushaltsbereich zuzurechnen sind. Die Verteilung der Maschinen und Geräte zwischen den Regionen kann nicht in Zusammenhang mit dem unterschiedlichen Landnutzungspotential gebracht werden. Der Zusammenhang zwischen der Verteilung der vorhandenen Kapitalgüter und der Anzahl der Betriebe sowie die entsprechenden Investitionsausgaben aus Tabelle 4.4 zeigt, daß die Mehrzahl der Bauern nur geringe Investitionen im Verlauf der letzten 7 Jahre getätigt haben.

Anhand der unterschiedlichen Anteile und Höhe der Investitionen zwischen den einzelnen Gruppen sowie der Verteilung der Kapitalgüter in den Regionen sind große soziale Unterschiede zwischen den Betrieben mit Schweinehaltung innerhalb und zwischen den Regionen erkennbar. Die regionalen Unterschiede sind dabei weniger auf die verschiedenen Landnutzungspotentiale zurückzuführen, sondern liegen vielmehr im Umfang der Arbeitsmigration sowie den außerlandwirtschaftlichen Einkommensmöglichkeiten (siehe Tabelle 4.2 u. 4.3) in den verschiedenen Regionen begründet.

Tabelle 4.5: Angaben der Bauern (in %) über den Besitz von Haushalts- und Betriebsgüter in den drei Untersuchungsregionen

Region	Mangwende	Kandeya	Chivi	Gesamt
Haushaltsgüter:				
Fahrrad	31.8	18.6	35.1	28.3
Radio	28.7	22.6	19.9	23.2
Motorrad	1.5	0.0	1.3	0.9
Fernsehgerät	7.5	0.0	0.0	2.3
Auto	12.1	0.0	2.7	4.6
Betriebsgüter:				
Pflug	65.8	92.1	97.4	85.3
Kultivator	37.0	40.8	36.8	38.2
Egge	11.0	17.1	30.3	19.6
Schubkarre	46.6	23.7	51.3	40.4
Rückenspritze	1.3	11.8	1.3	4.9
Transportanhänger	34.2	31.5	67.1	44.4
Drillgerät	1.5	1.3	2.7	1.8
Maisdrescher	6.1	0.0	0.0	1.8

Quelle: eigene Erhebungen

4.1.3.2 Der Tierbesitz und Bestandsgrößen

Der Besitz der verschiedenen Tierarten und die durchschnittlich vorhandenen Tierbestände zum Zeitpunkt der Erhebung, die in Tabelle 4.6 zusammengefaßt sind, zeigen, daß die Mehrzahl der Betriebe Rinder besitzt (80 %). Der durchschnittliche Bestand beträgt 8.9 Rinder pro Betrieb, wobei nur geringe Unterschiede zwischen den Regionen festgestellt werden konnten.

Große Unterschiede existieren unter den Schweinehaltern in den verschiedenen Regionen hinsichtlich der Verbreitung und der Bestandsgrößen von kleinen Wiederkäuern. So besaßen 14 % und 90 % der Bauern in Chivi Schaf- bzw. Ziegenherden. Die durchschnittliche Herdengröße lag in Chivi deutlich über derjenigen der beiden anderen Regionen. Die Bedeutung der Eselhaltung an ariden Standorten der agrar-ökologischen Zonen 4 und 5 manifestierte sich in deren hohem Anteil von 68 % der untersuchten Betriebe in Chivi. Bei den Schweineerzeugern an den beiden anderen Standorten wurde keine Eselhaltung vorgefunden (vgl. Mombeshora, 1984; GFA, 1987).

Tabelle 4.6: Tierbesitz und durchschnittlicher Tierbestand der Betriebe mit Schweinehaltung

Region	Mangwende		Kandeya		Chivi		N	
	Betr. (%)	Tiere $\bar{x}$	Betr. (%)	Tiere $\bar{x}$	Betr. (%)	Tiere $\bar{x}$	Betr. (%)	Tiere $\bar{x}$
Rinder	79	8.7	82	8.6	82	9.6	80	8.9
Ziegen	53	4.8	27	5.6	90	15.0	57	8.5
Schafe	1	18.0	5	6.8	13	9.9	6	11.4
Esel	0	0.0	0	0.0	68	3.9	23	3.9
Hühner	100	14.2	95	14.4	98	16.5	98	15.0
Schweine	100	6.5	100	4.7	100	4.4	100	5.2

Quelle: eigene Erhebung

Der durchschnittliche Schweinebestand in Mangwende von 6.5 Tieren pro Betrieb liegt deutlich höher als in den beiden anderen Regionen. Dieser höhere Wert ist auf den 13 %igen Anteil marktorientiert produzierender Betriebe in dieser Region zurückzuführen.

Relativ geringe Unterschiede zeigen die Mittelwerte der Hühnerbestände innerhalb der verschiedenen Regionen. Zur Vervollständigung der Angaben über den Tierbesatz auf den Betrieben ist hinzuzufügen, daß 4 % der Betriebe Tauben und 6 % der Betriebe Kaninchen und Enten hielten.

Etwa 60 % der Haushaltsvorstände gaben an, daß sie die alleinigen Besitzer der in den Betrieben vorhandenen Tiere sind, obwohl die Betreuung der kleinen Wiederkäuer, Schweine und Hühner traditionell den Frauen und Kindern überlassen ist. In 52 % der Betriebe in Chivi waren Frauen und Kinder im Besitz von Tieren. Dieser Wert lag in Mangwende und Chivi bei 30 % bzw. 40 %. Die Bedeutung der Rinderhaltung für die männlichen Familienmitglieder kann darin gesehen werden, daß ein großer der Anteil der Rinder unverheirateten Söhne gehörte. In ca. 40 % der Betriebe waren die Frauen die alleinigen Besitzer der Schweine.

Insgesamt zeigen die Angaben über Tierbesitz und Herdengröße, daß die Tierproduktion in Chivi einen höheren Stellenwert im Betriebssystem einnimmt: Dort wurde mehr Kapital in Form von Viehvermögen angespart als in den beiden anderen Regionen. Die gute Ausstattung der Haushalte und Betriebe mit Investitionsgütern kann in Chivi, das ja über das geringste Landnutzungspotential verfügt, zum Teil auf den größeren Umfang der Tierhaltung und der damit verbundenen besseren Möglichkeit zur Kapitalakkumulation zurückgeführt werden.

Aus den bisher veröffentlichten Untersuchungen[12] über die Betriebssysteme in den CAs und dem hohen Anteil der rinderhaltenden Betriebe unter den Schweineproduzenten in allen drei Untersuchungsregionen kann gefolgert werden, daß die Mehrzahl der untersuchten Betriebe der oberen sozialen Strata angehört. Denn die Rinderhaltung spielt eine zentrale Rolle in der Agrargesellschaft der Shona (Cousins, 1989; Chipika, 1989).

4.1.4 Ressourcenausstattung der Betriebe in Abhängigkeit von der Betriebsführung

Mehr als die Hälfte aller untersuchten Betriebe wurde von Frauen geleitet. Der Anteil der Betriebe, die von verheirateten Frauen bewirtschaftet wurden, deren Männer dauerhaft außerhalb des Haushaltes wohnen, betrug 40 %. Weitere 12 % der Betriebe wurden von verwitweten oder geschiedenen Frauen geführt (Tabelle 4.7).

Die Tabelle zeigt, daß der Anteil der von Frauen geführten Betriebe mit abnehmender Entfernung zu den urbanen Zentren zunimmt. Hinsichtlich der Flächenausstattung und Rinderbestände unterscheiden sich die Betriebe, die von Männern oder Frauen in Kandeya und Chivi geführt werden, deutlich voneinander. Die größeren Rinderbestände der von Frauen geleiteten Betriebe in Mangwende können auf den dortigen größeren Anteil der Haushaltsvorstände, die sich in Arbeitsmigration befinden, zurückgeführt werden. Die Betriebe mit weiblichen Haushaltsvorständen weisen in allen Regionen eine deutlich geringere Ressourcenausstattung auf.

---

12) Vergleiche: ARDA, 1982a,b,c; ARDA, 1984; Mombeshora, 1984; Shumba, 1985; Reh, 1986; van Eckert and Mombeshora, 1989; GFA, 1987; Steinfeld, 1989; ICRA, 1987; Jackson, 1988; Chipika, 1988;

Tabelle 4.7: Flächenausstattung und Viehbesitz bei unterschiedlichem Geschlecht der Haushaltsvorstände

Region	Mangwende	Kandeya	Chivi	Gesamt
Männer-geführte Haushalte (%)	33	63	48	48
Betriebsgröße (ha)	2.4	4.2	3.4	3.5
Rinderbestand (Stück)	6.5	7.6	9.0	7.8
Frauen-geführte Haushalte (%)	52	26	41	40
Betriebsfläche (ha)	2.3	3.0	2.6	2.7
Rinderbestand (Stück)	7.6	6.9	7.3	7.6
weibl. Haushaltsvorstände (%)	15	11	11	12
Betriebsfläche (ha)	1.8	2.6	2.0	2.1
Rinderbestand (Stück)	5.1	3.9	3.9	4.3

Quelle: eigene Erhebungen

Zusätzlich zu der geringeren Ressourcenausstattung der Betriebe, die von Frauen bewirtschaftet werden, kann nach Shumba (1985) von einer geringeren Effizienz in der Produktion ausgegangen werden. Er führt dies auf die Rolle der nicht ansässigen Haushaltsvorstände bei Entscheidungsprozessen, die die Belange das Betriebes betreffen, zurück, denn aufgrund der traditionellen Aufgabenteilung wird den Frauen bei wichtigen Produktions- und Investitionsentscheidungen nur begrenzte Entscheidungskompetenz eingeräumt. Die Abwesenheit des Haushaltsvorstandes in diesen Betrieben führt zu Verzögerungen bei den Entscheidungsfindungsprozessen. Diese wiederum wirken sich bei notwendigen, schnell zu treffenden Produktionsentscheidungen negativ auf die Effizienz der Produktion aus (vgl. Avila, 1985; GFA, 1987).

4.2 Das Ausbildungsniveau der Betriebsleiter und deren Organisation in landwirtschaftlichen Gruppen

Das Alter der Haushaltsvorstände, ihr Ausbildungsstand sowie der Organisationsgrad und die Nutzung von landwirtschaftlichen Informationsquellen werden in Tabelle 4.8 zusammengefaßt. Im Durchschnittsalter der Haushaltsvorstände bestehen nur geringe Unterschiede zwischen den Untersuchungsregionen. Die Kennzahlen über die formale und landwirtschaftliche Ausbildung verdeutlichen den höheren Bildungsstand der Haushaltsvorstände in Chivi. Dabei fällt besonders der hohe Anteil von 28 % der befragten Bauern auf, die sich in der Ausbildung zum "Master Farmer"[13] befinden oder diese Ausbildung schon abgeschlossen haben.

---

13) Die Ausbildung zum Master Farmer erfolgt in Kleingruppen durch die AGRITEX-Berater über mehrere Jahre. Die ausgebildeten Master Farmer sind in Club's organisiert, die eng mit den Beratern zusammenarbeiten. Das Master-Farmer-Ausbildungsprogramm ist von großer Bedeutung in der Beratungspolitik der Kleinbauern Simbabwes (Chipika, 1985).

AGRITEX bevorzugt gruppenorientierte Beratungsansätze, wie z.B. die Master Farmer Ausbildung und die Beratung von Produzentengruppen sowie das in jüngster Zeit eingeführte Training-and-Visit-System (Drinkwater, 1987; Vaughan-Evans, 1987; Agritex, 1985). Deshalb sind der Organisationsgrad sowie der Zusammenschluß der Bauern in Produzentengruppen und ihre Partizipation an den Gruppentreffen wichtige Indikatoren für die Haltung der Bauern gegenüber dem offiziellen Beratungssystem.

Tabelle 4.8: Alter der Haushaltsvorstände, Schul- und Ausbildungsstruktur, Organisationsgrad und Nutzung von landwirtschaftlichen Weiterbildungsveranstaltungen

Region	Mangwende	Kandeya	Chivi	Gesamt
Alter des HH (J)	54	52	53	53
Schulbesuch (%)	64	56	80	67
Schulausbildung (J)	6.4	5.0	6.5	6.1
landw. Betriebserfahrung (J)	25	22	25	24
Masterfarmer (%)	10	4	28	15
Mitgliedschaft in				
landw. Organisationen (%)	52	37	54	48
landw. Produktionsgruppen (%)	48	33	49	43
Besuch von Veranstaltungen (%)				
1 - 6 pro Jahr	35	25	39	34
mehr als 6 pro Jahr	65	75	61	66
Veranstaltungsthemen (%)				
Pflanzenproduktion	64	80	50	65
Pflanzen- u. Tierproduktion	36	20	50	35

Quelle: eigene Erhebungen

Die Ergebnisse bezüglich des Organisationsgrades der Bauern, die Schweineproduktion betreiben, zeigen deutliche Unterschiede zwischen der abgelegenen Region Kandeya und den beiden anderen Regionen. Lag der Anteil der in landwirtschaftlichen Produzentengruppen organisierten Bauern in Kandeya bei 33 %, bezifferte er sich in Mangwende und Chivi regional auf durchschnittlich 50 %. Insgesamt besuchten 66 % der organisierten Bauern die Gruppentreffen. Allerdings berichteten nur 35 % der Bauern, die an den Versammlungen teilnahmen, daß sich die Beratungs- und Diskussionsinhalte unter anderem mit den Problemen der Tierproduktion befaßten. Auch hier traten erhebliche Unterschiede zwischen den Regionen auf. Von Beratungen zu Themen der Schweineproduktion berichteten lediglich einige organisierte Bauern (13 %) in Mangwende.

4.3 Die Pflanzenproduktionssubsysteme

4.3.1 Die Anbaustruktur in den Untersuchungsstandorten

Aus der in Tabelle 4.9 dargestellten Verteilung der angebauten Ackerfrüchte in den Betrieben der verschiedenen Regionen geht die dominierende Stellung des Maisanbaus klar hervor, die auf die Verwendung von Mais als Hauptnahrungsmittel und Cash-Crop zurückgeführt werden kann.

Tabelle 4.9: Ackerfrüchte der schweinehaltenden Betriebe in der Anbausaison 1986/87 (in %)

Region	Mangwende	Kandeya	Chivi	Gesamt
Ackerfrüchte:				
Mais	100	98	95	98
Sorghum	3	0	29	11
Fingerhirse	38	12	55	35
Perlhirse	1	0	71	24
Baumwolle	1	93	5	34
Erdnüsse	92	21	84	65
Sonnenblumen	33	8	29	23
Bambaranuß	30	0	0	10

Quelle: eigene Erhebungen

Große regionale Unterschiede bestehen im Anbau der anderen Ackerfrüchte. Während die Erdnuß in Mangwende und Chivi das zweitwichtigste Anbauprodukt ist, wird diese Position in Kandeya von der Baumwolle, die in 93 % der Betriebe angebaut wird, eingenommen. Die weite Verbreitung des Fingerhirsenanbaus resultiert aus seiner Bedeutung bei der Herstellung des traditionellen Bieres. Aufgrund ihrer größeren Trockenresistenz werden Sorghum und Perlhirse nur in Chivi angebaut. Der von der Beratung verstärkt propagierte Anbau von Sonnenblumen als zusätzliche Verkaufsfrucht, wird vor allem von den Bauern in Mangwende und Chivi betrieben.

Neben diesen Ackerfrüchten werden traditionelle Gemüsearten sowie verschiedene Kürbis- und Melonenarten sporadisch als Untersaaten bei den Hauptfrüchten angebaut. 75 % der Bauern waren im Besitz von Gärten, die in den fruchtbaren Vleis lagen, wo verschiedene Gemüsearten wie Tomaten, Zwiebel, Zuckerrohr und Süßkartoffel angebaut werden.

4.3.2 Anbaustruktur und Getreideerträge in den Betrieben

Die unterschiedlichen Anbausysteme in den drei Untersuchungsregionen gehen aus der in Tabelle 4.10 dargestellten durchschnittlichen Flächenallokation der Ackerfrüchte deutlich hervor.

Tabelle 4.10: Die Anbaustruktur in den verschiedenen Regionen (in % der Durchschnittsbetriebsfläche)

Region	Mangwende	Kandeya	Chivi	Gesamt
Anbaufläche (ha)	2.4	3.7	3.0	3.0
Mais	62	43	37	46
Sorghum, Hirse	6	3	32	13
Erd- u. Bambaranüsse	24	3	15	12
Baumwolle	1	48	1	20
Sonnenblumen	6	1	6	4
Gärten, sonstige	1	2	9	5

Quelle: eigene Erhebung

Der Anbau der Hauptackerfrüchte an allen drei Untersuchungsstandorten erfolgt ausschließlich in Monokultur. Die Anbaustruktur in Mangwende und Chivi zeichnet sich durch den hohen Getreideanteil von annähernd 68 % bzw. 69 % an der Gesamtfläche aus, wobei in Mangwende aufgrund des höheren Landnutzungspotentials der Maisanbau die dominierende Stellung in der Fruchtfolge einnimmmt. Der Anbau von Baumwolle und Mais bestimmt das Fruchtartenverhältnis in Kandeya, da die Bauern 48 % bzw. 43 % ihrers Ackerlandes mit diesen Früchten bestellen. Zusätzlich fällt in dieser Region der geringe Anteil an proteinhaltigen Ackerfrüchten in der Anbaustruktur der Betriebe auf.

Anhand des Spektrums der angebauten Ackerfrüchte und ihrer regionalen Verteilung sowie des Fruchtartenverhältnises in den Betrieben kann für die Schweineproduktion von Mangwende und Kandeya davon ausgegangen werden, daß Mais die potentielle Hauptgetreidefutterressource darstellt. Dagegen stellen Sorghum und Hirse die Futterbasis für die Schweineproduktion in Chivi dar, da der Anbau dieser Ackerfrüchte in großem Umfang betrieben wird und Mais das bevorzugte Hauptnahrungsmittel der Bauern ist. Nach guten Ernten wird auch in dieser Region die überschüssige Maismenge verkauft (Makombe, 1987; Rohrbach, 1989).

Um einen Einblick in das Potential der Futterverfügbarkeit der Betriebe zu erhalten, wurden die durchschnittlichen Gesamtgetreideerträge der Anbausaison 1986/87 für verschiedene Betriebsgrößenklassen berechnet. Tabelle 4.11 zeigt, daß in 35 % der Betriebe in Kandeya und in 65 % der Betriebe in Chivi kein Potential zur Verfütterung von Getreide an die Schweine vorhanden ist aufgrund zu geringer Getreideerträge. Die Erträge in diesen Betrieben reichten nicht aus, um den für die entsprechenden Regionen errechneten durchschnittlichen Haushaltsbedarf[14] von 930 kg für Kandeya und 1230 kg für Chivi zu decken.

Tabelle 4.11: Getreideerntemengen in verschiedenen Betriebsgrößenklassen sowie durchschnittlicher Getreidesubsitenzbedarf

Region	Mangwende		Kandeya		Chivi		Gesamt	
Betriebs-größe (ha)	N (%)	$\bar{x}$ (kg)	N (%)	$\bar{x}$ (kg)	N (%)	$\bar{x}$ (kg)	N (%)	$\bar{x}$ (kg)
0 - 1	8	1455	9	553	5	80	8	760
1.1 - 2	45	2839	26	587	33	415	34	1479
2.1 - 3	26	4029	19	1135	24	1521	23	2350
3.1 - 4	10	5812	15	1701	16	504	14	2181
4.1 - 5	7	5486	7	1206	11	1152	8	2370
> 5	4	16986	24	2853	12	2208	13	4073
Gesamt	100	4100	100	963	100	1446	100	2142
GE-Ertrag/ha	2502		856		475		1203	
Subsistenz-bedarf (kg)	762		930		1230		983	

Quelle: eigene Erhebungen

In allen Betriebsklassen von Mangwende wurden Getreideerträge erwirtschaftet, die über dem errechneten Haushaltsbedarf von 762 kg lagen. Der hohe Durchschnittsgetreideertrag pro Hektar in Mangwende verdeutlicht das bessere Landnutzungspotential und resultiert aus dem sinnvollen Einsatz der Beratungsanbaupakete, die meist über Kredit finanziert werden. In den beiden anderen Regionen beklagten sich viele Bauern über die Auswirkungen der Trockenheit, die sicherlich mit dazu beigetragen hat, daß die Durchschnittserträge so niedrig waren. Nur wenige Bauern setzen in diesen Regionen die von AFC bereitgestellten Kredite für die Maisanbaupakete aufgrund der großen Produktionsrisiken ein.

4.4 Das Tierproduktionssubsystem

Die Tierbesitzstruktur und die Durchschnittsbestände der verschiedenen Tierarten der Betriebe mit Schweinehaltung wurden bereits unter Punkt 4.2.3.2 dargelegt. Im folgenden wird neben einer ausführlichen Darstellung des Schweineproduktionssubsystems lediglich auf die Funktionen und Leistungen der anderen Tierarten im Betriebssystem

14) Der Haushaltsbedarf wurde für die durchschnittliche Haushaltsgröße in den Regionen bei einem Jahresverbrauch von 186 kg pro erwachsenes Familienmitglied berechnet (vgl. Stunnings, 1988; Almond, 1988).

eingegangen, um in einer abschließenden Betrachtung die Bedeutung der Schweineproduktion im System anhand der erzielten marktfähigen Leistungen zu verdeutlichen.

4.4.1 Das Schweineproduktionssubsystem

Zur Darstellung der Schweineproduktionssubsysteme werden neben den Befragungsergebnissen aus der Ersterhebung zusätzliche Informationen aus der kontinuierlichen Feldleistungsdatenerfassung herangezogen.

4.4.1.1 Entwicklung der Bestandsgröße und Bestandsstruktur zum Zeitpunkt der Erhebung

In der folgenden Tabelle wird die Entwicklung der durchschnittlichen Schweinebestände nach den Angaben der Bauern in den Betrieben der drei Untersuchungsregionen für die Jahre 1984 bis 1987 dargestellt.

Tabelle 4.12: Mittelwerte und Variationskoeffizienten der Schweinebestände von 1984 - 1987

Region	Mangwende		Kandeya		Chivi		Gesamt	
Jahr	$\bar{x}$	VK (%)	$\bar{x}$	VK (%)	$\bar{x}$	VK (%)	$\bar{x}$	VK (%)
1984	7.2	181	4.8	104	6.5	109	6.1	146
1985	8.3	173	7.6	77	7.2	90	7.7	126
1896	11.0	267	6.9	67	7.6	77	8.5	204
1987	6.5	268	4.7	78	4.5	84	5.2	199

Quelle: eigene Erhebungen

Die Mittelwerte der Bestandsentwicklung zwischen 1984 und 1986 deuten auf einen tendenziellen Bestandszuwachs hin. In Mangwende lagen die Werte der Durchschnittsbestände deutlich über denen der beiden anderen Regionen. Die größere Variation der Bestandsgrößen in Mangwende ist auf die hohe Anzahl der Betriebe (10%) mit marktorientierter, intensiver Produktionsweise zurückzuführen. Die geringen Durchschnittsbestände zum Zeitpunkt der Basisbefragung in Kandeya und Chivi ergeben sich durch den saisonalen Reproduktionsverlauf (vgl. Abbildung 5.1).

Die Herdenstruktur der Schweinepopulation, die in Tabelle 4.13 zusammengefaßt wurde, läßt auf eine geringe Eberdichte schließen, da nur in 26 % der Betriebe Eber vorhanden waren. Der Anteil der Eber betrug 6 % des Durchschnittsbestandes, wobei besonders der unterdurchschnittliche Wert in der Region Kandeya auffällt. In 61 % bzw. 41 % der Betriebe befanden sich Altsauen bzw. reproduktionsfähige Jungsauen. Eine beträchtliche Bestandsaufstockung zeigt sich in Mangwende, da sowohl der Anteil der Betriebe mit

Jungsauen, als auch der Anteil der Jungsauen am Durchschnittsbestand deutlich über den Werten der beiden anderen Regionen lag. Die regional unterschiedlichen Anteile der vorhandenen Läufer und Ferkel weisen auf den unterschiedlichen Beginn der Reproduktionsphasen in den Regionen hin.

Tabelle 4.13: Verteilung der Schweine auf die Betriebe und Herdenstruktur der Schweinebestände (in %)

Region	Mangwende		Kandeya		Chivi		Gesamt	
	Betr. n	Tiere $\bar{x}$	Betr. n	Tiere $\bar{x}$	Betr. n	Tiere $\bar{x}$	Betr. n	Tiere $\bar{x}$
Gesamt	73	6.5	76	4.7	76	4.4	225	5.2
davon in %:								
Eber	30	6	13	3	35	9	26	6
Sauen	55	16	61	20	68	22	61	18
Jungsauen	67	33	35	13	22	12	41	21
Mastläufer[1]	19	10	18	7	13	8	16	9
Läufer[2]	16	18	36	27	22	25	25	22
Ferkel	12	17	21	30	15	24	16	24

1) Mastläufer: mindestens 6 Monate alte männliche Jungtiere
2) Läufer: Jungtiere zwischen 2 und 6 Monate

Quelle: eigene Erhebungen

In Mangwende und Kandeya lag das Verhältnis zwischen geschlechtsreifen männlichen und reproduktionsfähigen weiblichen Tieren bei 1 : 3.0 bzw. 1 : 3.3. In Chivi lag dieses Verhältnis bei 1 : 2.0. Das engere Verhältnis in Chivi kann auf die größere Streuung der Schweineproduktion zurückgeführt werden, denn die Einzelhoflagen der Betriebe erfordern, im Gegensatz zu den mehr dörflichen Strukturen der beiden anderen Regionen ein engeres Eber/Sauenverhältnis, um die Belegung der Sauen zu gewährleisten.

4.4.1.2 Kenntnisse und Haltungspraktiken der Bauern

Aussagen der Bauern zu tierzüchterischen Fragen, die Auskunft über ihre produktionstechnischen Kenntnisse und Haltungspraktiken geben, ermöglichen einen breiten Einblick in die Produktionsverfahren der verschiedenen Standorte und zeigen bestehende Informationsdefizite auf. Darüber hinaus wurden Erkenntnisse über bewährte traditionelle Praktiken, z.B. bei der Krankheitsbekämpfung, gewonnen.

Die Erfahrungen in der Schweineproduktion und der Kenntnisstand der Bauern zu relevanten züchterischen Ereignissen sowie die Angaben über die Durchführung von Hygienemaßnahmen sind in Tabelle 4.14 zusammengefaßt.

Tabelle 4.14: Angaben der Bauern zu Produktionserfahrungen, Kenntnisstand und Haltungspraktiken in der Schweineproduktion (in %)

Region	Mangwende (%)	Kandeya (%)	Chivi (%)	Gesamt (%)
Erfahrung mit der Schweinehaltung (Jahre)				
1 - 5	59	65	54	59
6 - 10	9	14	14	13
> 10	32	21	31	28
Nennungen von Symptomen zur				
Brunst: keine	65	77	16	52
ein - zwei	26	21	66	38
mehr als zwei	9	2	18	10
Trächtigkeit:	60	50	87	66
Zuchtpraktiken:				
Wahl des Ebers	38	22	55	38
gezielte Anpaarung	21	18	21	20
Hygienemaßnahmen	18	4	20	14

Quelle: eigene Erhebungen

Die Tabelle veranschaulicht, daß die Schweineproduktion für die meisten Betriebe ein relativ neuer Betriebszweig ist, der in annähernd 60 % der Betriebe zwischen 1982 und 1987 eingeführt wurde. Nur ca. 30 % der Bauern hatten mehr als 10 Jahre Erfahrung in der Schweineproduktion. Die kurze Produktionserfahrung bei der Mehrzahl der Bauern zeigt sich im geringen Anteil der Antworten zu Fragen über Kenntnisse von Brunst- oder Trächtigkeitssymptomen und anhand der von wenigen Bauern durchgeführten züchterischen Praktiken oder Hygienemaßnahmen. Allerdings konnten deutliche Unterschiede in der Häufigkeit der Antworten zu diesen Fragen zwischen Chivi und den beiden anderen Regionen festgestellt werden, die auf einen allgemein größeren Erfahrungsschatz aufgrund der größeren Bedeutung der Tierproduktion in Chivi zurückgeführt werden können.

Als Anzeichen der Brunst gaben die Mehrzahl der Bauern die beobachtbare größere Unruhe und Agressivität sowie die Futteraufnahmeverweigerung der Sauen an. Darüber hinaus kannten einige Bauern die Errötung der äußeren Geschlechtsorgane der Sau als sicheres Brunstsymptom. Die benannten Trächtigkeitssymptome bezogen sich auf die Endphase der Trächtigkeit, wie die beobachtbare Vergrößerungen des Bauchumfangs und des Euters.

Nur wenige Bauern (38 %) gaben an, daß sie die Eber hinsichtlich ihrer Größe auswählen. Züchterische Maßnahmen zur Anpaarung der Sauen wurden nur von 20 % der

Bauern durchgeführt. Dabei werden die Eber für einige Wochen in die Ställe oder Buchten der Sauen gesperrt. Zusätzliche Maßnahmen zur Kontrolle des Deckaktes werden nicht vorgenommen.

Der Einsatz von Medikamenten oder die Durchführung von traditionellen kurativen Maßnahmen zur Krankheitsbekämpfung wurde von 14 % der Bauern berichtet. Hierbei fällt vor allem der geringe Kenntnisstand über solche Maßnahmen in Kandeya auf. Als traditionelle Maßnahmen zur Bekämpfung von Durchfallerkrankungen nannten insbesondere die Bauern in Chivi die Verfütterung von Ruß und die Zubereitung von Mixturen aus verschiedenen bekannten Heilpflanzen, z.B. aus Aloepflanzen.

4.4.1.3 Reproduktionsleistungen

In Tabelle 4.15 sind die Mittelwerte und Variationskoeffizienten der Befragungsergebnisse für die Reproduktionsleistungen nach Region, den von den Bauern angegebenen Rassen und für die unterschiedlichen Produktionserfahrungen der Bauern zusammengefaßt. Es wurden die Leistungsparameter Alter beim ersten Wurf, Anzahl geborener Ferkel, Höhe der Aufzuchtverluste, Zwischenwurfzeiten und die Lebenswurfleistung erhoben.

Nach Angaben von 84 antwortenden Bauern beträgt das durchschnittliche Erstferkelalter der Jungsauen 9.17 Monate, wobei nur geringe Unterschiede zwischen den Mittelwerten in den verschieden Kategorien festgestellt werden konnten. Der Variationskoeffizient für die Ergebnisse des Erstferkelalters liegt bei 39 %. Der geringere Variationskoeffizient bei den Angaben der Betriebsleiter mit mehr als 10 jähriger Erfahrung in der Schweineproduktion zeigt die größere Übereinstimmung der Antworten der Bauern in dieser Gruppe.

Tabelle 4.15: Rohmittelwerte und Variationskoeffizienten der angegebenen Reproduktionsleistungen der Sauen nach Region, Rasse und Erfahrungshintergrund

	Erstferkelalter (Monate)			geborene Ferkel			Aufzucht-verluste			Zwischen-wurfzeit			Lebenswurf-leistung		
	N	$\bar{x}$	VK (%)	N	$\bar{x}$	VK (%)	N	$\bar{x}$	VK (%)	N	$\bar{x}$	VK (%)	N	$\bar{x}$	VK (%)
Region															
Mangwende	29	9.24	31	58	8.38	33	53	2.26	99	38	8.34	36	23	4.53	71
Kandeya	28	8.75	41	55	7.76	33	55	1.93	101	40	9.70	28	30	4.65	83
Chivi	27	9.52	42	63	8.76	25	63	1.89	94	39	7.15	39	30	4.17	54
Rasse															
Mukota	47	9.13	37	111	8.28	34	110	2.03	99	72	9.03	33	59	4.35	77
Exotic	37	9.22	40	65	8.40	24	61	2.00	97	45	7.42	37	24	4.67	56
Erfahrung															
0 - 5	44	9.23	44	95	8.03	31	91	2.13	100	60	8.23	37	33	3.82	72
6 - 10	11	9.36	45	26	8.46	23	26	1.54	90	18	9.28	36	16	4.37	37
> 10	29	9.00	25	55	8.76	32	54	2.06	95	39	8.28	32	34	5.08	76
Gesamt	84	9.17	39	176	8.32	30	171	2.02	98	117	8.41	35	83	4.44	70

Quelle: eigene Erhebung

Für die Angaben über die Anzahl der durchschnittlich geborenen Ferkel wurde ein Gesamtmittelwert von 8.32 Ferkel ermittelt. Die Bauern in Chivi berichteten von Wurfgrößen, die um 1 Ferkel größer waren, als die in Kandeya. Der Mittelwert, der genannten Wurfgröße lag in der Gruppe der Betriebsleiter mit mehr als 10-jähriger Produktionserfahrung über den Werten der beiden anderen Gruppen. Die geringen Unterschiede zwischen den Variationskoeffizienten, der für die Gesamtstichprobe bei 30 % liegt, zeigen die Homogenität des Datenmaterials und deuten auf eine realitätsnahe Beschreibung dieses Merkmals durch die Bauern hin.

Die Aufzuchtverluste wurden mit 2.02 Ferkel pro Wurf angegeben. Dies entspricht einer Verlustrate von 24 %. Die geringsten Aufzuchtverluste von 1.89 Ferkel (21%) wurden von den Bauern Chivis berichtet. Aus den Angaben der Betriebsleiter, die über eine 5 bis 10-jährige Erfahrung in der Schweineproduktion verfügen, wurden niedrigere Aufzuchtverluste von 1.54 Ferkel (18 %) errechnet als aus den Angaben der Bauern, die mehr als 10 oder weniger als 5 Jahre Erfahrung haben. Die große Variation dieses Merkmals, die teilweise mehr als 100 % beträgt, weist auf große Systemunterschiede oder auf ungenaues Beobachtungs- und Erinnerungsvermögen der Bauern hin und läßt den Schluß zu, daß die Beschreibung dieses Merkmals durch die Bauern wenig realitätsnah ist.

Die berichteten Zwischenwurfzeiten ergaben für Kandeya mit 9.7 Monaten den größten Wert. Für Mangwende und Chivi wurden Durchschnittswerte von 8.34 bzw. 7.15

Monaten errechnet. Deutliche Unterschiede ergaben die Antworten der Bauern, die Mukota- oder als Exotic eingestufte Tiere hielten und über Zwischenwurfzeiten von 9.03 bzw. 7.42 Monaten berichteten. Die größte Zwischenwurfzeit wurde von Bauern mit 6 bis 10-jähriger Produktionserfahrung angegeben während nur geringe Unterschiede zwischen den Antworten der Bauern, der beiden Produktionserfahrungsgruppen bestanden. Die Variationsunterschiede betrugen weniger als 5 % zwischen der Gesamtvariation und den verschiedenen Gruppenwerten.

Aus den Angaben der Bauern über die Lebenswurfleistungen der Sauen wurde eine durchschnittliche Gesamtwurfleistung von 4.44 Würfen errechnet. Die Unterschiede in den Angaben zur Lebensleistung der Sauen hinsichtlich der verschiedenen Regionen und der gehaltenen Rassen waren gering. Größere Unterschiede zeigen die Werte in Abhängigkeit zur Produktionserfahrung. Die Befragungsergebnisse für dieses Merkmal zeigen eine große Variation mit einem Variationskoeffizienten von 70 % für die Gesamtstichprobe sowie große Schwankungen innerhalb der einzelnen Gruppen.

4.4.1.4 Haltungsverfahren

Im folgenden werden die im Rahmen der Untersuchungen ermittelten und in zwei Kategorien untergliederbaren Haltungsverfahren erläutert.

Traditionelles System: Fast alle Bauern mit extensiven Produktionssystemen in Mangwende und Kandeya halten ihre Schweine während der Anbausaison in Ställen oder Schweinekraals. Nach der Ernte beginnt die Freilandhaltung der Schweine, die sich dann an schattigen Plätzen unter den Vorratshütten oder Bäumen und Büschen in der näheren Umgebung des Betriebes aufhalten. Im Gegensatz dazu betrieben ca. 80 % der Bauern in Chivi die ganzjährige Stallhaltung, was auf den größeren Einfluß der Beratung zurückgeführt werden kann, die von einer Freilandhaltung aufgrund von Hygieneproblemen an den Wasserstellen abrät und die Anwohner auffordert, die freilaufenden Tiere zu töten (Nduna, 1988).

Bei den Ställen handelt es sich meist um 10 m^2 - 20 m^2 große, flache, rechteckige oder runde Hütten, die in Palisadenform aus dicken Ästen oder Baumstämmen gebaut werden, keinen festen Boden und meist wenig überstehende Dachkonstruktionen haben. Als Dachmaterial benutzen die Bauern überwiegend gebundenes und geflochtenes Gras, das nicht in ausreichenden Mengen verwendet wird, so daß es nur geringen Schutz vor Niederschlägen bietet. Dadurch wird der Stallboden nach heftigen Niederschlägen aufgeweicht und verschlammt, so daß die Tiere meist keinen trockenen Liegeplatz finden können. Viele Ställe haben einen kleinen, nichtüberdachten und mit Maschendraht, Ästen oder Baumstämmen umgebenen Auslauf, in dem sich die Futtertröge befinden. Als Futtertröge dienen alte, aufgeschnittene Reifen, ausgehöhlte Baumstämme oder nicht mehr brauchbare Töpfe. Die Ställe sind in der Regel nicht unterteilt und aufgrund konstruktionsbedingter, kleiner Öffnungen für Fütterungs- und Pflegearbeiten schwer zugänglich. Neben diesen Stallkonstruktionen gibt es ähnlich gebaute Schweinekraals, die allerdings keinen Schutz vor Regen und nur in einigen Fällen aufgrund ihrer Nähe zu schattenspendenden Bäumen vor der direkten Sonneneinstrahlung schützen, da sie ohne Dächer gebaut werden. Zusätzlich dienen verlassene Wohnhütten als Schweineställe. In Mangwende und Chivi befinden sich im geringen Umfang verbesserte Ställe, die aus Feld- oder selbstgefertigten Ziegelsteinen hergestellt wurden und einen festen Untergrund haben. Allerdings bieten auch die Dächer dieser Ställe wenig Schutz vor Regen und Sonne, da sie die Ställe nur teilweise bedecken und zu geringe Neigungswinkel haben, so daß der Ablauf des Regenwassers nicht schnell genug erfolgt und Wasser in die Ställe eindringen kann. Die meisten Schweineställe liegen in einiger Entfernung zu den sonstigen Betriebsgebäuden und Wohnhütten, da die Bauern über Geruchsbelästigungen, die vor allem in der Regenzeit auftreten, berichteten.

Die Mehrzahl der Bauern gab an, daß sie die Ställe nur zu Beginn der Anbausaison säubern, wobei der anfallende Schweinedung vor allem von den Bauern in Mangwende (70 %) und Chivi (86 %) überwiegend in den Gärten oder auf den umliegenden Maisfeldern ausgebracht wird. Weniger als 10 % der Bauern in Kandeya nutzten den Schweinedung.

In Kandeya und Chivi, wo sich ausschließlich extensiv wirtschaftende Betriebe in der Stichprobe befanden, gaben die Bauern für die Kosten der Schweineställe durchschnittlich Z.$ 25.7 bzw. Z.$ 27.8 an.

Die traditionell gehaltenen Tiere werden während der Anbausaison nach der Feldarbeit am Abend gefüttert und mit Wasser versorgt. Die beim Unkrautjäten anfallenden Unkräuter werden in unregelmäßigen Abständen verfüttert und dienen auch als Einstreu. In der Freilandhaltungsphase erfolgt die Fütterung der Schweine am Waschplatz in unmittelbarer Nähe des Küchenhauses.

Ein gezieltes Absetzen der Ferkel von den Sauen wird nicht vorgenommen.

Intensives System: Die Bauern mit intensiven Produktionssystemen orientieren sich beim Bau ihrer Schweineställen an den Empfehlungen des PIB oder der Agritex-Berater. Die Ställe bestehen aus gemauerten Buchten, die mit Feld-, selbsgemachten Beton- oder Ziegelsteinen gebaut werden. Die Wände der Buchten sind zwischen 100 cm und 150 cm hoch und meist nicht verputzt. Die Böden waren in allen Ställen betoniert. Die wenig überhängenden Flachdachkonstruktionen, die auf gemauerten Pfeilern oder Holzstützen lagern sind hauptsächlich mit Reed gedeckt. In einigen Betrieben wurden Eternitplatten verwendet. In den meisten Ställen gibt es keine Vorrichtungen zum Schutz vor seitlich eindringendem Wind oder Regen, der zwischen der Buchtenoberkante und dem zwischen 50 und 100 cm darüber liegenden Dächern eindringen kann. Die Buchten können je nach Größe und Belegung in Sauen- oder Aufzuchtbuchten unterschieden werden. Neben gemauerten Futtertrögen, die fast ausschließlich zur Wasserbereitstellung dienen, befinden sich in manchen Sauenbuchten gemauerte Ferkelnester, in denen das Ferkelfutter bereitgestellt wird. Ansonsten konnten keine weiteren technischen Ausstattungen in den Ställen beobachtet werden. Anstelle von Türen benutzten viele Bauern alte, mit Steinen beschwerte Ölfässer. Die bauliche Ausführung der meisten Ställe zeigte oft schon nach 2 - 3 Jahren erhebliche Mängel, die zu schlechten Hygienebedingungen, Verletzungen und vermehrten Tierverlusten beitrugen.

Der anfallende Mist wird in der Nähe der Ställe gelagert und vor der Aussaat auf die Felder gebracht. Die Jauche wird nicht gezielt abgeleitet und versickert an den Stallrändern im Boden. Dadurch bilden sich ideale Brutstätten für verschiedene Krankheitserreger und Fliegen.

Die Investitionen pro Sauenplatz betrugen je nach Ausführung und verwendeten Materialien zwischen Z.$ 50.00 und Z.$ 150.00.

Die meisten Bauern füttern ihre Tiere nach dem Entmisten nur einmal am Tag. Da das Futter auf dem Boden vorgelegt wird, kommt es zu erheblichen Futterverlusten.

Die Ferkel werden entsprechen der Beratungsempfehlungen mit 5 Wochen abgesetzt und werden in den Betrieben in Mangwende aufgrund von Platzmangel häufig mit nicht gleichaltrigen anderen Tieren gemischt.

4.4.1.5 Futterressourcen und Fütterungspraktiken

Traditionelles System: Die Antworten der Bauern zu den von ihnen verwendeten Futterressourcen, die in Tabelle 4.16 dargestellt sind, zeigen große regionale Unterschiede, die auf die unterschiedlichen Anbaustrukturen (vgl. Tabelle 4.9) in den Untersuchungsregionen zurückgeführt werden können. In Mangwende und Kandeya füttern fast alle Bauern Mais an ihre Schweine sowie Küchenabfälle, die überwiegend aus Sadza[15] bestehen. Einige Betriebe in Mangwende, die in der Nähe einer Missionstation mit Internat liegen, konnten kostenlose Sadza-Küchenabfälle, die in großen Mengen während der Schulzeiten anfallen, als Schweinefutter nutzen. Die beziehbaren Futtermengen waren vom Ferienplan und den Beziehungen zur Missionsstation abhängig.

Der eingesetzte Futtermais in den extensiven Systemen besteht großtenteils aus Kümmerkorn oder ist von Schädlingen befallen, so daß er nicht verkauft werden kann oder für

15) Sadza ist das traditionelle Hauptgericht und wird aus Maismehl hergestellt.

den menschlichen Verzehr ungeeignet ist (Stunning, 1987). Mais oder Sadza wurden nur von ca. 30 % der Bauern in Chivi als Futterressource genannt. Die Ergebnisse über die Angaben zu Sorghum und Hirse zeigen ihre große Rolle als Schweinefuttermittel in dieser Region.

Tabelle 4.16: Angaben der Bauern zu Futterressourcen und Fütterungsproblemen (in %)

Region	Mangwende (%)	Kandeya (%)	Chivi (%)	Gesamt (%)
Futterressourcen				
Mais	96	96	28	73
Haushaltsabfälle (Sadza)	81	78	32	63
Perlhirse	8	0	33	14
Sorhgum	22	0	33	18
Fingerhirse (Masese[1])	1	8	57	22
Kürbisarten	68	45	29	47
Wassermelonen	26	15	11	17
Gartenabfälle	12	8	17	12
Grass, Unkräuter	30	15	20	22
eingesetzte Futtermittel				
1 - 3 Nennungen	56	81	50	62
> 3 Nennungen	44	19	50	38
Futterzukauf	16	4	20	13
Auftreten von Fütterungsproblemen:	67	62	92	73
in Anbausaison	37	22	9	23
in Trockenzeit	14	8	38	20
Fütterungsprobleme durch Dürre	25	28	45	33

[1] Masese: Biertreber

Quelle: eigene Erhebungen

Die Mehrzahl der Bauern mit traditionellen Systemen verfüttert ungeschrotenes Getreide, das einige Stunden vor der Fütterung eingeweicht wird.

Zusätzlich zu den Getreidefuttermitteln dienen vor allem Kürbis-, Wassermelonen- und traditionelle Gemüsearten als Futtermittel. Melonen und Kürbisse werden in Abhängigkeit von der Erntemenge hauptsächlich zwischen April und August verfüttert. Die Tabelle 4.16 verdeutlicht darüber hinaus, daß keine proteinreichen Ackerfrüchte als Schweinefutter genannt wurden.

Neben diesen Hauptfutterressourcen wurde im Verlauf der Erhebungen der Einsatz von unkonventionellen Futterressourcen beobachtet und die verfütterten Gras- und

Kräuterarten sowie die Baumfrüchte bestimmt. Die unkonventionellen Futterressourcen waren:

Ernteabfälle:	gerebbelte Maiskolben und Lieschen gedroschene Ähren von Sorghum, Finger- und Perlhirse Erdnußschalen und abgeerntete Pflanzenreste
Gräser, Kräuter:	Grünmaispflanzen, Commelina bengalensis (Wandering jew[1], Damba[2], Gezi[2]) Amaranthus deflexus (Pigweed[1], Mowa[2]) Amaranthus hybridus (Cape pigweed[1], Bonongwe[2]) Richardia scarba (Mexican clover[1], Chinzungu[2])
Baumfrüchte:	Mangifera indica (Mango[1;2]) Carica papaya (Papaya[1;2]) lokale Wildfrüchte (Bacha[2], Matere[2])

[1] engl. Name; [2] Schonaname

Mangos dienten vor allem in Mangwende zwischen Dezember und März als Schweinefutter. Die anderen Baumfrüchte wurden nur im geringeren Umfang eingesetzt.

Die Verteilung der Anzahl der genannten Futterressourcen zeigt, daß ungefähr die Hälfte der Bauern in Mangwende und Chivi sowie über 80 % der Bauern in Kandeya nur bis zu drei verschiedene Futtermittel benennen konnten, woraus ersichtlich wird, daß die Futterverfügbarkeit in diesen Betrieben von wenigen Produkten abhängt.

Futterzukauf wird in Mangwende von 16 % der Betriebe praktiziert, von denen 13 % marktorientiert produzierende Betriebe mit intensivem Produktionssystem darstellen. In den vorwiegend traditionellen Systemen in Chivi hat der Futterzukauf eine große Bedeutung. Der vermehrte Futterzukauf in dieser Region ist auf den größeren Umfang der ganzjährigen Stallhaltungsverfahren zurückzuführen. Die Mehrzahl der Bauern berichtete über den Zukauf von Masese.

Über 60 % der Bauern in Mangwende und Kandeya sowie fast alle Bauern in Chivi berichteten über Fütterungsprobleme wegen unzureichender Futtermengen. Als wichtigste Ursache wurden schlechte Ernten aufgrund von Trockenheiten genannt. Die Gründe für das Auftreten von Fütterungsproblemen in der Anbausaison und Stallhaltungsphase waren nach Angaben der Bauern ihre unzureichenden Getreidevorräte und mangelnde Verfügbarkeit an Arbeitskräften für die Grünfutterbergung in den arbeitsreichen Bestell- und Erntezeiten. Bei den Betrieben, die über Fütterungsprobleme während der Trockenzeit berichteten, handelt es sich um Betriebe mit ganzjähriger Stallhaltung.

Zusätzliche Versogungsprobleme der Schweine sind auf die Arbeitsmigration der Männer zurückzuführen. Viele Frauen verlassen in der Nacherntephase zwischen Juli und

Oktober ihre Betriebe für längere Zeiträume ohne adäquaten Ersatz für die Betreuung und Fütterung der Tiere zu organisieren.

Intensives System: Die Bauern mit intensiven Produktionsverfahren in Mangwende verfüttern in der Regel wirtschaftseigenen, geschroteten Mais, der mit zugekauftem Ferkel-, Sauen- und Mastergänzungsfutter gemischt wird. Die Grundlage der Futtermischungen in Chivi bilden hauptsächlich Sorghum und in geringerem Umfang Perlhirse. Mit Ausnahme von zwei Betrieben traten in allen anderen Betrieben im Untersuchungszeitraumes zeitweilig Fütterungsprobleme als Folge saisonaler Kapitalknappheit auf. In diesen Zeiten wurden die Rationen verringert, die Kraftfutterergänzung ausgesetzt oder ungeschrotenes Getreide verfüttert. Die Bauern in Chivi, die im größeren Maße auf den Getreidezukauf angewiesen sind als die Betriebe in Mangwende, berichteten, daß sie den Anbau von Sorghum und Hirse auf Kosten des Maisanbaus ausgedehnt haben, weil sie über die Veredlungsproduktion mit Schweinen einen höheren Nutzen erzielen als durch den Maisanbau. Nur in den Betrieben mit intensivem Produktionssystem in Chivi werden unkonventionelle Futtermittel wie Melonen oder Kürbisse in größeren Mengen eingesetzt.

4.4.1.6 Hygiene und Krankheiten

Die Schweine sind aufgrund der unzureichenden Stallkonstruktionen, vor allem während der Regenzeit und dem geringen Arbeitseinsatz für Hygienemaßnahmen extrem schlechten Hygienebedingungen ausgesetzt.

Aufgrund der schlechten Haltungsbedinungen kann davon ausgegangen werden, daß in den Beständen Endoparasitosen vorkommen, die durch Nematoden, Kokzidien und Trematoden hervorgerufen werden.

In den extensiven Systemen treten insbesondere fehl- und unterernährungsbedingte Krankheiten aufgrund von Wasser-, Energie-, Protein- und Mineralstoffmangel auf. Ektoparasitenbelastungen der Tiere in diesen Betrieben wurden vereinzelt durch Rhipicephalus-Zecken, häufig jedoch durch Läuse (Haematopinus suis) sowie blutsaugende Insekten hervorgerufen (vgl. Scherf, 1990).

Ein verstärktes Auftreten von Sarcoptusräude konnte in den Beständen in Chivi während der Trockenzeit beobachtet werden. In den Wintermonaten Juni bis August traten bei vielen Tieren Erkrankungen der Atemwege auf, die durch Husten und verstärkte Nasenschleimabsonderung erkennbar waren.

Nur in akuten Krankheitsfällen setzen die Bauern mit intensiver Produktionsweise Breitbandantibiotika (Terramycin) ein. Notwendige regelmäßige Entwurmungen und Stalldesinfektionen wurden nicht durchgeführt.

4.4.1.7 Die Schweinerassen

Mason and Maule (1960) sowie Epstein (1971) unterteilen die Lokalrasse Simbabwes, die Mukotarasse, in zwei verschiedene Typen, den Windsnyer und Kolbroektyp. Der Windsnyertyp wird als Tier mit langem Tränbein, spitzem Rücken, kräftigen Vordervierteln sowie wenig bemuskelten Schinkenpartien und sehr unterschiedlichen Farbkennzeichnungen beschrieben. Nach ihren Angaben stellt demgegenüber der Kolbroektyp ein kurzrahmiges Fettschwein dar, das einen kurzen Kopf mit ausgeprägter Stirn und aufrechtstehenden Ohren hat und gewöhnlich braun bis schwarz ist. Von den braunen Kolbroekschweinen war bekannt, daß deren Ferkel häufig bei der Geburt längsgestreift sind, was Joubert und Bonsma (1961) auf mögliche Kreuzungen zwischen den domestizierten Schweinen und dem Wildschwein Potamochoerus porcus zurückführten. Diese von Epstein verworfene Theorie kann aufgrund von häufig beobachteten längsgestreiften Ferkeln vor allem in Kandeya und der haltungsbedingten Möglichkeit der Belegung durch Wildschweineber durchaus bestätigt werden. Für Mason and Maule (1960) ist der Windsnyertyp die dominante Schweinerasse der autochthonen Schweineproduzenten im jetzigen Simbabwe.

Eine Unterscheidung der erfaßten autochthonen Schweine in Kolbroek- oder Windsnyertyp konnte anhand der Beschreibungen von Mason und Maule nicht vorgenommen werden. Es scheint, daß sich diese Exterieurunterschiede wegen der zeitweiligen schlechten Ernährungsbedingungen der Tiere in den traditionellen Haltungssystemen nicht ausprägen können. In Hungerversuchen wurde festgestellt, daß die Schädel von schlecht gefütterten Tieren länger, spitzer und das Gesicht flacher ist als bei Tieren mit guter Fütterung. Rassen mit genetisch bedingtem kurzem Schädel (Berkshire) reagieren unter extrem schlechten Fütterungsbedingungen mit einem Schädelknochenlängenwachstum. (Nathusius, 1864; Mc Meekan, 1940, in Epstein, 1971)

Alle überwiegend schwarzen Tiere oder Schweine mit weniger als 10 Zitzen wurden der Mukotarasse zugeordnet (Pathiraja, 1987). Diese Schweine haben einen länglichen Schädel und einen gedrungenen Körperbau mit stark entwickeltem Brustkorb bei schwach ausgeprägter Bemuskelung und dünnem Haarkleid. Sie neigen zu starkem Fettansatz in Zeiten guter Fütterung, waren sehr vital und haben eine erstaunliche Sprungkraft, da sie mühelos Absperrungen von 150 cm Höhe überwinden können.

Daneben befinden sich in den traditionellen Produktionssytemen noch weiße beziehungsweise überwiegend weiße Schweine mit schwarzer Einfärbung. Aufgrund dieser Farbkennzeichnung kann davon ausgegangen werden, daß es sich bei diesen Tieren um Abkömmlinge von Leistungsrassen oder Kreuzungstieren handelt. Bei den Leistungsrassen dürfte es sich hauptsächlich um Schweine der Rassen Large White oder der Britischen Landrasse handeln, die aus Beständen der großbäuerlichen Schweinehaltung stammten. Eine Unterscheidung zwischen den einzelnen Leistungsrassen und den

Kreuzungstieren konnte anhand der Exterieurbeurteilungen nicht vorgenommen werden, so daß diese Tiere bei den folgenden Analysen in einer Gruppe zusammengefaßt werden mußten. Diese Schweine hatten einen deutlich längeren Körperbau und zeigten bei guter Fütterung einen besseren Muskelansatz als die schwarzen Mukotarassetiere.

In den Betrieben mit intensivem Produktionssystem wurden ausschließlich Leistungsrassen vorgefunden. Die Leistungsrassen wurden im Zuge des Aufbaus der kommerziellen Schweineproduktion während der Kolonialzeit überwiegend aus Großbritannien importiert. Die wichtigsten Rassen, die zur Zeit in den Großbetrieben Simbabwes verwendet werden, sind die Britische Landrasse, Large White, Duroc und Hampshire. Auf den Betrieben mit Leistungsrassen wurden überwiegend Britische Landrasse * Large White Kreuzungstiere eingesetzt.

Darüberhinaus sind im Verlauf der Untersuchung aus F_1- und F_2-Kreuzungssauen (Mukota * Large White) durch Rückkreuzung an Leistungsrasseeber Nachkommen mit 75 % bzw. 87.5 % Leistungsrasseanteil im intensiven Produktionssystem bewertet worden.

4.4.2 Funktionen und marktfähige Leistungen der Tierproduktionsverfahren in den Betriebssystemen

Um den Stellenwert der Schweineproduktion in den Betriebssystemen der verschiedenen Regionen annäherungsweise ermitteln zu können, wurden die durchschnittlichen marktfähigen Leistungen der verschiedenen Produktionsverfahren aus den Angaben der entsprechenden Bauern für die Saison 1986/87 berechnet.

4.4.2.1 Die Schweineproduktion

Die hohen Produktionsleistungen der Schweine werden durch die ermittelten hohen Extraktionsraten[16] der in der Saison 86/87 verwerteten Schweine belegt. Der Anteil der verwerteten Schweine am Bestand zum Erhebungszeitpunkt lag in Mangwende und Chivi bei 51 % bzw. 53 %. Eine deutlich niedrigere Extraktionsrate von 39 % wurde für Kandeya ermittelt. Die Bewertung der marktfähigen Leistungen der Schweineproduktionsverfahren in den verschiedenen Regionen erfolgt anhand der regionalen Durchschnittspreise, die von den Bauern, die in der Saison 1986/87 Schweine verkauft haben, genannt wurden. In Tabelle 4.17 sind die Summen der in den Regionen genutzten Schweine, die

---

16) Die Extraktionsrate wurde wie folgt berechnet:

$$\frac{\text{Anzahl genutzter Tiere}}{\text{Bestand zum Erhebungszeitpunkt + Anzahl genutzter Tiere}}$$

Verwendungszwecke in Prozent und die berechneten durchschnittlichen Marktleistungen der Betriebe dargestellt.

Tabelle 4.17: Anzahl und Verwendungszweck der genutzten Schweine sowie die durchschnittlichen Preise pro Tier und die Marktleistungen pro Betrieb

Region	Mangwende	Kandeya	Chivi	Gesamt
Gesamtabgänge (St.)	503	231	384	1118
Verwendungszweck: (in %)				
Eigenkonsum	32	64	64	50
Verkauft	65	24	27	43
Getauscht	1	3	6	3
Verschenkt, Mbadsera[17]	2	9	3	4
Preis/Tier (Z.$)	46.7	32.6	40.5	39.3
Marktleistung/Betrieb (Z.$)	321.6	99.1	204.7	208.5

Quelle: eigene Erhebungen

Der höhere Anteil von marktorientiert produzierenden Betrieben in Mangwende wird aus den höheren Gesamtabgängen, dem größeren Verkaufsanteil von 65 % und den höheren Durchschnittspreisen ersichtlich. 64 % der genutzten Schweine in Kandeya und Chivi waren für den Eigenkonsum bestimmt. Die Bauern in Mangwende und Kandeya schlachteten ca. 2 Schweine pro Betrieb. In den Betrieben Chivis wurden ca. 3 Schweine für den Eigenkonsum genutzt. Der Austausch von Schweinen gegen andere Tiere (Ziegen) oder Dienstleistungen (Pflügen, Hütten-, Stallbau und Feldarbeit) sowie die anderen Verwendungsarten haben einen höheren Anteil in Kandeya und Chivi als in Mangwende. Die für die einzelnen Untersuchungsstandorte berechneten durchschnittlichen marktfähigen Leistungen unterscheiden sich deutlich voneinander. Dies ist insbesondere auf die unterschiedlichen Haltungsverfahren, Managementpraktiken und Produktionsintensitäten in den Regionen zurückzuführen.

4.4.2.2 Die Rinderproduktion

Für die Berechnung der marktfähigen Leistungen der Rinderhaltung wurden Daten über die Extraktion der Rinder aus den Betrieben, der durchschnittliche Milchverbrauch pro Betrieb und die Zugkraftleistung für die Ackerflächen der Rinderhalter herangezogen. Auf eine Bewertung des Rinderdungs wurde aufgrund nicht erfaßter Einsatzmengen ver-

---

17) Mbadzera (Kuronzera): Traditionelle Form der Verbreitung der Tierhaltung. Die Aufzucht von Jungtieren wird interessierten Bauern übertragen, die als Kompensation für den Futter- und Arbeitseinsatz eine vertraglich festgelegte Anzahl von Jungtieren aus dem ersten Wurf bei der Rückgabe der ausgeliehenen Sau nach ca. 2 Jahren erhalten.

zichtet. Die Abgänge wurden mit den angegebenen Durchschnittspreisen der verkauften Tiere bewertet. Der durchschnittliche Milchverbrauch der rinderhaltenden Betriebe wurde mit den Ersatzkosten für Milch berechnet, die aus dem offiziellen Verbraucherpreis von Z.$ 0.66 pro Liter und 30%igen Transportzuschlägen für Mangwende und Chivi errechnet wurden. Aufgrund der peripheren Lage Kandeya's wurde hier ein Transportzuschlag von 50 % bei der Berechnung des Milchpreises berücksichtigt. Die Zugkraftleistung wurde mit den regional üblichen Preisen für Lohnpflügen pro Hektar Ackerland bewertet.

Die Ergebnisse dieser Berechnungen sind in Tabelle 4.18 dargestellt und zeigen, daß die Abgänge der Rinder aus den Betrieben in Chivi um ca. 50 % über denen der beiden anderen Regionen lagen. Die Abgangsursachen verdeutlichen die größere Einkommensfunktion der Rinderhaltung in Chivi und die in allen Regionen ähnliche Bedeutung der traditionellen Transferleistungen an die Familien der Frauen der Haushaltsvorstände. Der geringere Anteil der Schlachtungen in Chivi, die außer bei Notschlachtungen nur bei traditionellen Hochzeits- oder Begräbnisriten vorgenommen werden, deutet auf die teilweise Substitution der Fleischversorgungsfunktion der Gäste durch andere Tierarten hin. Die für das Jahr 1986/87 berechneten Extraktionsraten betragen für die untersuchten Betriebe in Mangwende 7.5 %, für die Betriebe in Kandeya und Chivi 7.0 % bzw. 9.8 %. Zur Verbesserung der Versorgung mit Rindfleisch wird von AGRITEX durch produktivitätssteigernde Maßnahmen eine Erhöhung des Vermarktungsanteils auf 8 % angestrebt. Wie wenig realistisch dieses Ziel bei der derzeitigen Bedeutung der sozio-kulturellen Funktionen der Rinderhaltung und der Überweidungsproblematik erscheint, ergibt sich aus der dazu notwendigen Erhöhung der Extraktionsrate auf ca. 14 %, die dann in etwa der Extraktionsrate im LSCF (16 % - 18%) entsprechen würde (Chinembiri, 1988).

Deutliche Unterschiede bestehen in der Milchnutzung und den daraus resultierenden marktfähigen Leistungen zwischen den Regionen. Die geringe Bedeutung in den Betrieben in Mangwende kann auf die besseren Milchzukaufsmöglichkeiten in dieser Region zurückgeführt werden.

Der höchste Wert für die Zugkraftleistung wurde in Kandeya mit Z.$ 152.0 pro Betrieb ermittelt. Dieser Wert kommt aufgrund der größeren Ackerfläche der rinderhaltenden Betriebe und den um 25 % über den Preisen der anderen Regionen liegenden durchschnittlichen Preisen für Lohnpflügen pro Hektar Ackerland zustande.

Tabelle 4.18: Marktfähige Leistungen der Rinderproduktion (in Z.$)

	Region			
	Mangwende	Kandeya	Chivi	Gesamt
Gesamtabgänge (St.)	41	40	61	142
Verwendungszweck (in %)				
Verkauft	13	17	38	25
Lobola[18]	63	58	54	57
Geschlachtet	24	25	8	18
Marktleistung/Tier (Z.$)	316.0	190.0	309.4	292.3
Marktleistung/Betrieb (Z.$)	230.5	212.1	306.9	251.1
Milchnutzung				
Verbrauch/Betrieb (L)	45.6	163.3	214.0	142.8
Preis/Liter (Z.$)	0.85	1.0	0.85	0.90
Marktleistung Milch (Z.$)	38.7	163.3	182.0	129.5
Zugkraftleistung				
Ackerfläche	2.9	3.8	3.1	3.1
Kosten/ha (Z.$)	30.0	40.0	30.0	35.8
marktf. Leistung (Z.$)	87.0	152.0	93.0	111.0
Gesamtleistung/Betr. (Z.$)	365.2	527.4	581.9	491.6

Quelle: eigene Erhebungen

Insgesamt zeigen die Ergebnisse der bewerteten marktfähigen Leistungen der Rinderhaltung, daß in Chivi der höchste Wert mit Z.$ 581.9 aufgrund der größeren Ausnutzung der Einkommens- und Milchfunktion erzielt wurde.

4.4.2.3 Die Schaf- und Ziegenproduktion

Für Mangwende und Chivi wurden sehr hohe Extraktionsraten von 32 % bzw. 25 % festgestellt, was auf die hohen Wiederkäuerbestandsdichten und durch die Trockenheit reduzierten Weidekapazitäten in diesen Regionen zurückgeführt werden kann. Die Extraktionsrate in Kandeya lag bei 15 % und entspricht den bisher in den CAs ermittelten Werten (GFA, 1987). Die berrechneten marktfähigen Leistungen der Produktion kleiner Wiederkäuer und der Verwendungszweck der Tiere in den untersuchten Betrieben, die Ziegen oder Schafe besitzen, sind in Tabelle 4.19 dargestellt.

---

18) Lobola ist die traditionelle Form von Kompensationszahlungen für die Leistungen und Fähigkeiten, die eine Frau in eine Ehe einbringt (vgl. Bourdillon, 1987)

Tabelle 4.19: Marktfähige Leistungen der Produktion kleiner Wiederkäuer (in Z.$)

	Region			
	Mangwende	Kandeya	Chivi	Gesamt
Gesamtabgänge (St.)	88	17	343	448
Verwendungszweck (in %)				
Eigenkonsum	28	60	75	65
Verkauft	72	29	23	33
Lobola	0	11	2	2
Preis/Tier (Z.$)	45.0	37.0	30.0	37.0
Marktleistung/Betr. (Z.$)	101.5	24.3	132.2	86.0

Quelle: eigene Erhebungen

Die Ergebnisse der Gesamtabgänge und die Abgangsursachen verdeutlichen den unterschiedlichen Umfang und die Funktion der Produktion kleiner Wiederkäuer an den Untersuchungsstandorten. In Mangwende bestand die Hauptfunktion der Ziegen- bzw. Schafhaltung in der Erwirtschaftung von Einkommen: 72 % aller abgegangenen Tiere wurden verkauft, was teilweise auf die überdurchschnittlichen Preise zurückführbar ist. Demgenüber war der Verkaufsanteil in Chivi, der Region mit dem größten Produktionsumfang, gering, da dort 75 % der Tiere für den Eigenkonsum geschlachtet wurden. Diese hohe Schlachtrate ergibt einen durchschnittlichen Verbrauch von 3.8 Tieren pro Betrieb. Einige Ziegen in Kandeya und Chivi wurden für traditionelle Funktionen bei Lobolazahlungen verwendet. Der Anteil für traditionelle Anlässe der Ziegenschlachtungen konnte nicht näher bestimmt werden. Aufgrund des geringen Produktionsumfanges in Kandeya betrug die errechnete Marktleistung nur Z.$ 24.3 pro Betrieb. Die durchschnittlichen Marktleistungen des Betriebszweiges "kleine Wiederkäuer" betrugen in Mangwende und Chivi Z.$ 101.5 bzw. Z.$ 132.3. Der große Ziegenbestand in Chivi und der damit verbundene niedrige Preis, der für Ziegen gezahlt wird, ist die Ursache für die relativ geringe Marktleistung der Ziegenhaltung in dieser Region.

4.4.2.4 Die Geflügelproduktion

Bei der Berechnung der marktfähigen Leistungen der Hühnerproduktion wurden die Abgänge der Hühner sowie die von den Bauern berichteten durchschnittlichen Eierentnahmen in den Legeperioden berücksichtigt. Aus den Angaben der Bauern über ihre Einnahmen durch Hühner- und Eierverkäufe wurden die durchschnittlichen Hühner- und Eierpreise berechnet. Die Ergebnisse in Tabelle 4.20 zeigen, daß die Leistungen der Hühnerproduktion trotz geringer Unterschiede zwischen den Regionen hinsichtlich der Zahl der Halter und der durchschnittlichen Bestandsgrößen (siehe Tabelle 4.5) sehr unterschiedlich waren. Die Summe der verwerteten Hühner lag in Mangwende und Kandeya um 34 % bzw. 88 % unter dem Wert, der für Chivi ermittelt wurde.

Aus den Anteilen der verschiedenen Abgangsursachen ist ein Zusammenhang zwischen steigenden Gesamtabgängen und steigendem Anteil der Verkaufsleistungen zu ersehen. Die durchschnittlichen Marktleistungen aus den Hühnerschlachtungen und -verkäufen lagen in Mangwende und Chivi um 48 % bzw. 96 % über dem Wert von Z.$ 65.7, der für Kandeya ermittelt wurde.

Tabelle 4.20: Marktfähige Leistungen der Geflügelproduktion (in Z.$)

	Region			
	Mangwende	Kandeya	Chivi	Gesamt
Gesamtabgänge (St.)	1417	1006	1897	4320
Abgangsursache (in %) Eigenkonsum Verkauft	 72 28	 81 19	 57 43	 67 33
Preis/Tier (Z.$) Marktleistung/Betr. (Z.$)	5.0 97.1	4.7 65.7	5.1 129.0	4.9 96.2
Eierkonsum/Legeperiode Legehühner/Betrieb Legeperioden/Huhn verwertete Eier/Betr.	4.5 4.2 2.9 54.8	6.7 4.6 2.7 83.3	4.8 4.5 2.8 60.5	5.3 4.4 2.8 65.3
Preis/Ei (Z.$) marktf. Leistung (Z.$)	0.13 7.1	0.16 13.3	0.11 6.7	0.14 9.1
Gesamtleistung/Betr. (Z.$)	104.2	79.0	135.7	105.3

Quelle: eigene Erhebungen

In den Betrieben mit Hühnerhaltung werden im Durchschnitt 5.3 Eier pro Huhn und Legeperiode konsumiert oder verkauft. Diese Werte waren in Mangwende und Chivi wesentlich niedriger als in Kandeya. Die hohe Eierentnahme pro Legeperiode in Kandeya (6.7) erklärt die deutlich geringere Produktion von Schlacht- oder Verkaufstieren in dieser Region. Die bewerteten marktfähigen Leistungen der Eierverwendung ergeben für Mangwende und Chivi Beträge, die bei ca. Z.$ 7.0 liegen. Für die monetarisierten Leistungen der Eierverwertung in Kandeya wurden Z.$ 13.3 ermittelt.

Die Werte der durchschnittlichen marktfähigen Gesamtleistungen der Hühnerproduktion lagen in Mangwende und Chivi um 31 % bzw. 72 % über dem Wert von Z.$ 79.0, der für Kandeya ermittelt wurde.

4.5 Der Stellenwert der Schweineproduktion im Betriebssytem

Die Bewertung des Stellenwertes der Schweineproduktion in den Betriebssystemen der verschiedenen Untersuchungsstandorte erfolgt mittels der im Abschnitt 4.2 berechneten marktfähigen Leistungen der Produktionsverfahren der Tierproduktion sowie anhand der aggregierten marktfähigen Leistungen des Ackerbaus. Dabei wurden die Erträge der verschiedenen Pflanzenproduktionsverfahren, mit den jeweiligen offiziellen Marktpreisen bewertet. Eine Zusammenfassung der berechneten marktfähigen Leistungen der Tierproduktionsverfahren und des Pflanzenbausubsystems zeigt Tabelle 4.21.

Die Tabelle zeigt, daß der Ackerbau nur in Kandya eine dominierende Stellung mit 65 % an der Gesamtmarktleistung in den Betriebssystemen einnimmt. Dieser Sachverhalt kann hauptsächlich auf den Baumwollanbau zurückgeführt werden. In Mangwende liegen die marktfähigen Leistungen des Ackerbaus mit 48.4% leicht unterhalb des Wertes, der für die Tierproduktion ermittelt wurde. Die dominierende Stellung der Tierproduktion resultiert aus dem überdurchschnittlich hohen Marktbeitrag der Schweinehaltung, der durch den 16 %igen Anteil der marktorientiert produzierenden Betriebe zustande kommt. Bei der Bewertung der Ergebnisse des Ackerbaus in diesen Regionen muß allerdings berücksichtigt werden, daß die meisten Bauern bei der Mais- und Baumwollproduktion einen erheblichen Kapitaleinsatz leisten, um diese Resultate zu erzielen. Die marktfähigen Leistungen des Ackerbaus in Chivi betragen weniger als 25 % der Gesamtleistung.

Aus den Ergebnissen geht die dominierende Stellung der Rinderproduktion in den Tierproduktionssubsystemen der Untersuchungsstandorte klar hervor. Die Rinderproduktion stellt darüber hinaus das wichtigste Produktionsverfahren in den Betriebssystemen mit Schweinehaltung in Chivi dar, denn die marktfähigen Leistungen, übertreffen die des Ackerbaus um 92 %. Die Schweineproduktion rangiert mit deutlichem Abstand zur Geflügel- sowie Schaf- und Ziegenproduktion in allen Regionen an zweiter Stelle. Der höchste Anteil der marktfähigen Leistungen der Schweineproduktion innerhalb der Tierproduktionssubsysteme lag in Mangwende bei 36 %. Dies kann auf die geringere Leistung der Rinderproduktion und den 16 %igen Anteil marktorientiert produzierender Betriebe in dieser Region zurückgeführt werden. Die Anteile der monetarisierten Leistungen der Schweineproduktion in den Tiersubsystemen von Kandeya und Chivi betrugen 14 % bzw. 19 %.

Tabelle 4.21: Durchschnittliche marktfähige Leistungen (in Z.$) der Produktions-verfahren in den Betrieben mit Schweinehaltung

Region	Mangwende		Kandeya		Chivi		Gesamt	
	Z.$	(%)	Z.$	(%)	Z.$	(%)	Z.$	(%)
Gesamt-marktleistung	1729.2	100	2087.6	100	1357.9	100	1711.3	100
Planzen-produktion	836.7	48.4	1358.4	65.0	303.4	22.3	842.5	49.2
Tierproduktion	892.5	51.6	729.8	35.0	1054.5	77.7	868.8	50.8
Tierhaltung:								
Rinderhaltung	365.2		527.4		581.9		491.6	
Schweinehaltung	321.6		99.1		204.7		185.9	
Geflügelhaltung	104.2		79.0		135.7		105.3	
kl. Wiederkäuer	101.5		24.3		132.2		86.0	
Anteil der Marktleistung der Schweinehaltung (in %) an der								
Tierproduktion	36		14		19		21	
Gesamt-markleistung	19		5		15		11	

Quelle: eigene Erhebungen

Die Anteile der Schweineproduktion an den erzielten marktfähigen Leistungen des Gesamtbetriebssystems betrugen in Mangwende und Chivi 19 % bzw. 15 % und lagen deutlich über dem für Kandeya ermittelten Wert von 5 %.

Der Vergleich der Schweine- und Geflügelproduktion mit der Wiederkäuerhaltung anhand der hier dargestellten marktfähigen Leistungen führt allerdings zu einer Überbewertung dieser Betriebszweige im Tiersubsystem, da Futterkosten durch den Einsatz von betriebseigenem Getreidefutter oder durch Futterzukauf (siehe Tabelle 4.14) entstehen. Dies trifft vor allem für den ermittelten Wert der Schweineproduktion von Mangwende aufgrund der intensiven Produktionssysteme in dieser Region zu. Demgegenüber wird die Wiederkäuerhaltung ausschließlich auf Futterflächen, die sich in Gemeineigentum befinden, betrieben. Bei Zufütterung werden nur Erntenebenprodukte verfüttert, und es wurden nach Angaben der Bauern nur geringe Ausgaben für Hygienemaßnahmen getätigt, so daß die errechneten marktfähigen Leistungen in etwa den Deckungsbeiträgen entsprechen[19].

Die Ergebnisse der Analyse der marktfähigen Leistungen der verschiedenen Betriebszweige in den Betrieben mit Schweineproduktion zeigen die unterschiedliche Bedeutung der Ackerbau- und Tierproduktionssubsysteme in den verschiedenen Regionen. Der Vergleich der monetarisierte Leistungen der Schweineproduktionssysteme mit denen der anderen Betriebszweige verdeutlicht die wichtige Stellung, die die Schweinehaltung in den Betriebssystemen einnimmt. Zusammenfassend ist festzustellen, daß die Schweinehaltung vor allem in den Betrieben ohne Rinder- und Ziegenhaltung eine zentrale Stellung im Betriebssystem hat.

---

19) Der Wert des Dungs, der bei diesen Berechnungen nicht berücksichtigt wurde, kann die marktfähigen Leistungen z.B. in der Rinderproduktion um Z.$ 20.0 bis Z.$ 60.0 steigern (vgl. Steinfeld, 1989).

5. Das Leistungsprofil der Schweine in kleinbäuerlichen Produktionssystemen Simbabwes

5.1 Literaturübersicht

Bisher liegen nur wenig Informationen über das Leistungsspektrum von Lokalrassen in traditionellen Produktionssystemen der Tropen vor.

Eine Übersicht über die Reproduktionsleistungen, Anzahl lebend geborener Ferkel und Wurfgewicht sowie die Aufzuchtleistungen, Anzahl abgesetzter Ferkel, Wurfgewicht beim Absetzen und die Aufzuchtverlustrate von Lokalrassen gibt Tabelle 5.1.

Tabelle 5.1: Fruchtbarkeitsleistungen von Lokalrassen in verschiedenen Ländern der Tropen und Subtropen

Verfasser	Jahr	Land	Rasse und Versuch	geborene Ferkel N	Wurfgewicht (kg)	abgesetzte Ferkel N	Absetzgewicht (kg)	Aufzuchtverluste (%)
de Fredrick	1977	Salomon Inseln	13	5.1	5.1	4.4	22.0	13.7
Koh	1981	Thailand	21[a)]	7.6	5.31	6.1	48.87	19.7
			21[b)]	5.6	3.21	3.9	25.88	30.3
			21[c)]	5.5	3.23	4.1	21.81	25.4
		Taiwan	21	8.9	5.71	6.3	51.43	29.2
Goonewardene	1984	Sri Lanka	21	6.38	3.03	4.17	19.46	34.6
Adebambo	1984	Nigeria	21	6.9	7.24	6.3	42.90	8.6
Somade	1985	Nigeria	21	5.4	4.20	5.27	19.34	2.4
			21	6.8	6.68	6.35	23.28	6.7
Holness	1973	Simbabwe	21	7.42	5.97	6.93	35.34	6.6
			22	5.99	4.47	5.50	22.55	8.1
			23	3.75	2.30	2.49	6.24	33.6

Erläuterungen zu den Versuchsanordnungen:
13 = On - Farmversuch, trad. Fütterung
21 = Stationsversuch, bedarfsgerechte Fütterung;
22 = Stationsveruch, restriktive Fütterung
23 = Stationsveruch, extrem restiktive Fütterung
Thailändische Lokalrassen: a) Hainan; b) Kwai; c) Raad;
Lokalrasse Taiwans: Taoyuan ist chinesischen Ursprungs

De Fredrick (1977) ermittelte im traditionellen Produktionssystem auf den Salomon-Inseln anhand von 54 Würfen eine durchschnittliche Wurfgröße von 5.1 Ferkel mit einem durchschnittlichen Gewicht von 1.0 kg pro Ferkel. Die Aufzuchtverluste bis zu einem Alter von 8 Wochen betrugen 14 %. Das Wurfgewicht betrug zu diesem Zeitpunkt

22.0 kg und ergibt bei den durchschnittlich 4.4 aufgezogenen Ferkel ein durchschnittliches Ferkelgewicht von 5.0 kg.

Als Beispiele für Fruchtbarkeitsleistungen asiatischer Lokalrassen dienen Versuchsergebnisse von Koh (1981) und Goonewardene (1984). Koh beschreibt für die Hainanrasse Thailands und für die Taoyuanrasse Taiwans außerordentlich hohe Wurfgrößen von 7.6 bzw. 8.9 Ferkel pro Wurf mit Wurfgewichten von 5.31 und 5.71 kg, was einem durchschnittlichem Geburtsgewicht von 0.69 bzw. 0.63 kg pro Ferkel entspricht. Für diese beiden Rassen, die im Vergleich zu den anderen beschriebenen Lokalrassen überdurchschnittliche Mutterleistungseigenschaften besitzen, wurden sehr gute Wurfgewichte von 48.87 und 51.43 kg beim Absetzen angegeben, obwohl die Aufzuchtverluste 20 bzw. 30 Prozent betrugen. Die durchschnittlichen Absetzgewichte der Ferkel dieser Rasssen waren gößer als 8.0 Kilogramm. Die als Kwai und Raad bezeichneten anderen Lokalrassen Thailands haben erheblich kleinere Wurfgrößen von 5.5 und 5.6 Ferkel pro Wurf und liegen damit um mehr als 25 % unter dem für die Hainanrasse ermittelten Ergebnis. Desweiteren haben diese beiden Lokalrassen geringere Wurfgewichte von 3.21 und 3.23 kg, so daß daraus durchschnittliche Ferkelgewichte von weniger als 0.6 kg resultieren. Die Gewichtsleistung bis zum Absetzen wurde für diese Rassen mit 25.8 und 21.8 kg pro Wurf bei Aufzuchtverlustraten von 30 und 25 Prozent angegeben, wobei die Ferkel ein Durchschnittsgewicht von 6.6 kg und 3.3 kg erzielten. Für die Wurfgröße der Lokalrasse Sri Lankas werden 6.8 Ferkel angegeben und trotz dieser recht guten Ferkelzahl wird nur ein Wurfgewicht von 3.0 kg erzielt, was in einem durchschnittlichem Geburtsgewicht von weniger als 0.5 kg pro Ferkel resultiert. Goonewardene ermittelte für diese Rasse eine Aufzuchtverlustrate von 35 % und ein Wurfabsatzgewicht von 19.4 kg, was einem durchschnittlichen Ferkelgewicht von 4.6 kg entspricht.

Ergebnisse über die Reproduktionsleistungen afrikanischer Lokalrassen liegen in größerem Umfang bisher nur von nigerianischen und simbabwischen Lokalrassen vor. Nach Adebambo (1983, 1984), der die Wurfleistung von 45 Würfen der nigerianische Lokalrasse ausgewertet hat, liegt die Wurfgröße im Durchschnitt bei 6.9 Ferkel, mit einem Gewicht von 1.05 kg pro Ferkel. Dies entspricht einem Gesamtwurfgewicht von 7.24 kg Geringe Aufzuchtverluste von weniger als 10 Prozent und Ferkelgewichte von 6.8 kg führen zu einer Aufzuchtgewichtsleistung von 42.9 kg. Somade (1985) untersuchte den Einfluß des Alters der nigerianischen Lokalrassesauen auf die Reproduktionsleistung und kommt zu dem Ergebnis, daß die Würfe von Altsauen um 1.4 Ferkel größer, die Wurfgewichte um 2.2 kg und die Ferkelgewichte um 0.21 kg höher sind als die von Jungsauen.

Der Einfluß unterschiedlicher Fütterungsniveaus auf die Reproduktionsleistung von Lokalrassesauen im heutigen Simbabwe wurde von Holness (1973) untersucht. Er konnte signifikante Einflüsse der Fütterung auf die Anzahl der produzierten Foeten sowie der geborenen und abgesetzten Ferkel nachweisen. Die aus vier Würfen pro Sau errechneten Mittelwerte der Leistungsmerkmale zeigen ein Ansteigen der Wurfgröße von 3.75 auf 7.42 Ferkel pro Wurf, des Wurfgewichtes von 2.3 kg auf 5.97 kg und des Ferkelgewichtes von 0.61 kg auf 0.81 kg pro Ferkel zwischen dem niedrigen und hohen Fütterungsniveau. Für die verschiedenen Fütterungsniveaus konnten keine signifikanten Unterschiede zwischen den prozentualen Anteilen der Wurfgewichte an den Gewichten der Sauen, die im Bereich von 10 % bis 12.5 % der Sauengewichte lagen, nachgewiesen werden. Mit steigendem Fütterungsniveau konnte Holness eine Reduktion der Verlustrate von 33.6 auf 6.6 % beobachten. Die Ursache für die hohen Ferkelverluste bei Sauen, die nur 25 % ihres Futterbedarfs erhielten, liegt hauptsächlich an dem großen Anteil schwacher, nicht lebensfähiger Ferkel im Wurf, was nach Holness in enger Beziehung zur Gewichtszunahme der Sauen während der letzten 50 Trächtigkeitstage steht. Durch Anheben des Fütterungsniveaus von 50 auf 100 % des Bedarfs wurde ein Anstieg des Wurfgewichtes beim Absetzen mit 8 Wochen von 6.24 kg auf 35.34 kg sowie des durchschnittlichen Ferkelgewichtes von 2.5 auf 5.1 kg pro abgesetztes Ferkel erzielt. Der Anteil der Totgeburten nahm mit sinkendem Fütterungsniveau überproportional zu.

Die vorwiegend unter Stationsbedingungen gewonnenen Daten zu Reproduktionsleistungen von züchterisch wenig bearbeiteten Lokalrassen zeigen die Unterschiede im Leistungspotential auf. Allerdings lassen die Ergebnisse keine detaillierten Schlußfolgerungen zwischen den Rassen zu, da die entsprechenden Versuchsanordnungen und Umweltbedingungen zu unterschiedlich waren. Besonders bemerkenswert sind die Ergebnisse von de Frederik (1977), der relativ hohe durchschnittliche Geburtsgewichte von 1.0 kg pro Ferkel und geringe Aufzuchtverluste von nur 14 % unter extensiven, kleinbäuerlichen Haltungsbedingungen auf den Salomon-Inseln ermittelt hat.

Da in kleinbäuerlichen Betrieben Simbabwes neben den Lokalrassen auch Leistungsrassen wie Large White und Landrasse in überwiegend intensiven Produktionssystemen gehalten wurden, wird in Tabelle 5.2 eine Übersicht über die Reproduktionsleistungen von Leistungsrassen im tropischen Afrika gegeben.

Tabelle 5.2: Reproduktionsleistungen von Leistungsrassen in Afrika

Verfasser	Jahr	Land	Rasse	geborene Ferkel N	Wurfgewicht (kg)	abgesetzte Ferkel N	Absetzgewicht (kg)	Aufzuchtverluste (%)
Adebambo	1986	Nigeria	LW	9.6	14.78	8.67	74.12	9.6
			HAMP	8.3	13.36	7.90	88.87	4.8
Pathiraja	1989	Simbabwe	BLR	9.39	14.05	8.93	69.61	4.8

Rassen: LW: Large White; HAMP: Hampshire; BLR: Britische Landrasse

Aus 70 beziehungsweise 55 Würfen der Rassen Large White und Hampshire wurden von Adebambo (1986) am humiden tropischen Standort in Nigeria für die Anzahl der lebendgeborenen Ferkel Mittelwerte von 9.6 bzw. 8.3 Ferkel angegeben. Die durchschnittlichen Geburtsgwichte betrugen 1.54 kg bzw. 1.61 kg und führen für die entsprechenden Rassen zu einem durchschnittlichen Wurfgewicht von 14.78 kg und 13.36 kg Nach sechs Wochen wurden im Mittel 8.67 Ferkel der Rasse Large White mit einem Gesamtgewicht von 74.12 kg abgesetzt. Für die Hampshire-Rasse wurden im Mittel 7.9 Ferkel abgesetzt, die ein Gesamtwurfgewicht von 88.87 kg erzielten. In einer Analyse von 760 Würfen der britischen Landrasse eines Zuchtbetriebes in Simbabwe errechnete Pathiraja (1989) 9.39 lebend geborene Ferkel mit einem durchschnittlichen Wurfgewicht von 14.05 kg Insgesamt konnten 8.93 Ferkel nach fünf Wochen abgesetzt werden. Das erzielte durchschnittliche Wurfabsetzgewicht betrug 69.61 kg

Um einen Einblick in das Wachstumspotential der Mukotarasse im Vergleich zu Leistungsrassen zu ermöglichen, werden in Tabelle 5.3 die Wachstumsleistungen der Mukotarasse und und von Large-White-Schweinen bei Futterrationen mit hohem (HP) und niedrigem (NP) Proteingehalt dargestellt.

Tabelle 5.3: Die Wachstumsleistungen der Rassen Mukota und Large White bei Futterrationen mit hohem und niedrigem Proteingehalt

	Alter	Mukota		Large White	
	(Wochen)	HP	NP	HP	NP
Futteraufnahme	8 -16	0.79	0.71	1.18	1.00
(kg/Tier/Tag)	17 - 24	1.41	1.20	2.18	1.90
	25 - 32	1.75	1.63	2.80	2.58
Futterverwertung	8 -16	3.15	3.41	2.70	2.95
(kg Futter/kg GZ)	17 - 24	3.58	3.97	3.38	3.30
	25 - 32	4.35	5.03	4.04	4.76
Endgewicht (kg)		80.0	63.0	115.0	103.0
Lebenstagzunahme (g)		357	281	513	459
Ausschlachtungsrate (%)		70.2	65.0	71.5	68.2

HP: hoher Proteingehalt in Futterration;
NP: niedriger Proteingehalt in Futterration;
GZ: Gewichtszunahme;

Quelle: Chigaru et al., 1981

Die Ergebnisse zeigen, daß die Futteraufnahme der Mukotatiere um ca. 35 % niedriger war, als die der Large-White-Tiere. Die Futterverwertung sank mit zunehmendem Alter und lag in allen Versuchsgruppen bei den Mukotatieren deutlich unter den Werten der Large White Tiere, die erwartungsgemäß höhere Endgewichte in beiden Fütterungsgruppen erzielten. Die Unterschiede zwischen den Auschlachtungsraten zwischen den verschiedenen Rassen waren gering.

Die zur Verbesserung der Leistungen von Lokalrassen durchgeführten Kreuzungsversuche mit Leistungsrassen zeigen, daß die Leistungen der dabei entstanden Kreuzungsprodukte in allen Leistungsparametern über denjenigen der Lokalrassen liegen. Unter Stationsbedingungen konnten die Kreuzungsprodukte das Leistungsvermögen der Leistungsrassen auch am tropischen Standort nicht erreichen[20].

In den folgenden Unterpunkten dieses Kapitels werden die erhobenen Leistungsparameter sowie die Nutzung der Schweine der kleinbäuerlichen Betriebe Simbabwes analysiert.

5.2 Die Reproduktions- und Aufzuchtleistungen

Die im Rahmen der Feldleistungsprüfungen erfaßten und den Fruchtbarkeitsstatus der Sauen kennzeichnenden Parameter sind:

---

20) Vergleiche: Philips, 1948; Ratarasarn and Koshi, 1965; Rigor and Kroeske, 1972; Kleemann et al., 1977; Koh, 1981; Dash and Mishra, 1986; Adebambo, 1986 a, b.

- Anzahl lebend geborener und aufgezogener Ferkel,
- Erstferkelalter und Zwischenwurfzeit,
- Wurffolge und Lebenswurfleistung.

5.2.1 Material und Methode

Eine Übersicht über die untersuchten Merkmale der Reproduktionsleistungen der Sauen in kleinbäuerlichen Haltungssystemen, die während der Untersuchungsperiode November 1987 bis Dezember 1990 erhoben wurden, sowie ihre Aufteilung auf die verschiedenen Untersuchungsstandorte und Produktionssysteme zeigt folgende Tabelle.

Tabelle 5.4: Anzahl der erfaßten Würfe für die Analyse der Reproduktionsleistungsmerkmale nach Region und Produktionssystem gegliedert

	Region und System					
	Mangwende		Kandeya	Chivi		Gesamt
Merkmale	Intensiv	Extensiv	Extensiv	Intensiv	Extensiv	
Würfe (N)	79	60	59	46	11	255
Anzahl der Würfe für die Analse von:						
Erstferkelalter	26	22	18	21	5	92
Zwischenwurfzeit	43	14	10	16	--	83
Wurfgröße und Aufzuchtrate	76	60	59	46	11	252

Quelle: eigene Erhebungen

Das Erstferkelalter konnte von 92 Sauen durch die Befragung der Bauern bei der Anfangsmarkierung der Würfe von Jungsauen und während der laufenden Bestandserhebungen mittels registrierter Geburtsdaten von Jungsauen ermittelt werden. Insgesamt konnten im Untersuchungszeitraum 83 Zwischenwurfzeiten von Sauen errechnet werden. Da bei der Datenaufnahme nur wenige Ferkel vor allem in den Betrieben mit traditionellem Produktionssystem direkt am Tag der Geburt erfaßt werden konnten, wurde zur Beurteilung der Wurfleistung ein Ferkelgeburtsgewicht mit Hilfe von 485 Gewichtsmessungen, die während der der ersten fünf Lebenstage erhoben wurden, berechnet. Ein approximiertes Geburtsgewicht wurde aus dem Gewicht dieser Ferkel und mit Hilfe des Regressionskoeffizienten der linearen Funktion des Alters auf die Gewichtsverteilung in diesem Abschnitt innerhalb der verschiedenen Rassegruppen berechnet und daraus die Wurfgewichte abgeleitet. Für die intensiven Produktionssysteme wurde entsprechend der Beratungsempfehlungen von PIB und AGRITEX das Absetzgewicht nach 5 Wochen ermittelt. Mit Hilfe der Lebenstagzunahme wurde für 779 Ferkel, deren Gewicht zwischen dem 25. und 45. Tag erhoben werden konnte, das Gewicht auf den 35. Tag korrigiert und die entsprechenden Wurfgewichte unter Berücksichtigung der Aufzuchtverlustraten abgeleitet. Da in den traditionellen Haltungssystemen kein Absetzen der

Ferkel praktiziert wird, wurde das Absetzalter auf 8 Wochen festgelegt. Dieser Zeitpunkt wurde gewählt, da die Muttersauen aufgrund schlechter Fütterung und Haltung nach dieser Säugeperiode ausgezehrt waren und die verbleibende Milchleistung nur noch geringe Bedeutung für das weitere Ferkelwachstum gehabt haben dürfte. Mit der Lebenstagzunahme wurde das 56-Tagegewicht von 178 Ferkel, die im Altersabschnitt von 46 bis 65 Tagen in diesem System gewogen wurden, berechnet und die entsprechenden Absetzgewichte abgeleitet.

Die Auswertung der Merkmale Erstferkelalter und Zwischenwurfzeit, Anzahl geborener Ferkel sowie der Aufzuchtrate wurde mit verschiedenen mathematischen Modellen nach der Methode der kleinsten Quadrate (Harvey, 1975) durchgeführt:

Modell 1: Erstferkelalter und Zwischenwurfzeit

$$Y_{\mathbf{mh}} = \mu + R_{\mathbf{m}} + HS_{\mathbf{(hm)}} + e_{\mathbf{mh}}$$

Hierbei bedeuten:

$Y_{(mh)}$ = Wert des Merkmals
μ = Gesamtmittel der Stichprobe
R_m = Fixer Effekt der Region (m = 1,..,3)
$HS_{(hm)}$ = Einfluß des Haltungssystems (h = 1,2) innerhalb der m-ten Region
$e_{(mh)}$ = Restvarianz.

Modell 2: Anzahl der geborenen Ferkel und Aufzuchtrate

$$Y_{\mathbf{(hijk)}} = \mu + HS_{\mathbf{h}} + BG_{\mathbf{(ih)}} + RR_{\mathbf{(jh)}} + WJ_{\mathbf{(kh)}} + b(x_{\mathbf{hijk}} - \bar{x}) + e_{\mathbf{hijk}}$$

Hierbei bedeuten:

$Y_{(hijk)}$ = Wert des Merkmals
μ = Gesamtmittel der Stichprobe
HS_h = fixer Effekt des Haltungssystems (h = 1,2)

sowie die innerhalb der Haltungssysteme genesteten Effekte:

$BG_{(ih)}$ = Effekt der Betriebsgröße (i = 1,..,3)
$RR_{(jh)}$ = kombinierter Effekt aus Rasse und Region (j = 1,....,8)
$WJ_{(kh)}$ = kombinierter Effekt aus Wurfsaison und Jahr (k = 1,..,9)
$e_{(hijk)}$ = Restvarianz.

Zur Ermittlung von Unterschieden zwischen Jung- und Altsauen wurde bei der Analyse der Wurfgröße die Wurfnummer als Kovariable $\{b(x_{hijk} - \bar{x})\}$ in das Modell aufgenommen.

Für die Aufzuchtrate wurden die Effekte Wurfgröße und Geschlechtsverhältnis als Kovariable in das Modell aufgenommen.

In den mathematischen Modellen konnten aufgrund geringer Tierzahlen pro Betrieb keine Einzelbetriebseffekte berücksichtigt werden, so daß die Daten innerhalb von Haltungsintensitätsgruppen untersucht wurden (Peters, 1987).

Die Signifikanzgrenzen liegen bei:

***	= hochsignifikant, bei einer Irrtumswahrscheinlichkeit von $p \leq 0.001$
**	= hochsignifikant, bei einer Irrtumswahrscheinlichkeit von $p \leq 0.01$
*	= signifikant, bei einer Irrtumswahrscheinlichkeit von $p \leq 0.05$
ns	= nicht signifikant.

Für wichtige Einflußfaktoren wurden Unterschiede zwischen den Klassen innerhalb der Haltungssysteme unter Anwendung des Scheffé – Tests auf ihre Signifikanz überprüft (Scheffé, 1959).

Modellerläuterungen: Der fixe Effekt Betriebsgröße wurde in das Modell aufgenommen, um Zusammenhänge zwischen der Flächenausstattung und der Schweineproduktion im Betriebssystem zu untersuchen. Durch dieses Vorgehen sollen die Einflüsse von möglichen Fütterungsintensitätsunterschieden und der sozialen Differenzierung auf die Leistungen der Schweine analysiert werden. Die Betriebsgrößen wurden in 3 Kategorien untergliedert, die sich auf die errechneten Mittelwerte der Betriebsgrößen aus der Anfangserhebung in den verschiedenen Regionen beziehen. Betriebe mit geringer Flächenausstattung liegen um 30 % unterhalb, die mit guter Flächenausstattung um 30% über dem Mittel der Betriebsgröße in den entsprechenden Regionen.

In das Modell wurde ein kombinierter Effekt aus Wurfsaison und Untersuchungsjahr aufgenommen. Das Jahr wurden in vier Wurfsaisonklassen eingeteilt, um saisonale Effekte berücksichtigen zu können. Diese Klassen wurden in Anlehnung an die jahreszeitliche Einteilung Simbabwes unter Berücksichtigung der Anbausaison vorgenommen. In Tabelle 5.5 sind die Wurfsaisonklassen beschrieben.

Tabelle 5.5: Einteilung und Beschreibung der Wurfsaisonklassen

Wurfsaisonklasse	Monate	Klima	Aktivitäten	
1	11 - 1	Regenzeit feucht, heiß	Feldbestellung	Schweineaufstallung
2	2 - 4	Ende Regenzeit Abkühlung	Unkrautbekämpfung,Ernte	Stallhaltung
3	5 - 7	Trockenzeit kalt, starke Temp.Schwankung	Haupternte, Verarbeitung, Erntefeste	Freilandhaltung
4	8 - 10	Trockenzeit starker Temperaturanstieg	Stadtbesuche trad. Feste (Bierparties)	Freilandhaltung

5.2.2 Ergebnisse der Reproduktionsleistung

5.2.2.1 Saisonalität

Die Verteilung der Würfe in den verschiedenen Haltungssystemen, die auf ein Jahr bezogen wurden, sind in Abbildung 5.1 dargestellt.

Die Abbildung zeigt einen unimodalen Verlauf der Abferkelsaison in den traditonellen Produktionssystemen. Die Hauptabferkelsaison liegt zwischen September und Dezember. Mehr als 50% aller Würfe wurden zu Beginn der Regenzeit in den Monaten Oktober und November produziert. Diese große Saisonalität ist die Folge verstärkter Deckaktivitäten und erhöhter Konzeptionsbereitschaft während der Trockenzeit in den Monaten Mai bis August und steht mit der Nacherntephase und der damit einsetzenden Freilandhaltung der Schweine sowie dem daraus resultierenden besseren Futterangebot in Zusammenhang.

Das Erstferkelalter von mehr als 15 Monaten (siehe Tabelle 5.7) kann zur Erklärung der geringen Deckaktivitäten während der Endphase der Freilandhaltung (September bis November) und der daraus resultierenden geringen Wurfhäufigkeit zwischen Januar und März beitragen. Das hohe Erstferkelalter verdeutlicht, daß die weiblichen Tiere, die in der letzten Hauptwurfsaison geboren wurden und aufgrund ihres Alters von 10 bis 12 Monaten die Geschlechtsreife erreicht haben, nicht gedeckt werden oder noch nicht deckfähig sind. Die geringe Wurfhäufigkeit in den Monaten März bis Juli deutet auf wenig Deckaktivitäten in den Monaten November bis März hin, die vor allem in den Betrieben mit traditioneller Haltung auf die reduzierte Eberhaltung während der Stallhaltungsphase zurückgeführt werden kann.

Abbildung 5.1: Verteilung der Geburten während des Jahres

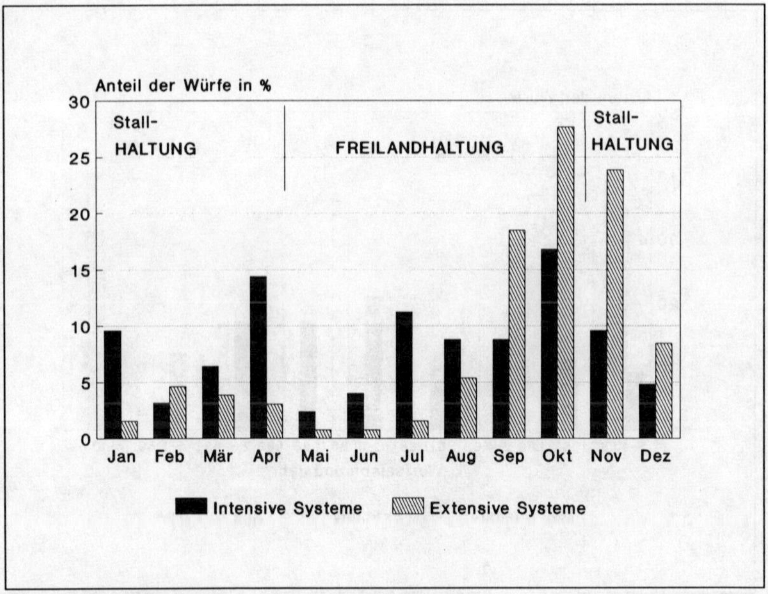

Quelle: eigene Erhebungen

Aus dem Verlauf der Wurfverteilung in den Betrieben mit intensiver Schweineproduktion lassen sich keine eindeutigen Saisonalitäten ableiten. Mehr als 50 % der 125 Würfe entfallen auf die Monate Januar, April, Juli und Oktober. Da die Schweineproduktion für die meisten Bauern ein relativ junger Betriebszweig ist und die Bestände während der Untersuchungen aufgestockt wurden, können die Hauptunterschiede der Wurfverteilung in diesen Betrieben auf den unterschiedlichen Produktionsanfang sowie die Vermarktungs-, Futterbezugsplanungs- und Reproduktionsmanagementprobleme zurückgeführt werden.

Zur Darstellung des Reproduktionsgeschehens während des gesamten Untersuchungszeitraumes zeigt Abbildung 5.2 die Verteilung der erfaßten Würfe, die in Haltungssysteme und Wurfjahressaisonklassen untergliedert wurden.

Abbildung 5.2: Erfaßte Würfe in den Systemen während des Untersuchungszeitraumes

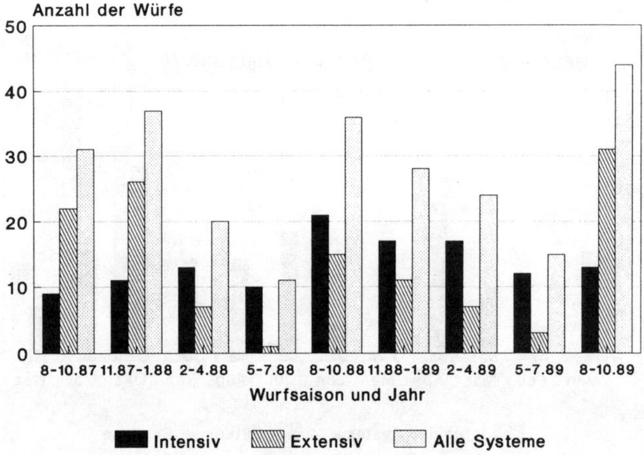

Quelle: eigene Erhebungen

5.2.2.2 Erstferkelalter, Zwischenwurfzeit und Nutzungsintensität

Die Ergebnisse der Varianzanalyse zur statistischen Absicherung der Unterschiede zwischen den Regionen und Haltungsintensitäten auf das Erstferkelalter und die Zwischenwurfzeit werden in Tabelle 5.6 beschrieben. Das Erstferkelalter der Jungsauen unterscheidet sich nicht signifikant zwischen den drei Untersuchungsregionen. Es konnte aber ein hochsignifikanter Effekt der Haltungssysteme innerhalb der Regionen ($p \leq 0.001$) nachgewiesen werden. Für die 83 analysierten Werte der Zwischenwurfzeit waren beide angenommenen Einflußfaktoren hochsignifikant.

Tabelle 5.6: Ergebnisse der Varianzanalyse des Erstferkelalters und der Zwischenwurfzeit

	Erstferkelalter		Zwischenwurfzeit	
Varianzursache	FG	F-Wert	FG	F-Wert
Region	2	2.24	2	13.79^{***}
System innerhalb Region	2	18.29^{***}	1	52.01^{***}
R^2	0.37		0.50	

Quelle: eigene Berechnungen

Für die LSQ-Mittelwerte dieser beiden Merkmale, die in Tabelle 5.7 gezeigt werden, konnten signifikante Unterschiede ($p \leq 0.05$) für das Erstferkelalter zwischen den beiden unterschiedlichen Haltungsintensitäten in Mangwende und Chivi nachgewisen werden.

Die regionalen Unterschiede der Zwischenwurfzeit in den intensiven Betriebssystemen konnten im Gegensatz zu den traditionellen Systemen statistisch abgesichert werden.

Nicht signifikante Unterschiede bestehen zwischen den LSQ-Mittelwerten des Erstferkelalters in den traditionellen Systemen der drei Untersuchungsregionen. Das mit durchschnittlich 19.03 Monaten hohe Alter beim ersten Wurf zeigt, daß die von Holness (1973) für die Mukotarasse beschriebene frühe Geschlechtsreife, die selbst bei Tieren mit geringem Körpergewicht nach ca. 4 Monaten beobachtet wurde, keine produktionsrelevante Rolle spielt. In den ermittelten Zwischenwurfzeiten innerhalb der traditionellen Haltungssysteme kommt ein Einjahreszyklus des Produktionsablaufes zum Ausdruck, da die analysierten Werte bei 378.2 und 387.7 Tagen in Mangwende und Kandeya liegen. Diese hohen Zwischenwurfzeiten führen in den entsprechenden Regionen zu Jahreswurfleistungen von 0.96 und 0.94 Würfen pro Sau und Jahr.

Tabelle 5.7: LSQ-Mittelwerte und Standardfehler für das Erstferkelalter und die Zwischenwurfzeit

Variable		Erstferkelalter			Zwischenwurfzeit		
		n	LSQX (Monate)	±SE	n	LSQX (Tage)	±SE
Gesamtmittel		92	15.86	5.02	83	252.38	86.96
Region:							
Mangwende		48	16.87	0.72	57	281.72a	13.37
Kandeya		18	18.38	1.18	10	387.70b	27.50
Chivi		26	14.75	1.25	16	238.18c	21.74
Systeme in den Regionen:							
Mangwende	Intensiv	26	12.86a	1.18	43	185.23a	13.26
	Extensiv	22	20.90b	1.07	14	378.21b	23.24
Kandeya	Extensiv	18	18.38b	1.18	10	387.70b	27.50
Chivi	Intensiv	21	11.71a	1.09	16	238.18c	13.26
	Extensiv	5	17.80b	2.24	--	-----	-----

Quelle: eigene Berechnungen; LSQ-Werte mit unterschiedlichem Index unterscheiden sich signifikant ($p \leq 0.05$).

Die Jungsauen im intensiven System waren in Mangwende im Mittel zum Zeitpunkt des ersten Wurfes um einen Monat älter als die mit 11.7 Monaten abferkelnden Jungsauen in Chivi.

Die LSQ-Mittelwerte für die analysierten Zwischenwurfzeiten liegen mit 185 Tagen im intensiven System in Mangwende um 53 Tage niedriger als im gleichen System in Chivi. Daraus resultiert eine durchschnittliche Jahreswurfleistung von 1.97 und 1.53 Würfen pro Sau und Jahr in den Betrieben mit intensiver Schweinehaltung in Mangwende und Chivi.

Infolge des befristeten Untersuchungszeitraumes, des nicht eindeutig bestimmbaren Alters vieler Altsauen und der Anzahl produzierter Ferkel vor der Aufnahme in die Datenerfassung kann die Lebensleistung der Sauen nicht genau bestimmt werden. Das Wurfnummernprofil (Abbildung 5.3) läßt aber Rückschlüsse auf die Nutzungsintensität der Sauen zu, denn es zeigt die Verteilung der Wurfnummern der erfaßten Würfe in den verschiedenen Haltungssystemen.

Abbildung 5.3: Häufigkeitsverteilung der Wurfzahlen

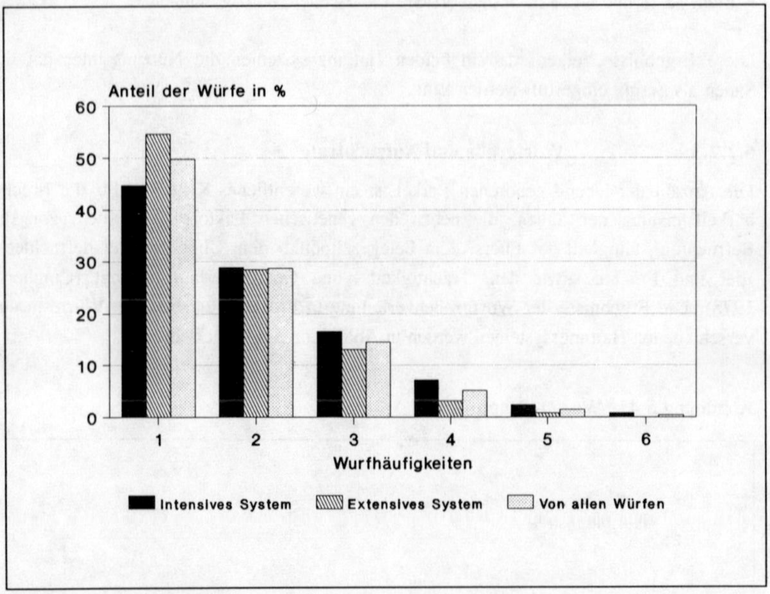

Quelle: eigene Erhebung

Die erfaßten 130 Würfe im extensiven Haltungssystem stammten zu 55 % von Erstlingssauen, zu 28 % von Altsauen, die zweimal geferkelt haben, und nur zu 17 % von Sauen, die mehr als zweimal geworfen hatten.

Die erhobenen Würfe im intensiven System stammten zu 50 % von Erstlingssauen ab. Dieser annähernd gleiche Wert wie im traditionellen System kann auf Aufstockungstendenzen einiger Betriebe zurückgeführt werden. Die Raten der Altsauen, die zwei- bzw. dreimal geferkelt haben, lagen bei 29 und 16%. Nur 11 % der Würfe wurden von Sauen, die mehr als dreimal geworfen haben, produziert.

Als zusätzlichen Hinweis über die Nutzungsintensität der Sauen in den kleinbäuerlichen Betriebssystemen wurde die genaue Anzahl der produzierten Würfe von geschlachteten Sauen ermittelt. Insgesamt wurden 40 % aller erfaßten Sauen geschlachtet. In den Betrieben mit traditioneller Haltung wurden 51 % des 106 Tiere umfassenden Sauenbestandes geschlachtet. 49 % der geschlachteten Sauen wurden bereits nach dem ersten Wurf und weitere 37 % nach dem zweiten Wurf geschlachtet. Von den 67 erfaßten Sauen in den

Betrieben mit intensivem Haltungssystem wurden 26 % geschlachtet. Von diesen Sauen wurden 33 % und 44 % nach dem ersten bzw. zweiten Wurf geschlachtet.

Diese Ergebnisse zeigen, daß in beiden Haltungssystemen die Nutzungsintensität der Sauen als gering eingestuft werden kann.

5.2.2.3 Wurfgröße und Aufzuchtrate

Die Anzahl der lebend geborenen Ferkel ist ein wesentliches Kriterium für die Fruchtbarkeitsleistung der Sauen, die neben den genetischen Faktoren vor allem von der Befruchtungsfähigkeit des Ebers, dem Belegezeitpunkt, dem Überleben der befruchteten Eier und Früchte sowie dem Trächtigkeits- und Geburtsverlauf abhängt (Comberg, 1978). Die Ergebnisse der Wurfgrößenverteilung in Prozent aller erfaßten Würfe in den verschiedenen Haltungssystemen werden in Abbildung 5.4 dargestellt.

Abbildung 5.4: Wurfgrößenprofil

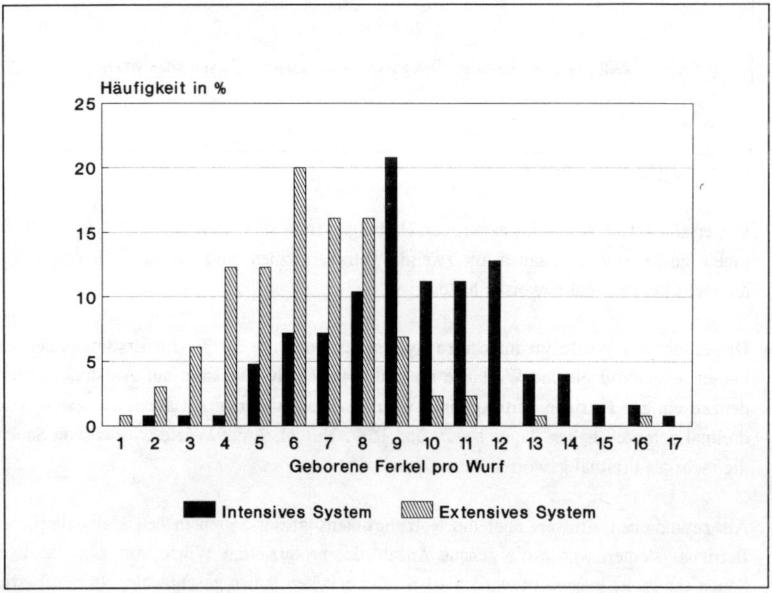

Quelle: eigene Erhebungen

In den Betrieben mit traditioneller Schweinehaltung lagen 65 % der Würfe zwischen 5 und 8 Ferkel pro Wurf, wobei die Wurfgröße von 6 Ferkel bei 20 % der Würfe auftrat.

Einige Extremwerte (4 %) von mehr als 10 Ferkel pro Wurf konnten in diesen Betrieben von Kreuzungssauen beobachtet werden.

Im intensiven System lagen 66 % der Würfe im Bereich von 8 - 12 Ferkel mit einem deutlichen Schwerpunkt bei 9 Ferkel pro Wurf. 12 % der Ferkel stammen aus Würfen mit mehr als 13 Ferkel und 22 % der Würfe hatten weniger als 8 Ferkel.

In der Varianzanalyse der Wurfgröße und Aufzuchtrate wurden die Einflußfaktoren Haltungssystem sowie die innerhalb Haltungssystem genesteten Effekte Betriebsgröße, Rassen in den Regionen und die Jahressaisoneffekte untersucht (Modell 2).

Tabelle 5.8: Ergebnisse der Varianzanalyse von Wurfgröße und Aufzuchtrate

		Wurfgröße		Aufzuchtrate	
Varianzursache		FG	F-Wert	FG	F-Wert
Haltungssystem		1	12.010***	1	6.066*
Betriebsgrößen					
innerhalb System:	intensiv	2	3.942*	2	0.129
	extensiv	2	4.891**	2	2.257
Effekt aus Rasse und Region					
innerhalb System:	intensiv	2	0.988	2	0.310
	extensiv	5	0.463	5	1.005
Jahressaisoneffekte					
innerhalb System:	intensiv	8	1.562	8	0.565
	extensiv	8	0.281	8	2.945**
Regression linear:					
Wurfnummer		1	17.765***	--	-----
Geschlechtsverhältnis		-	-----	1	1.067
Wurfgröße		-	-----	1	0.064
R^2			0.435		0.255

Quelle: eigene Berechnungen

Die Ergebnisse, die in Tabelle 5.8 dargestellt werden, zeigen für die Wurfgröße hochsignifikante Unterschiede ($p \leq 0.01$) zwischen den Haltungssystemen und der Betriebsgrößen innerhalb des traditionellen Systems an. Der lineare Beziehung zwischen Wurfnummer und Wurfgröße war hochsignifikant ($p \leq 0.001$). Die innerhalb der Haltungssysteme genesteten Jahressaisoneffekte und kombinierten Region - Rasseeffekte auf die Wurfgröße konnten statistisch nicht abgesichert werden.

Für die Aufzuchtrate konnte ein signifikanter Unterschied ($p \leq 0.05$) zwischen den beiden Haltungssystemen und für die Jahressaisoneffekte im traditionellen System ermittelt werden. Die anderen angenommenen Einflußfaktoren waren nicht signifikant.

Die LSQ-Mittelwerte aus der Varianzanalyse sind in Tabelle 5.9 dargestellt und zeigen für die Wurfgröße, daß das LSQ-Mittel im intensiven System 8.98 Ferkel betrug und damit um 26 % über dem Mittel (6.64) des traditionellen Systems lag. In beiden Systemen wurden die größten Würfe in den Betrieben mit durchschnittlicher Betriebsgrößen produziert, die im intensiven System um 15.8 % und 21 % über den Werten der großen bzw. kleinen Betriebe lagen. Im extensiven System waren die Würfe in den Durchschnittsbetrieben um 24.5 % und 17.4 % größer, als die der Betriebe mit über- bzw. unterdurchschnittlicher Flächenausstattung. Die geschätzten Wurfgrößen für die verschiedenen Rassen in den Regionen werden in Abbildung 5.5 dargestellt.

Abbildung 5.5: LSQ-Werte der Wurfgrößen der unterschiedlichen Rassen in den Systemen der Untersuchungsregionen

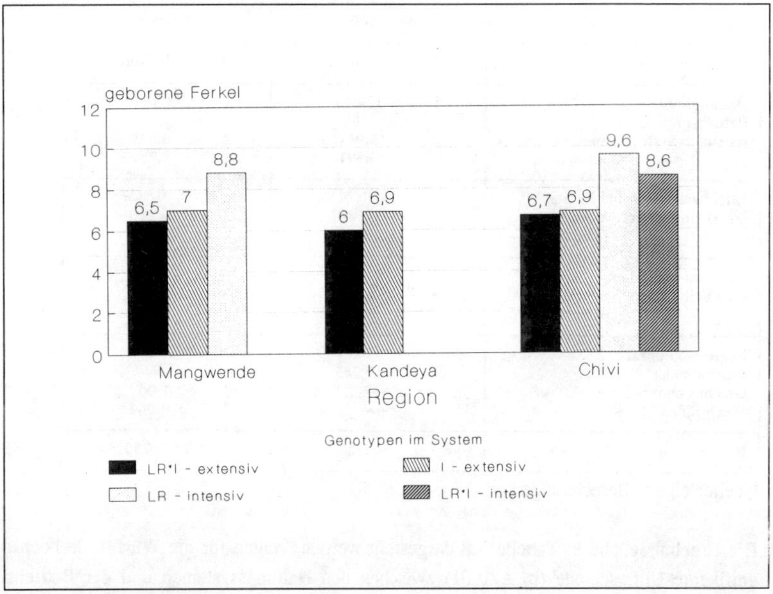

Quelle: eigene Erhebungen

Die Abbildung verdeutlicht die Überlegenheit der Reproduktionsleistung der Leistungsrassen gegenüber Kreuzungssauen in den intensiven Haltungssystemen Chivis. Darüber hinaus zeigt sie, daß die Würfe der Leistungsrasse in Mangwende kleiner waren als in Chivi. In den traditionellen Systemen der verschiedenen Regionen zeigt sich die bessere Wurfleistung der Mukotarasse gegenüber den als Kreuzungssauen eingestuften Tieren. Die regionalen Unterschiede der Wurfgröße bei den Mukotasauen sind sehr gering.

Größere Unterschiede zeigen die Werte der Kreuzungstiere. Die deutlich geringeren LSQ-Werte der Wurfgrößen im intensiven System, die zwischen November bis April in den Jahren 1988 und 1989 erzielt wurden, weisen im Zusammenhang mit den Ergebnissen von Holness (1973 a), der einen signifikanten Einfluß des Fütterungsniveaus auf die Wurfgröße nachweisen konnte, auf Fütterungsprobleme in dieser Periode hin. Dieser Zusammenhang zeigt sich auch in den LSQ-Werten für die Wurfgrößen, die zwischen Februar und April in den traditionellen Haltungssystem erfaßt worden.

Die Unterschiede in der Aufzuchtrate zwischen den Systemen betrugen 17.5 %. Die Aufzuchtrate in Betrieben mittlerer Größe im intensiven System betrug 96.2 % und lag über den Werten der beiden anderen Betriebstypen. Die Aufzuchtrate in den Betrieben mit intensiver Haltung in Chivi lag über der Rate, die für Mangwende ermittelt wurde. Die schlechteste Aufzuchtrate von nur 68 %, die um 8 % unter dem Gesamtmittel lag, wurde für Betriebe mit mittlerer Betriebsgröße im traditionellen System ermittelt. Die Aufzuchtraten zwischen den verschiedenen Rassen in den Regionen lassen keine eindeutigen Schlußfolgerungen über die Überlegenheit einer Rasse zu. In den Betrieben mit traditioneller Schweinehaltung in Kandeya wurde eine höhere Aufzuchtrate von den Mukotasauen erzielt. Demgegenüber zeigen die Aufzuchtraten der Mukotasauen in Chivi nur geringfügig und in Mangwende (-14%) sehr viel schlechtere Werte als die der Kreuzungssauen. Insgesamt liegen die Aufzuchtergebnisse in Chivi über denen der beiden anderen Regionen.

Tabelle 5.9: LSQ-Mittelwerte für die Wurfgröße und Aufzuchtrate

Varianzursache		Wurfgröße			Aufzuchtrate (%)		
		N	LSQX	±SE	N	LSQX	±SE
Gesamtmittel		252	7.81	0.33	252	84.84	3.40
Haltungssystem:							
Intensiv		122	8.98	0.57	122	93.58	5.88
Extensiv		130	6.64	0.35	130	76.09	3.71
Betriebsgrößen innerhalb System							
Intensiv	groß	64	8.63	0.35	64	93.21	3.64
	mittel	55	10.25	0.54	55	96.16	5.72
	klein	3	8.05	1.51	3	91.38	15.43
Extensiv	groß	39	5.76	0.51	39	80.84	5.35
	mittel	28	7.75	0.54	28	67.91	5.51
	klein	63	6.40	0.41	63	79.53	4.40
Rassen im intensiven System in							
Chivi LR		37	9.57	0.58	37	94.80	6.06
Chivi LR*I		9	8.61	1.04	9	95.77	10.41
Mangw. LR		76	8.76	0.59	76	90.18	6.21
Rassen im extensiven System in							
Kandeya LR*I		22	5.96	0.58	22	71.23	6.07
Kandeya I		37	6.85	0.49	37	75.02	5.05
Chivi LR*I		7	6.71	0.95	7	84.63	9.77
Chivi I		4	6.89	1.24	4	79.13	12.68
Mangw. LR*I		44	6.48	0.40	44	80.08	4.25
Mangw. I		16	6.94	0.66	16	66.46	6.79
Wurfsaison u. Jahr im int. System							
08.87 - 10.1987		11	10.42	0.95	11	82.10	9.70
11.87 - 01.1988		16	8.30	0.75	16	96.93	7.79
02.88 - 04.1988		12	8.55	0.80	12	100.93	8.15
05.88 - 07.1988		21	9.10	0.79	21	90.77	8.10
08.88 - 10.1988		17	9.58	0.80	17	95.82	8.18
11.88 - 01.1989		10	8.16	0.91	10	89.25	9.30
02.89 - 04.1989		9	7.62	1.01	9	95.09	10.31
05.89 - 07.1989		13	9.04	0.85	13	97.75	8.70
08.89 - 10.1989		13	10.03	0.90	13	93.62	9.15
Wurfsaison u. Jahr im ext. System							
08.87 - 10.1987		22	6.22	0.57	22	76.75	5.91
11.87 - 01.1988		26	6.82	0.53	26	63.41	5.49
02.88 - 04.1988		8	6.08	0.89	8	73.75	9.12
08.88 - 10.1988		15	7.00	0.66	15	57.77	6.78
11.88 - 01.1989		11	6.99	0.74	11	79.03	7.55
02.89 - 04 1989		7	6.46	0.98	7	69.60	10.25
05.89 - 07.1989		3	6.52	1.47	3	91.96	15.02
08.89 - 10.1989		31	6.44	0.50	31	87.24	5.23
11.89 - 01.1990		7	7.22	0.95	7	85.33	9.69
Linear: Wurfnummer			0.71	0.16		---	---
Geschlechtverhätnis			---	---		8.41	8.14
Wurfgröße			---	---		0.16	0.65

Quelle: eigene Berechnungen

5.2.2.4 Wurfgewicht bei Geburt und Absetzen

Aufgrund von Erfassungsschwierigkeiten können keine genauen Geburts- und Absetzgewichte angegeben werden. Um jedoch eine Vorstellung von den Größenordungen der Geburts- und Absetzgewichte der Würfe zu bekommen, wurden die entsprechenden Gewichte der Ferkel (vgl. Punkt 5.2.1.2) abgeleitet. Es wurden unter Berücksichtigung der Rassen in den beiden Produktionssystemen und den verschiedenen Regionen alterskorrigierte, approximierte Geburts- und Absetzgewichte berechnet, die in Tabelle 5.10 für die unterschiedlichen Rassen in den Haltungssystemen dargestellt werden.

Tabelle 5.10: Rohmittelwerte und Standardabweichungen der Wurfgröße sowie die alterskorrigierten, approximierten Gewichte bei Geburt und Absetzen

Haltungs-system	Rasse	Würfe	geborene Ferkel		Wurfgeburts-gewicht		Wurfabsetz-gewicht	
		N	$\bar{x}$	±s	$\bar{x}$	±s	$\bar{x}$	±s
Intensiv	LR	114	9.7	2.8	14.9	4.3	57.2	17.71
	LR*I	11	8.1	2.6	11.9	3.7	48.6	15.1
Extensiv	LR*I	73	6.1	2.3	7.8	2.9	27.0	15.2
	I	57	6.7	2.3	8.1	3.2	21.7	12.2
Alle Würfe		255	7.9	3.0	11.2	5.0	40.2	22.5

Quelle: eigene Berechnungen

Die Ergebnisse zeigen die Überlegenheit hinsichtlich Wurfgewicht und Absetzgewicht der Leistungsrassen in den intensiven Systemen. In den traditionellen Systemen wurde für die Lokalrasse ein Wurfgewicht von 8.07 kg ermittelt, das nur geringfügig über dem der Kreuzungssauen mit 7.82 kg liegt. Die Absetzgewichtsleistung der Kreuzungssauen lag im Mittel um 5.3 kg über der der Lokalrasse.

Zur besseren Bewertung der Reproduktionsleistung der Sauen wurden Reproduktions- und Aufzuchtsleistungsindizes auf der Basis der ermittelten Wurf- und Absetzgewichte, die in Relation zu durchschnittlichen Sauengewichten gesetzt wurden, berechnet. Die produzierte Gewichtsmasse in Prozent des geschätzten Sauengewichtes ist in Tabelle 5.11 zusammengestellt.

Tabelle 5.11: Wurf- und Aufzuchtgewichtindex verschiedener Genotypen in kleinbäuerlichen Haltungssystemen

Haltungs system	Rasse	Sauen-gewicht (kg)	Wurf-index (%)	Aufzucht-index (%)
Intensiv	LR	120	12.4	47.6
	LR*I	100	11.9	48.6
Extensiv	LR*I	70	11.1	38.5
	I	60	13.4	36.1

Quelle: eigene Berechnungen

Der errechnete Wurfindex zeigt, daß nur geringe Unterschiede in der relativen Wurfgewichtsleistung der unterschiedlichen Rassen in den beiden Haltungssystemen bestehen. Deutliche Unterschiede zwischen den Haltungssystemen sind für den Absetzgewichtsleistungsindex erkennbar, die auf die geringere Verlustrate und bessere Fütterung zurückzuführen sind. Das Wurfaufzuchtgewicht der Lokalrasse zeigt mit 36.1 % der Sauengewichte den niedrigsten Wert. Dieser Wert stimmt mit dem von Holness (1973) für Erstlingsauen bei restriktiver Fütterung (50 % des Bedarfs) ermittelten Wert von 36.0 % überein.

5.2.2.5 Zusammenfassung wichtiger Reproduktionsleistungsparameter

In Tabelle 5.12 werden die wichtigsten Reproduktionsleistungsparameter der verschiedenen Haltungssysteme in den unterschiedlichen Regionen zusammengefaßt und im Vergleich zu den 1987 vom PIB im "Management Recording Scheme" (MRS), das in 26 Betrieben in Simbabwe durchgeführt wird, ermittelten Durchschnittswerten dargestellt.

Tabelle 5.12: Reproduktionsleistungen der Sauen in den verschiedenen Systemen und Regionen im Vergleich zu simbabwischen Durchschnittsleistungen

	trad. System			int. System		MRS
Region	Mangwende	Kandeya	Chivi	Mangwende	Chivi	
Würfe/Sau+Jahr	0.96	0.94	0.95	1.97	1.53	2.10
geb. Ferkel/Wurf	6.7	6.4	6.8	8.8	9.1	9.7
abges. Ferkel/Wurf	4.9	4.7	5.6	8.0	8.7	8.4
Auzuchtverluste (%)	26.7	26.9	18.1.	9.8	4.7	14.1
Ferkel/Sau+Jahr	4.7	4.4	5.3	15.8	13.2	17.8

Quelle: eigene Berechnungen, Masvaure, 1988

Die erhobenen und analysierten Leistungswerte verdeutlichen die Unterschiede zwischen den Systemen innerhalb der verschiedenen Regionen und zeigen anhand der Diskrepanz zwischen den ermittelten Werten und dem nationalen Durchschnitt ein erhebliches Leistungsdefizit auf.

5.3 Die Geburtsgewichts- und Wachstumsleistungen

5.3.1 Material und Methode

Zur Verdeutlichung der im traditionellem Haltungssystem nicht systematisierbaren Managementeinflüsse auf die Gewichtsentwicklung der Schweine wird der Wachstumsverlauf mit Hilfe der Rohmittelwerte der Gewichte von 196 Tieren, die von Geburt bis zum 8. Monat in allen Abschnitten gewogen werden konnten, dargestellt.

Für die varianzanalytische Untersuchung der Geburtsgewichts- und Wachstumsleistung der Schweine in den kleinbäuerlichen Haltungssystemen wurden das Geburtsgewicht und die Gewichte in 30-tägigen Intervallen bis zum Alter von 270 Tagen bestimmt.

Eine Übersicht über die Verteilung und Struktur des analysierten Datenmaterials zeigt Tabelle 5.13.

Tabelle 5.13: Aufteilung des Tiermaterials nach Altersabschnitten, Regionen, Haltungssystemen und Rassen

Region	Mangwende				Kandeya		Chivi				Gesamt
System	Intensiv		Extensiv		Extensiv		Intensiv		Extensiv		
Rassen	LR	KR	I	KR	I	KR	LR	KR	I	KR	
Altersbereich in Tagen											
0 - 5	242	8	- -	24	15	53	91	38	5	9	485
25 - 45	325	17	21	39	23	38	232	44	16	24	779
46 - 66	257	8	23	55	51	20	196	57	5	19	691
76 - 105	357	9	33	42	45	26	219	16	13	22	782
106 - 135	299	--	27	50	19	14	262	59	8	20	758
136 - 165	342	18	30	36	30	24	242	16	11	18	767
166 - 195	283	9	21	43	38	19	119	15	9	15	571
196 - 225	151	8	21	23	43	--	85	--	5	5	341
226 - 255	51	--	26	38	25	18	68	--	5	15	246
256 - 285	19	--	17	27	14	--	22	--	--	10	109

LR: Leistungsrassen; I: Mukotarasse; KR: Kreuzungstiere (LR*I)

Quelle: eigene Erhebung

Bei der Datenerhebung konnten nur wenige Ferkel - vor allem in den Betrieben mit traditionellem Produktionssystem - direkt am Tag der Geburt erfaßt werden. Deshalb wurde ein alterskorrigiertes, approximiertes Geburtsgewicht berechnet. Die näherungsweise Bestimmung der Geburtsgewicht erfolgte mit den Gewichten der Ferkel, die in den ersten 5 Lebenstagen gewogen werden konnten. Für die verschiedenen Intensitäts- und Rassegruppen wurden die Regressionskoeffizienten der linearen Beziehung zwischen Alter und Gewicht berechnet und die approximierten Geburtgewichte von den erhobenen Ferkelgewichten abgeleitet.

Die Analyse der Wachstumsleistung erfolgt anhand von Gewichten, die in 30-tägigen Abschnitten bis zum Alter von 270 Tagen berechnet wurden. Die Korrektur der monatlich erhobenen Gewichte auf die Altersmerkmale wurde mit der durchschnittlichen täglichen Zunahme, die aus der Gewichtsdifferenz zwischen dem Gewicht der letzten Wiegung und dem Gewicht, das in dem entsprechenden Altersabschnitt ermittelt wurden, vorgenommen. Durch diese Vorgehensweise wird der Korrekturfehler der Gewichtsdaten minimiert.

Die phänotypischen Korrelationen zwischen den alterskorrigierten Gewichten wurden getrennt für die unterschiedlichen Haltungssysteme sowie für die gesamte Stichprobe berechnet.

Die mit der Methode der kleinsten Quadrate (Harvey, 1975) untersuchten Einflußfaktoren auf das Geburtsgewicht und die Gewichtsmerkmale werden in folgendem Modell beschrieben.

Modell 3: Geburtsgewicht und Gewichtsmerkmale:

$$Y_{\mathbf{hinopk}} = \mu + HS_{\mathbf{h}} + BG_{\mathbf{i}} + RB_{\mathbf{n}} + GE_{\mathbf{o}} + RR_{\mathbf{(rh)}} + WS_{\mathbf{(kh)}} + BG*HS_{\mathbf{(ih)}} + RB*HS_{\mathbf{(nh)}} + GE*HS_{\mathbf{(oh)}} + e_{\mathbf{hinork}}$$

Hierbei bedeuten:

$Y_{(hinork)}$	= Wert des Merkmals
μ	= Gesamtmittel der Stichprobe
HS_h	= Fixer Effekt des Haltungssystems (h = 1, 2)
$BG_{(i)}$	= Effekt der i-ten Betriebsgröße (i = 1,.., 3)
$RB_{(n)}$	= Effekt des n-ten Rinderbesitzes (n = 1, 2)
$GE_{(o)}$	= Effekt des Geschlechts (o = 1, 2)
$RR_{(rh)}$	= kombinierter Effekt aus Rasse und Region (r = 1,..,8), innerhalb des h-ten Haltungssystems
$WS_{(kh)}$	= Effekt der Wurfsaison (k = 1,.., 4) innerhalb der Haltungssystems

$BG*HS_{(ih)}$ = Einfluß der Interaktion Betriebsgröße x Haltungssystem
$RB*HS_{(nh)}$ = Einfluß der Interaktion Rinderbesitz x Haltungssystem
$GE*HS_{(oh)}$ = Einfluß der Interaktion Geschlecht x Haltungssystem
$e_{(hinork)}$ = Zufallsfehler.

Im Modell werden die fixen Effekte des Haltungssysteme, der Betriebsgröße, des Rinderbesitzes und der Geschlechtseffekt berücksichtigt. Zur Berücksichtigung des Effektes der Betriebsgröße wurden drei Betriebsgrößenklassen in Abhängigkeit vom Mittel der Flächenausstattung aller Betriebe gebildet. Darüber hinaus werden regionale und rassebedingte Einflüsse durch den kombinierten Rasse- und Regioneneffekt sowie der Einfluß der Wurfsaison innerhalb der Haltungssysteme im Modell untersucht. Zusätzlich werden die Interaktionen zwischen dem Geschlecht der Schweine, der Betriebsgröße und dem Rinderbesitz mit dem Haltungssystem analysiert. Die Interaktionen der sozio-ökonomischen Effekte Betriebsgröße und Rinderbesitz mit dem Haltungssystem sollen mögliche Zusammenhänge unterschiedlicher Ressourcenverfügbarkeit auf die Leistungen der Schweine in den verschiedenen Produktionsverfahrens aufzeigen. Zusätzlich soll dadurch ein Einblick über die Verflechtung zwischen dem Pflanzenbau- und den Schweineproduktionssystemen erzielt werden. Die Aufnahme von sozio-ökonomischen Einflußfaktoren in das Modell soll Rückschlüsse auf eventuell bestehende Managementunterschiede zwischen den unterschiedlichen sozialen Gruppen ermöglichen, da keine Einzelbetriebseffekte im Modell berücksichtigt werden konnten.

5.3.2 Ergebnisse des generalisierten Wachstumsverlaufes im traditionellen Produktionssystem

Um den Einfluß des Haltungssystems auf die Gewichtsentwicklung der Schweine im traditionellen System zu veranschaulichen, wurde eine generalisierte Wachstumskurve aus den Rohmittelwerten von 106 Schweinen, deren Gewicht von Geburt bis zum Alter von 240 Tagen in monatlichen Abständen erhoben werden konnte, abgeleitet und in Abbildung 5.6 dargestellt.

Abbildung 5.6: Wachstum der Schweine bis zum Alter von 240 Tagen im traditionellen Produktionssystem

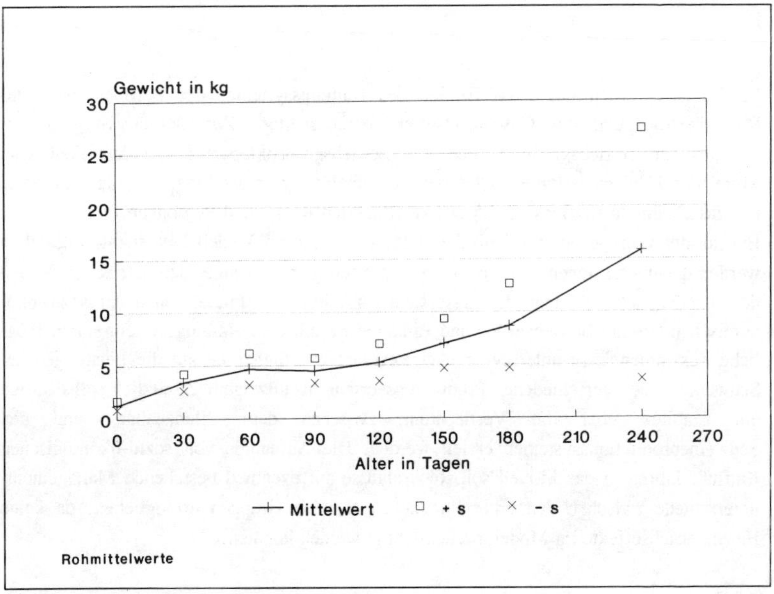

Quelle: eigene Erhebungen

Im Alter von 30 Tagen lagen die Mittelwerte der Gewichte bei 3.4 kg ± 0.4 und steigen bis auf 4.7 kg ± 1.5 bei 60 Tagen an. Die durchschnittlichen täglichen Zunahmen betrugen für diese beiden Abschnitte 71.6 bzw. 42.0 Gramm, die überwiegend auf die Mutterleistungen der Sauen zurückgeführt werden können. Der mit dem natürlichen Absetzen verbundene Nahrungsstreß sowie die schlechten Fütterungs- und Umweltbedingungen in der Kraalhaltungsphase führen zu einer Gewichtsabnahme von 5 % zwischen dem 2. und 3. Lebensmonat. Das durchschnittliche Gewicht zwischen 90 Tagen und 120 Tagen stieg um 17% an und lag mit 5.25 kg ± 1.75 nur um 12% über dem Gewicht bei 30 Tagen. Daran schließt sich ein Gewichtsanstieg bis zum Alter von 180 Tagen mit einer durchschnittlichen täglichen Zunahme von 56.5 Gramm an, die auf die einsetzende Freilandhaltungsphase zurückgeführt werden kann. Die Gewichtsentwicklung in der letzten Beobachtungsphase führt mit täglichen Zunahmen von 119.2 Gramm zu einem durchschnittlichen Gewicht von 15.8 kg ± 11.48 im Alter von 240 Tagen. Neben dem Gewichtsanstieg ist ein überproportionaler Anstieg der Standardabweichung ab dem 120. Lebenstag erkennbar. Der Variationskoeffizient stieg von 33 % zu Beginn der

Übergangsphase beim Alter von 120 Tagen auf 72 % am Ende des Betrachtungszeitraumes an.

5.3.3 Beziehungen zwischen Alter und Gewicht

Die phänotypischen Korrelationen zwischen den Gewichten der Schweine in den verschiedenen Altersgruppen zeigt Tabelle 5.14.

Wie die in Tabelle 5.14 aufgeführten phänotypische Korrelationskoeffizienten zeigen, besteht zwischen dem Geburtsgewicht und den berechneten Gewichtsmerkmalen ab dem 60. Lebenstag sowie zwischen dem Gewicht bei 60 und 270 Tagen eine nur geringe Beziehung. Zwischen den übrigen Altersgruppenkombinationen bestehen sehr enge Beziehungen. Die Werte der phänotypischen Korrelationen, die für das Tiermaterial innerhalb der unterschiedlichen Produktionssysteme berechnet wurden und sich in den Anhangstabellen 1 und 2 befinden, liegen im intensiven Produktionssystem deutlich über den Werten des traditionellen Systems.

Tabelle 5.14: Phänotypische Korrelation der Gewichte bei verschiedenem Alter

Alter (Tage)	0	30	60	90	120	150	180	210	240	270
0	1.00	0.52	0.32	0.23	0.12	0.15	0.43	0.27	0.54	-0.61
30		1.00	0.79	0.71	0.60	0.59	0.73	0.67	0.85	0.14
60			1.00	0.89	0.77	0.78	0.75	0.71	0.42	0.19
90				1.00	0.88	0.82	0.85	0.81	0.76	0.56
120					1.00	0.91	0.93	0.92	0.85	0.72
150						1.00	0.96	0.96	0.91	0.86
180							1.00	0.98	0.93	0.93
210								1.00	0.97	0.98
240									1.00	0.99
270										1.00

Quelle: eigene Berechnungen

5.3.4 Einflußfaktoren auf die Gewichtsleistungen

Bewertbare systematische Einlußfaktoren auf die Geburts- und Aufzuchtgewichte in den verschiedenen Altersstufen der mit Modell 3 durchgeführten Varianzanalysen sind in Tabelle 5.15 zusammenfassend dargestellt. Die Freiheitsgrade und F-Werte der Varianzanalysen der Gewichtsmerkmale sowie die errechneten LSQ-Schätzwerte befinden sich in den Anhangstabellen 3 und 4.

Tabelle 5.15: Bewertung der systematischen Einflußfaktoren auf die Geburts- und Aufzuchtgewichte

Varianzursache	Gewicht in den Altersstufen (Tage)									
	Geb	30	60	90	120	150	180	210	240	270
Haltungssystem	*	***	***	***	***	***	***	***	***	***
Betriebsgröße	**	***	ns	*	***	***	***	***	***	ns
Rinderbesitz	ns	**	***	***	***	***	***	***	***	***
Geschlecht	ns	ns	ns	ns	ns	ns	ns	ns	ns	ns
Kombinierter Effekt aus Rasse und Region innerhalb Haltungssystem										
Intensiv	ns	**	***	ns	ns	***	***	***	*	ns
Traditionell	***	**	*	ns	ns	ns	ns	ns	ns	ns
Wurfsaison innerhalb Haltungssystem										
Intensiv	***	***	***	***	***	***	ns	***	***	***
Traditionell	*	ns	ns	ns	ns	ns	ns	ns	ns	ns
Interaktionen der Haltungssysteme mit										
Betriebsgröße	ns	***	***	**	***	***	***	***	***	***
Rinderbesitz	ns	ns	**	***	**	***	***	***	***	
Geschlecht	ns	ns	ns	ns	ns	ns	ns	ns	**	*
R^2	0.30	0.45	0.43	0.47	0.49	0.61	0.79	0.88	0.89	0.91

Quelle: eigene Berechnungen; * = $p \leq 0.05$; ** = $p \leq 0.01$; *** = p 0.001;

5.3.4.1 Einflüsse auf die Geburtsgewichte

Fixe Effekte: Die Geburtsgewichte unterscheiden sich signifikant ($p \leq 0.05$) zwischen den beiden Haltungssystemen und hochsignifikant ($p \leq 0.01$) zwischen den Betrieben in den verschiedenen Betriebsgrößenklassen. Die angenommenen fixen Effekte Rinderbesitz und Geschlecht der Ferkel sind nicht signifikant.

Einfluß von Rasse und Region innerhalb Haltungssystem: Die Ergebnisse zeigen statistisch hochsignifikante ($p \leq 0.001$) Unterschiede der Geburtsgewichte der Ferkel in den verschiedenen Regionen und den dort vorhandenen unterschiedlichen Rassen in Schweinebeständen der traditionellen Systeme. Der innerhalb der intensiven Systeme untersuchte kombinierte Effekt aus Rasse und Region war nicht signifikant. In Tabelle 5.16 sind die LSQ-Mittelwerte und Schätzkonstanten der Geburtsgewichte der verschiedenen Rassen innerhalb der Systeme dargestellt.

Tabelle 5.16: Einfluß von System, Region und Rasse auf die Geburtsgewichte

System	Region	Rasse	N	Geburtsgewicht LSQX	$\hat{c}$
Intensiv	Mangwende	LR	242	1.48	0.023
		LR*(LR*I)	8	1.37	-0.085
	Chivi	LR	91	1.50	0.051
		LR*(LR*I)	38	1.46	0.007
Gesamt: Intensiv			379	1.45	(±SE: 0.048)
Extensiv	Mangwende	LR*I	24	1.52	0.288
	Kandeya	LR*I	53	1.38	0.150
		I	15	1.23	-0.006
	Chivi	LR*I	9	1.37	0.139
		I	5	0.66	-0.572
Gesamt: Extensiv			106	1.23	(±SE: 0.118)

Quelle: eigene Berechnungen

Die Geburtsgewichte der Ferkel in den intensiven Systemen liegen mit einem Mittel von 1.45 kg lediglich 0.04 kg unter dem von Patiraya (1989) aus 760 Würfen eines Zuchtbetriebes in Simbabwe berechneten Werten. Die hohen Gewichte der LR*I-Kreuzungstiere sind wahrscheinlich auf den hohen Leistungsrasseanteil der Kreuzungssauen zurückzuführen. Der LSQ-Mittelwert der Geburtsgewichte der Ferkel in traditionellen Haltungssystemen lag mit 1.23 kg nur um 17.8 % unter dem Wert, der für die intensiven Systeme ermittelt wurde. Die Schätzkonstanten zeigen, daß die Geburtsgewichte der nicht näher definierbaren Kreuzungstiere deutlich über dem Mittel der im traditionellen System erfaßten Werte liegen.

Einfluß der Wurfsaison: Die Ergebnisse der Varianzanalyse in der Übersichtstabelle 5.15 zeigen einen hochsignifikanten ($p \leq 0.001$) Einfluß der Wurfsaisonklassen im intensiven Haltungssystem auf die Geburtsgewichte. Die Unterschiede zwischen den Geburtsgewichten der Ferkel in den verschiedenen Wurfsaisonklassen im extensiven System waren signifikant ($p \leq 0.05$). Der Effekt der Wurfsaison auf die Geburtsgewichte der Ferkel in den beiden Systemen wird in Tabelle 5.17 anhand der LSQ-Mittelwerte und Schätzkonstanten zusammenfassend dargestellt.

Tabelle 5.17: LSQ-Werte und Schätzkonstanten der Geburtsgewichte in Abhängigkeit von Produktionssystem und Wurfsaison

System	Wurfsaison	N	Geburtsgewicht (kg) LSQX	$\hat{c}$
Intensiv	Nov. - Jan.	78	1.37	-0.078
	Feb. - Apr.	104	1.48	0.026
	Mai - Juli	78	1.64	0.183
	Aug. - Okt.	119	1.32	-0.131
Gesamt: Intensiv		379	1.45	(±SE: 0.048)
Extensiv	Nov. - Jan	52	1.11	-0.128
	Feb. - Apr.	10	1.49	0.252
	Aug. - Okt.	44	1.11	-0.124
Gesamt: Extensiv		106	1.23	(±SE: 0.118)

Quelle: eigene Berechnungen

Die Tabelle zeigt deutliche jahreszeitliche Unterschiede der Geburtsgewichte sowohl im intensiven als auch im traditionellen System.

Die geringen Geburtsgewichte, die im intensiven System zwischen August und Oktober ermittelt wurden, sind wegen der guten Futterverfügbarkeit während der Trächtigkeitsphase, die in der Nacherntezeit liegt, auf klimatische Einflußfaktoren zurückzuführen. Die Sauen werden besonders in den Monten Mai bis August durch fehlende Schutzvorrichtungen an den Ställen aufgrund der Höhenlage großen Temperaturschwankungen zwischen Tag und Nacht (bis zu 20°C) ausgesetzt. Die pränatale Entwicklungsphase der zwischen November und Januar geborenen Ferkel liegt in der heißesten Jahreszeit. Neben diesen Klimaeinflüssen können die niedrigen Geburtsgewichte in dieser Wurfsaison auch auf Futterengpässe zurückgeführt werden.

In den traditionellen Systemen wurden deutlich über dem Mittel liegende Geburtsgewichte zwischen Februar und April erzielt. Diese höheren Geburtsgewichte sind auf die mit der langen Freilandhaltung verbundene bessere Zuchtkondition der Sauen zurückzuführen.

Sonstige Effekte und abschließende Betrachtungen: Für die Interaktionen zwischen den Haltungssystemen und den Betriebsgrößen sowie dem Rinderbesitz konnten keine signifikanten Unterschiede zwischen den Geburtsgewichten nachgewiesen werden. Darüber hinaus gab es keine signifikanten geschlechtsspezifischen Gewichtsunterschiede in beiden Systemen.

Die Ergebnisse zeigen, daß der Unterschied der geschätzten Mittelwerte der Geburtsgewichte zwischen den Haltungssystemen, der 17.8 % beträgt, als gering eigestuft werden kann. Die Geburtsgewichte der Leistungsrassetiere im intensiven System lagen nur geringfügig über den Werten, die für die Kreuzungstiere ermittelt wurden.

Die Höhe der Geburtsgewichte im traditionellen System weisen auf ein ausreichendes Futterangebot während der Trächtigkeit, die hauptsächlich in der Freilandhaltungsphase liegt, hin. Die Geburtsgewichte der Mukotaferkel in den traditionellen Systemen waren in allen Untersuchungsregionen deutlich geringer als die der Kreuzungsferkel, was auf mögliche Kombinationseffekte zurückgeführt weren kann. Mit Ausnahme der Geburtsgewichte der Mukotaferkel in Chivi lagen die Geburtsgewichte deutlich über den Werten, die Holness (1974) für die Mukotarasse bei mittlerem und gutem Fütterungsniveau mit 0.7 bzw. 0.8 kg pro Ferkel ermitteln konnte. Dieser Sachverhalt weist auf die große genetische Variation der Mukotarasse hin und zeigt die gute Angepaßtheit der Sauen an das traditionelle Haltungssystem. Als mögliche Erklärung der saisonalen Geburtsgewichtsunterschiede wurden die verschiedenen Klimabedingungen in der pränatalen Entwicklungsphase herangezogen. Es ist jedoch darauf hinzuweisen, daß sich in den verschiedenen Systemen zusätzliche regionale und betriebsbedingte Einflußfaktoren auf die Höhe der Geburtsgewichte auswirken können, die in dieser Analyse nicht berücksichtigt werden konnten. Die ermittelten Geburtsgewichte bestätigen außerdem die von Holness (1973) beschriebene gute Reproduktionsleistung der züchterisch kaum bearbeiteten Lokalrassesauen und sind sicherlich ein Grund für die unter Punkt 5.2.2.3 beschriebene relativ geringe Aufzuchtverlustrate.

5.3.4.2 Einflußfaktoren auf das Wachstums

Fixe Effekte: Die Ergebnisse der Varianzanalyse in der Übersichtstabelle 5.15 zeigen in allen Abschnitten von 30 bis 270 Tagen hochsignifikante ($p \leq 0.001$) Unterschiede zwischen den Tiergewichten in den verschiedenen Haltungssystemen und den Rinderbesitzklassen auf. Der Effekt der Betriebsgröße war mit Ausnahme des Gewichtes bei 270 Tagen bzw. bei 60 Tagen signifikant ($p \leq 0.05$) und für alle anderen Gewichtsmerkmale hochsignifikant ($p \leq 0.001$). Es konnten keine signifikanten geschlechtsbedingten Gewichtsunterschiede nachgewiesen werden.

Die ermittelten Gewichte von Geburt bis zum 9. Monat und der prozentuale Unterschied zwischen den Systemen ist in Abbildung 5.6 dargestellt.

Abbildung 5.7: Gewichtsentwicklung der Schweine in den kleinbäuerlichen Produktionssystemen

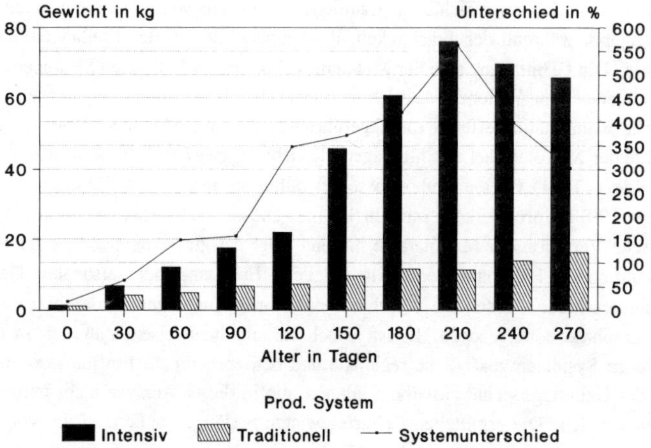

Quelle: eigene Erhebungen

Die Abbildung zeigt für die Gewichte bis zum 120. Tag, daß im intensiven System nur 1.5-fach höhere Leistungen als im extensiven System erzielt werden. Die Unterschiede steigen nach dem 120. Tag auf 550 % bis zum Alter von 210 Tagen an. In den intensiven Systemen ist die deutliche Unterteilung in eine Aufzucht- und Vormastphase, die bis zum Alter von 120 Tagen dauert, und eine Endmastphase erkennbar. Die höchsten Gewichte in den intensiven Systemen werden nach 210 Tagen erreicht. Die niedrigeren Gewichte bei 240 und 270 Tagen können auf den Verkauf schwerer Tiere zum früheren Zeitpunkt zurückgeführt werden.

Die Abbildung verdeutlicht, daß im traditionellen System keine Wachstumsphase mit besonders hohen Zuwächsen existiert. Die Gewichte zeigen einen niedrigen, fast linearen Anstieg. Dies kommt besonders durch die Lebenstagzunahme zum Ausdruck, die z.B. bei 120, 180 und 270 Tagen entsprechende Werte von 61.7 g, 64.5 g bzw. 60.6 g ergeben.

Einfluß von Region und Rasse innerhalb System: Für die **intensiven** Haltungssysteme wurden mit Ausnahme der Gewichte bei 120 und 270 Tagen signifikante ($p \leq 0.05$) bis hochsignifikante Unterschiede ($p \leq 0.001$) zwischen den Gewichten für den kombinierten Effekt aus Rasse und Region festgestellt. Die regions- und rassebedingten Gewichtsunterschiede im **intensiven System** werden anhand der LSQ-Mittelwerte für die einzelnen Gewichtsabschnitte in Abbildung 5.8 dargestellt.

Abbildung 5.8: Gewichte der verschiedenen Rassen in den intensiven Systemen von Mangwende und Chivi

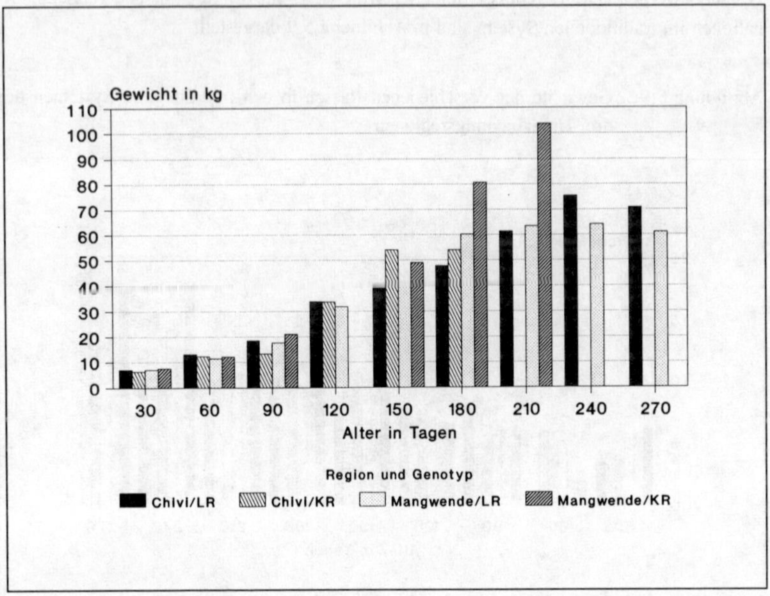

Quelle: eigene Erhebungen

Die Abbildung zeigt, daß die Gewichtsunterschiede zwischen den beiden Rassen innerhalb der Regionen mit zunehmenden Alter ansteigen. Für die Altersgruppen zwischen 90 und 210 Tagen konnten diese Unterschiede in beiden Regionen unter Anwendung des Scheffé-Tests statistisch ($p \leq 0.05$) abgesichert werden. Die Auswirkungen von Managementunterschieden lassen sich als entscheidender Faktor auf die bessere Mastleistung der Kreuzungstiere in den beiden Regionen nicht ausschließen, da die Mehrzahl dieser Tiere von den Betrieben mit dem besserem Produktionsmanagement produziert wurden.

Für Mangwende deuten die geringen Unterschiede der Gewichte der Leistungsrassen zwischen den Altersgruppen 180 bis 270 Tagen auf den Verkaufszeitpunkt von schweren Tieren nach Erreichung des Alters von 180 Tagen hin und zeigen Intensitätsunterschiede der Produktion auf. Die in Chivi zunehmenden Gewichte bis zum Altersabschnitt bei 240 Tagen geben einen Hinweis auf die niedrigere Produktionsintensität und den späteren Verkaufszeitpunkt der Schweine.

Der Einfluß von Region und Rasse innerhalb des **traditionellen** Systems konnte nur während der Aufzuchtphase bei 30 und 60 Tagen mit $p \leq 0.01$ und $p \leq 0.05$ statistisch abgesichert werden. Die Ergebnisse der LSQ-Mittelwerte für die Region- und Rassekombinationen im traditionellen System sind in Abbildung 5.9 dargestellt.

Abbildung 5.9: Gewichte der verschiedenen Rassen in den traditionellen Systemen der drei Untersuchungsregionen

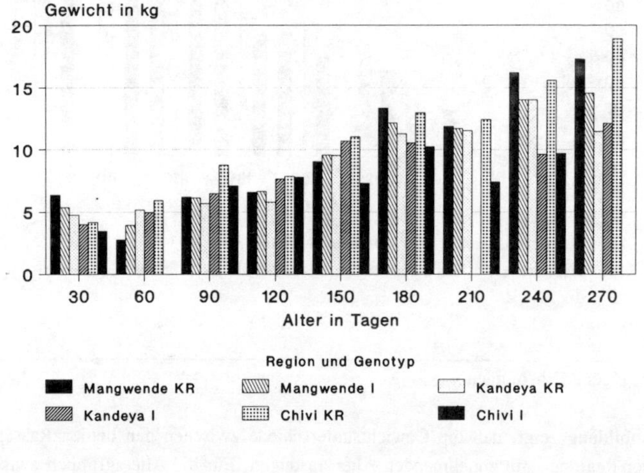

Quelle: eigene Erhebungen

Die in Abbildung 5.9 dargestellten Gewichte der Kreuzungstiere liegen in allen Abschnitten in Chivi und mit Ausnahme der Gewichte bei 30 und 180 Tagen in Mangwende über den Gewichten der Mukotatiere. Die höchsten Gewichte für die Kreuzungs- und Mukotatiere wurden in Mangwende beim Alter von 270 Tagen mit 22.6 bzw.

17.3 kg ermittelt. In Kandeya wurde das höchste Gewicht bei den Kreuzungstieren nach 240 Tagen mit 14.0 kg und bei den Mukotatieren nach 270 Tagen mit 12.1 kg erzielt. Die niedrigste Wachstumsleistung im traditionellen System wurde in Chivi bei den Mukotatieren mit 9.7 kg nach 240 Tagen erreicht. Allerdings stellt der Gewichtswert der Kreuzungstiere in dieser Region mit 18.9 kg nach 270 Tagen den zweithöchsten ermittelten Gewichtswert im traditionellen System dar. Mit Ausnahmen einiger Werte zeigt die Abbildung die Überlegenheit der Kreuzungstiere bei den meisten Gewichtswerten in allen Regionen.

Einfluß der Wurfsaison: Der Einfluß der Wurfsaison auf die Gewichtsentwicklung war mit Ausnahme der Gewichte bei 90 und 180 Tagen im intensiven System hochsignifikant ($p \leq 0.001$). Die Schätzkonstanten, die die Abweichungen vom Gesamtmittel der verschiedenen Gewichtsmerkmale darstellen, werden für den Wachstumsabschnitt 30 bis 210 Tagen in Abhängigkeit von den Wurfsaisonklassen im **intensiven Haltungssystem** in Abbildung 5.10 gezeigt.

Abbildung 5.10: Wachstum in Abhängigkeit von der Wurfsaison im intensiven System

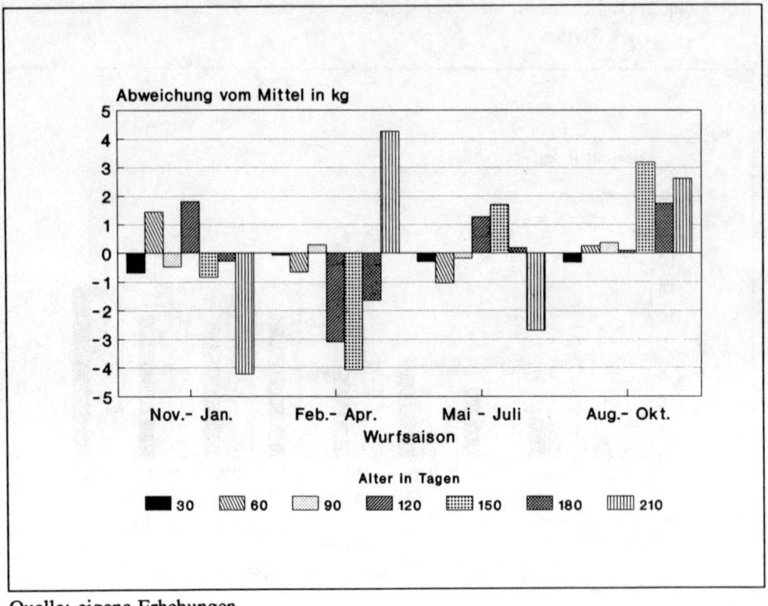

Quelle: eigene Erhebungen

In den negativen Abweichungen vom Gesamtmittel, für die in der Saisonklasse Februar bis April geborenen Ferkel, die im Alter zwischen 120 und 180 Tage auftraten, kann der Einfluß der Wintermonate (Mai bis August) auf die Gewichtsentwicklung gesehen werden. Die unterdurchschnittliche Gewichtsentwicklung bis zum Alter von 90 Tagen von Tieren, die zwischen Mai und Juli geboren wurden, belegen diesen Trend. Insgesamt deuten die mit Ausnahme des 30-Tagegewichtes durchweg positiven Schätzkonstanten für die Schweine, die zwischen August und Oktober geboren wurden, auf günstigere Wachstumsbedingungen während der Regenzeit im Sommer hin.

Der Effekt der Wurfsaison in den **traditionellen Produktionssystemen** konnte statistisch bei keinem Gewichtsmerkmal abgesichert werden. Die Darstellung dieses Effektes in folgender Abbildung ermöglicht jedoch einen Einblick in den jährlichen Produktionsablauf in diesem Haltungssystem. Dabei zeigt sich, daß die Gewichtsentwicklung neben den vermuteten klimatischen Einflüssen zusätzlich auf den Einfluß der Dauer der Stallhaltungsphase, die ihrerseits vom Verlauf und der Länge der Anbausaison bestimmt wird, zurückgeführt werden kann.

Abbildung 5.11: Wachstum in Abhängigkeit von der Wurfsaison im traditionellen System

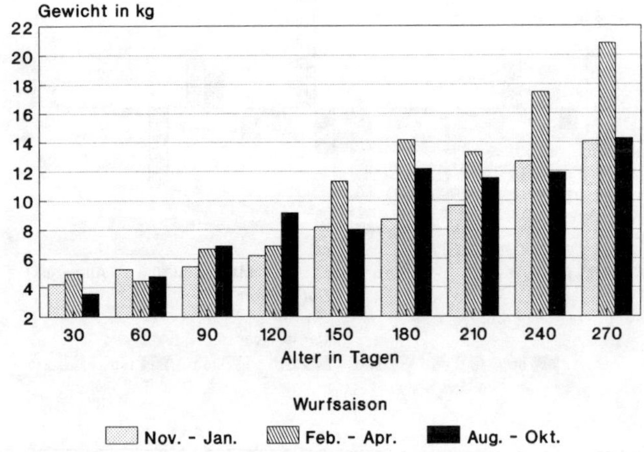

Quelle: eigene Erhebungen

In dieser Abbildung wird deutlich, daß die Schweine, die in der Endphase der Regenzeit zwischen Februar und April geboren wurden, am Ende des Betrachtungszeitraumes ein um 32 % höheres Gewicht aufwiesen, als jene, die zwischen August und Januar geboren wurden.

Der Zusammenhang zwischen möglichen klimatischen Einflußfaktoren und dem Wachstum der Tiere im traditionellen Haltungssystem wird beispielhaft anhand der unterschiedlichen Wachstumsentwicklungen in Abhängigkeit vom Geburtstermin erläutert.

Nimmt man z.B. den Monat März als möglichen Geburtsmonat für die in dieser Wurfsaison geborenen Ferkel, so deutet der schwache Gewichtsrückgang zwischen dem 30- und 60-Tagegewicht (April und Mai) auf das Zusammentreffen des natürlichen Absetzens der Ferkel und die gleichzeitige Umstellung auf die Freilandhaltung hin. Ein starker Zuwachs von 2.2 kg ergibt sich in den ersten Wochen der Freilandhaltung bis zum Alter von 90 Tagen (Mai bis Juni). Zwischen 120 und 180 Tagen fällt ein kräftiger Anstieg des Gewichtes um 39 % auf, der in der Periode August bis Oktober stattfindet, die durch stark ansteigende Temperaturen gekennzeichnet ist. Der Gewichtsanstieg führt zu einem 270-Tagegewicht von 20.81 kg (siehe Anhangstabelle 4c), wobei die Schweine sich in der Übergangsphase von Freiland- zu Stallhaltung befinden. Die Abbildung 5.11 macht die deutlich bessere Entwicklung der Tiere aus dieser Wurfsaison deutlich.

Aus dem Verlauf der Gewichtsentwicklung der Tiere, die in der Stallhaltungsphase zwischen November und Januar geboren wurden, wird die geringe Gewichtsveränderung zum Alter von 120 Tagen deutlich. Unter der Annahme, daß die Ferkel im Dezember geboren wurden, deutet der große Gewichtsanstieg von 25 % auf den Übergang zur Freilandhaltung hin. Die dann nur wenig höheren Gewichte bei 180 und 210 Tage können auf den Einfluß der kalten Wintermonate zurückgeführt werden. Gegen Ende der kalten Jahreszeit (August) reagieren die Tiere mit einem erhöhten Gewichtsanstieg (23 %) und erreichen ein Gewicht von 14.0 kg nach 270 Tagen.

Betrachtet man den Wachstumsverlauf der Tiere, die zwischen August und Oktober geboren wurden, so zeigt sich die deutlich bessere Entwicklung der Gewichte bis zum Alter von 120 Tagen, das mit 9.15 kg um 25 % über dem der in den andern Wurfsaisonklassen geborenen Ferkel liegt. Dieses hohe Gewicht ist wahrscheinlich auf die den Ferkeln von Beginn an vertraute Umwelt während der Freihaltungsphase mit der besseren Futtergrundlage sowie den günstigeren Klima- und Hygienebedingungen zurückzuführen. Ein zusätzlicher Einflußfaktor ist in diesem Zusammenhang der regional- und betriebsspezifisch unterschiedliche Zeitpunkt der Aufstallung. Das deutlich über dem Gewicht bei 150 Tagen liegende Gewicht bei 180 Tagen kann auf die Übergangsphase zur Freilandhaltung nach ca. 6 Monaten zurückgeführt werden.

Einfluß der Interaktion Haltungssystem x Betriebsgröße: Aus der Interaktion Haltungssystem x Betriebsgröße konnte für die Gewichtsabschnitte von 30 bis 270 Tage statistisch gesicherte signifikante ($p \leq 0.05$) bis hochsignifikante ($p \leq 0.01$) Unterschiede zwischen den Systemen und Betriebsgrößenklassen nachgewiesen werden. Zur Untersuchung der Beziehung zwischen Betriebsgröße und Haltungssystem wird der Wachstumsverlauf für diesen Effekt anhand der LSQ-Mittelwerte in Abbildung 5.12 für das **intensive System** aufgezeigt.

Abbildung 5.12: Betriebsgröße und Gewichtsentwicklung im intensiven System

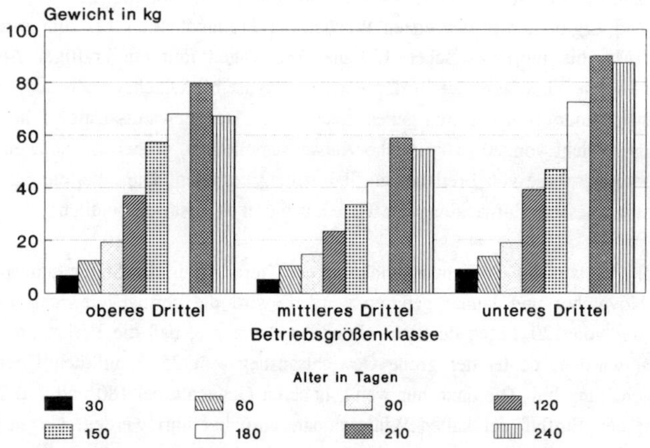

Quelle: eigene Erhebungen

Die erzielten Gewichte in den verschiedenen Betriebsgrößenklassen deuten auf eine schlechtere Gewichtsentwicklung der Tiere, die in den Betrieben mit durchschnittlicher Flächenausstattung standen, hin. Durch die geringe Produktionsintensität erzielen die Schweine in diesen Betrieben niedrigere Endgewichte, die in die Marktkategorie der

Porker[21] fallen. Die besseren Gewichtsverläufe in den beiden anderen Betriebsgrößenkategorien weisen auf eine höhere Produktionsintensität in diesen Betrieben hin. Die Schweine in diesen Betrieben erreichen um ca. 20 kg höhere Gewichte bei 210 Tagen und fallen somit in die Marktkategorie für Baconer[22], für die höhere Preise gezahlt werden. Die höheren Gewichte in den kleineren Betrieben, die den Werten der Durchschnittsbetriebe - und während der Mastendphase, den Werten der großen Betriebe - überlegen sind, deuten auf eine bessere Produktionsplanung, besseres Management und einen hohen Veredlungsanteil von Erzeugnissen der Pflanzenproduktion hin. In der folgenden Abbildung wird die Beziehung zwischen den Betriebsgrößen und dem Gewichtsverlauf für die **traditionellen Produktionssysteme** dargestellt.

Abbildung 5.13: Betriebsgröße und Gewichtsentwicklung im traditionellen System

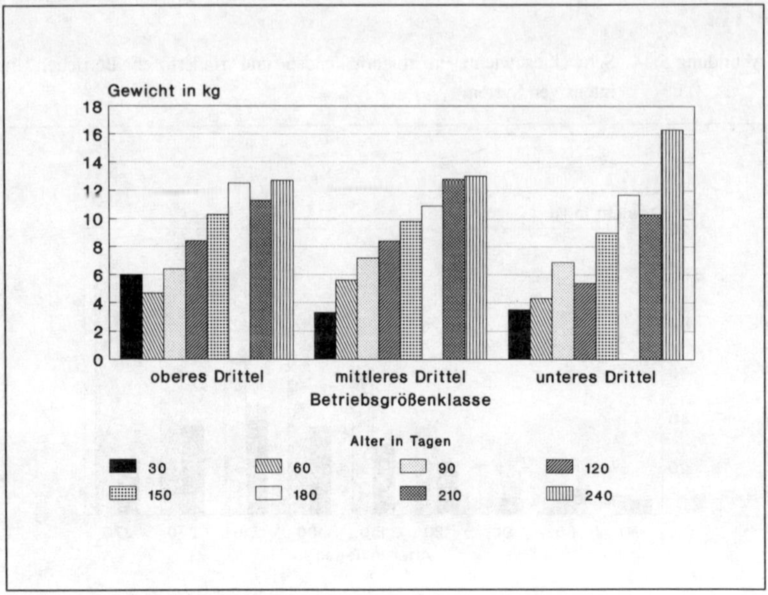

Quelle: eigene Erhebungen

---

21) Die Erzeugung von Porker, deren Schlachtgewichte zwischen 25 kg und 55.0 kg liegen dürfen, stellt ein Frühmastverfahren dar. Die als Porker klassifizierten Tiere dürfen bei 80%iger Ausschlachtung bis zu Lebendgewichten von 30 kg bis 69 kg gemästet werden.

22) Die Baconermast ist ein Intensivmastverfahren, bei dem die Schlachtgewichte der Tiere zwischen 55.5 kg und 72.0 kg liegen müssen. Dazu müssen bei 80%iger Ausschlachtung die Mastendgewichte im Bereich zwischen 70 kg bis 90 kg liegen.

Der in Abbildung 5.13 dargestellte Gewichtsverlauf von Schweinen in unterschiedlichen Betriebsgrößenklassen im traditionellen System weist keine signifikante Beeinflußung des Gewichtes durch die Betriebsgröße auf. Die Gewichte in der Betriebsgrößenklasse des unteren Drittels zeigen im Vergleich zu den beiden anderen Betriebsgrößenklassen eine größere Heterogenität der Gewichte auf, die auf größere Unterschiede im Haltungssystem und größere Schwankungen in der Futterverfügbarkeit hindeuten.

Einfluß der Interaktion Haltungssystem x Rinderhaltung: Für die Interaktion Haltungssystem x Rinderbesitz konnten hochsignifikante ($p \leq 0.01$) Unterschiede für den Gewichtsverlauf nachgewiesen werden.

In den folgenden Abbildungen werden die LSQ-Werte der Gewichtsmerkmale für Betriebe mit und ohne Rinderhaltung der verschiedenen Produktionssysteme dargestellt.

Abbildung 5.14: Schweinegewichte in rinderhaltenden und rinderlosen Betrieben im intensiven System

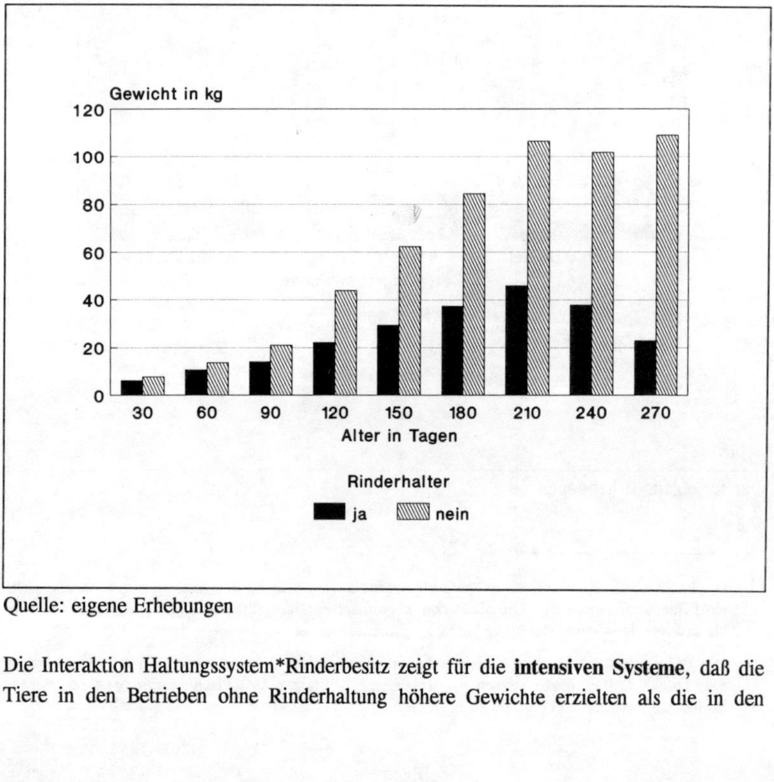

Quelle: eigene Erhebungen

Die Interaktion Haltungssystem*Rinderbesitz zeigt für die **intensiven Systeme**, daß die Tiere in den Betrieben ohne Rinderhaltung höhere Gewichte erzielten als die in den

Betrieben mit Rinderhaltung. Dies deutet auf eine wesentlich hohere Produktionsintensität in der Schweinehaltung in den Betrieben ohne Rinder hin, wobei aus der Gewichtsentwicklung und der Höhe der Gewichte im Alter von 210 Tagen die unterschiedlichen Produktionsziele deutlich werden. Die Schweine aus den Betrieben ohne Rinder werden überwiegend als Baconer und die aus den Betrieben mit Rinder werden überwiegend als Porker verkauft. Die geringeren Gewichte, die nach 210 Tagen erzielt wurden, zeigen den Verkauf schwerer Tiere zum früheren Zeitpunkt an und deuten auf Intensitätsunterschiede hin. Die Kategorie des Rinderbesitzes als sozio-ökonomisches Stratifizierungskriterium, das die bessere Ressourcenausstattung der Betriebe im Modell repräsentieren soll, hat für die intensiven Systeme keine Bedeutung, da es keine Rückschlüsse auf die tatsächliche Kapitalverfügbarkeit, z.B. für Futterzukauf, ermöglicht. Insgesamt zeigt die Diskrepanz zwischen den hier dargestellten Gewichten in den verschiedenen Altersklassen der beiden Betriebskategorien das Potential für Verbesserungen der intensiven Produktionssysteme auf.

Abbildung 5.15: Schweinegewichte in rinderhaltenden und rinderlosen Betrieben im traditionellen System

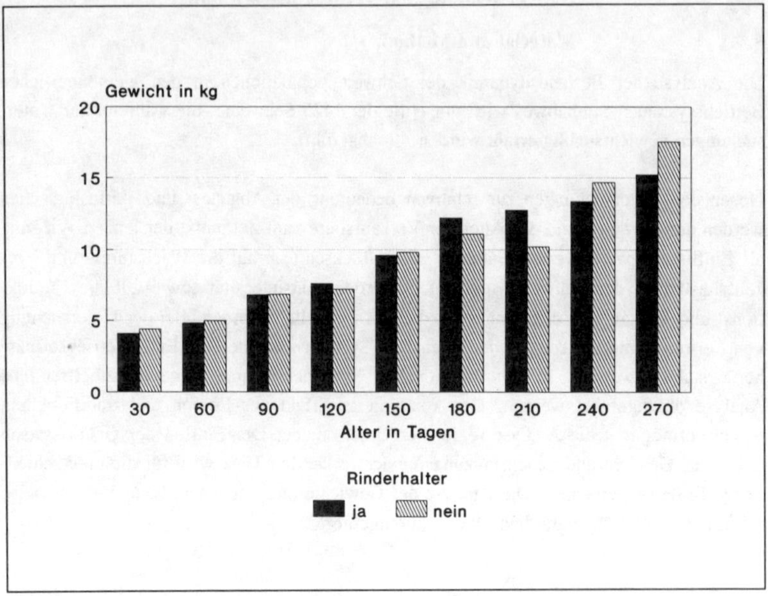

Quelle: eigene Erhebungen

Für die Gewichte der Schweine in den **traditionellen Systemen** zeigen sich nur geringe Unterschiede vor allem bis zum Alter von 180 Tagen zwischen den rinderhaltenden und rinderlosen Betrieb. Die Schweine in rinderbesitzenden Betrieben weisen im Alter von 210 Tagen ein um 20 % höheres Gewicht auf. Demgegenüber konnten die Schweine in den Betrieben ohne Rinder ein um 15 % über den Gewichten der Schweine aus den rinderbesitzenden Betrieben liegendes 270-Tagegewicht erreichen.

Einfluß der Interaktion Haltungssystem x Geschlecht: In keinem Altersabschnitt konnte ein linearer Einfluß des Geschlechtes der Tiere auf das Gewicht nachgewiesen werden. Nur in der Interaktion aus Haltungssystem * Geschlecht konnte ein signifikanter Einluß auf das Gewicht bei 240 und 270 Tagen mit $p \leq 0.01$ bzw. $p \leq 0.05$ festgestellt werden. Bei 240 Tagen wird dieser Effekt durch ein höheres Gewicht der weiblichen Schweine im traditionellen System (+ 2.12 kg) und leichteren weiblichen Schweine im intensiven System (-4.38 kg) hervorgerufen. Diese Wechselbeziehung ist vermutlich durch die frühzeitige Entnahme von schwereren männlichen Schweinen im traditionellen System zu erklären.

5.4 Die Verwendung und Verluste der Schweine

5.4.1 Material und Methode

Die Analyse der Bestandsdynamik der Schweinepopulationen in den kleinbäuerlichen Betriebssystemen Simbabwes wird mit Hilfe der 1425 Schweine, die während der Untersuchungen gewichtsmäßig erfaßt wurden, durchgeführt.

Neben den Untersuchungen zur relativen Bedeutung der Abgangs- und Verlustursachen werden die Gewichte und das Alter der Verkaufstiere zum Zeitpunkt der letzten Wiegung als Einflußursache bewertet. Dadurch sollen Rückschlüsse auf die Wachstums- und Verkaufsleistungen der Schweine und auf die Produktionsintensität sowie auf die Produktions- und Verkaufsentscheidungen der Bauern ermöglicht werden. Bei der Untersuchung von Leistungsunterschieden in den intensiven Systemen konnten die Einzelbetriebseffekte berücksichtigt werden. In den traditionellen Systemen konnte keine einzelbetriebliche Analyse durchgeführt werden. Der kombinierte Effekt aus Region und traditionellem System ermöglicht die Analyse regionaler Unterschiede. Der Einfluß der Geburtssaison auf Alter, Gewicht und Lebenstagzunahme der verkauften Tiere wird für die unterschiedlichen Systeme berechnet. Die Analyse der Gewichte und des Alters beim Verkauf wird mit folgendem mathematischen Modell durchgeführt.

Modell 4: Alters- und Gewichtsanalyse bei Verkauf und Verlust

$$Y_{\mathbf{hbk}} = \mu + HS_{\mathbf{h}} + FCR_{\mathbf{(bh)}} + WS_{\mathbf{(kh)}} + e_{\mathbf{hbk}}$$

Hierbei bedeuten:

$Y_{(hbk)}$ = Beobachtungswert des Einzeltiers

μ = Gesamtmittel der Stichprobe

HS_h = Fixer Effekt des Haltungssystems (h = 1, 2)

$FCR_{(bh)}$ = Kombinierter Effekt der Einzelbetriebe mit intensivem und aller Betriebe mit traditionellem System der verschiedenen Regionen (b = 1,..,9)

$WS_{(kh)}$ = Fixer Effekt der Wurfsaison (k = 1,..,4) inneralb Haltungssystem

e_{hbk} = Zufallsfehler.

Zusätzlich wurde mit diesem Modell das Gewicht der verendeten Tiere untersucht, um die betriebs- und systembedingte verlorene Lebendmasse zu ermitteln. Um Ausagen über das zeitliche Auftreten der Verluste machen zu können, werden die Verlustraten in monatlichen Abständen für das erste Jahr sowie die darüber hinaus auftretenden Verluste berechnet. Aus diesen Daten wird die kumulierte Überlebensrate abgeleitet. Die Verlustrate in Abhängigkeit von der Wurfsaison soll einen Einblick in die jahreszeitlichen Schwankungen der Verlusthäufigkeiten geben. Darüber hinaus werden die von den Bauern berichteten Verlustursachen zusammengefaßt.

5.4.2 Untersuchungsergebnisse

Die Tabelle 5.18 gibt Auskunft über den prozentualen Anteil der Abgänge und Abgangsursachen sowie über den proportionalen Anteil der erfaßten und im Bestand verbliebenen Schweine in den drei Untersuchungsregionen und verschiedenen Haltungssystemen.

Tabelle 5.18: Verwendung, Verluste und Restbestand der gewichtsmäßig erfaßten Schweine in den Produktionssystemen und Regionen

Region	Haltungs-system	Gesamt N	Ver-käufe (%)	Eigen-konsum (%)	Ge-schenke (%)	Ver-luste (%)	Unbe-kannt (%)	Restbe-stand (%)
Mang-wende	Intensiv	573	48.6	2.6	--	13.2	0.8	34.5
	Extensiv	197	10.6	11.1	1.5	40.6	9.6	26.4
Kandeya	Extensiv	214	11.2	8.8	2.8	39.7	22.9	14.5
Chivi	Intensiv	382	52.1	7.6	0.5	10.7	---	29.1
	Extensiv	59	13.5	8.4	5.8	37.2	23.7	11.8
GESAMT	Intensiv	955	50.0	4.6	0.2	12.2	0.5	32.4
	Extensiv	470	11.2	9.7	2.5	39.7	17.4	19.5
GESAMT		1425	37.2	6.3	0.9	21.3	6.1	28.7

Quelle: eigene Erhebung

Die Schweineproduktion dient sowohl im intensiven als auch im traditionellen Haltungssystem hauptsächlich der Erwirtschaftung von Einkommen, da die Nutzung durch Verkauf den relativ den größten Umfang der Nutzungsalternativen einnahm. Es bestanden nur geringfügige regionale Unterschiede zwischen dem Anteil der Verkäufe in beiden Produktionssystemen.

5.4.2.1 Verkaufsalter, Verkaufsgewicht und Lebenstagzunahme

Für alle verkauften Tiere wurden Alter und Gewicht sowie die Lebenstagzunahme bis zum Zeitpunkt der letzten Wiegung vor dem Verkauf mit dem mathematischen Modell 4 analysiert. Die Ergebnisse der Varianzanalyse sind in Tabelle 5.19 zusammengefaßt.

Tabelle 5.19: Ergebnisse der Varianzanalyse des Alters, Gewichtes und der Lebenstagzunahmen der Schweine bis zum Zeitpunkt des Verkaufes

		Alter	Gewicht	LTZ
Varianzursache	FG	F-Wert	F-Wert	F-Wert
Haltungssystem	1	0.628	157.832***	216.687***
Betriebe in den Regionen im				
intensiven System	8	21.226***	107.527***	117.088***
extensiven System	2	52.231***	4.972**	0.152
Wurfsaisoneffekte im				
intensiven System	3	1.997	6.210***	16.611***
extensiven System	2	16.697***	0.755	2.270
R^2		0.386	0.751	0.789

Quelle: eigene Erhebungen

Zwischen den Haltungssystemen konnten keine signifikanten Unterschiede für das analysierte Verkaufsalter nachgewiesen werden. Erwartungsgemäß bestanden jedoch hochsignifikante Unterschiede hinsichtlich des Verkaufsgewichtes und der Lebenstagzunahme zwischen den beiden Systemen. Die LSQ-Mittelwerte aus Tabelle 5.20 zeigen, daß das Verkaufsgewicht der Schweine aus der intensiven Haltung bei gleichem Alter um mehr als 3 mal schwerer ist, als jenes aus extensiver Haltung

Die heterogenen Produktionsstrukturen zwischen den Betrieben mit **intensivem Produktionsverfahren** zeigen sich in dem statistisch hochsignifikant ($p \leq 0.001$) abzusichernden Effekt bei allen drei Merkmalen. Diese Unterschiede können von den verschiedenen Produktionsrichtungen (Porker-, Baconermast) und den unterschiedlichen Haltungsintensitäten, die besonders in den Werten der Lebenstagzunahme zum Ausdruck kommen, abgeleitet werden. So liegt z.B. die Lebenstagzunahme der besten Betriebe in Mangwende und Chivi um das 2.55- bzw. 2.66-fache über den Werten, die für die schlechtesten Betriebe ermittelt wurde.

Signifikante Unterschiede zwischen den drei Untersuchungsregionen konnten für das Alter und Gewicht der verkauften Tiere in den **traditionellen Haltungssystemen** nachgewiesen werden. Besonders auffällig ist dabei allerdings, daß sich Verkaufsalter und Verkaufsgewicht proportional zur agrarökologischen Zone verhalten. Die Werte der Mastdauer und des Mastendgewichtes liegen in Mangwende, der Zone mit höchsten Landnutzungspotential, deutlich über den Werten von Chivi. Dieser Zusammenhang kann als Indikator für die unterschiedliche Futterverfügbarkeit in den traditionellen Produktionssystemen der verschiedenen Regionen gesehen werden.

Die **Wurfsaison** wirkt sich im **intensivem System** hochsignifikant auf Verkaufsgewicht und Lebenstagzunahme aus. Die Lebenstagzunahmen und Verkaufsgewichte der Tiere im **intensiven Haltungssystem**, die zwischen August und Januar geboren wurden sind größer als die der Tiere, die zwischen Februar und Juli geboren wurden.

Im **traditionellen System** bestehen hochsignifikante Beziehungen zwischen **Wurfsaison** und Verkaufsalter. Ein Einfluß der Wurfsaison auf das Verkaufsgewicht und die Lebenstagzunahme konnte statistisch nicht abgesichert werden. Der Zusammenhang zwischen Futterverfügbarkeit und Verkaufzeitpunkt gibt Hinweise auf die rationalen Überlegungen der Bauern bei der Bestimmung des Verkaufszeitpunktes. Der Einfluß der Wurfsaison auf Verkaufsalter, Gewicht und Lebenstagzunahme zeigt, daß die Tiere, die zwischen November und Januar geboren wurden, nach 190 Tagen mit einem Gewicht von nur 9.35 kg verkauft wurden. Anhand der Lebenstagzunahme von nur 55.4 Gramm zeigt sich die geringe Wachstumsintensität für diese Tiere, die überwiegend in den Ställen oder Pferchen gehalten wurden. Die zwischen Februar und April geborenen Tiere hatten die längste Wachstumsphase von 230 Tagen. Ihr Verkaufszeitpunkt war etwa der Beginn der Aufstallungsphase. Diese Tiere erzielten die höchsten Gewichte von 16.62 kg und ihre Lebenstagzunahme betrug 76.5 g. Die während der Trockenzeit, zwischen August und Oktober, geborenen Tiere wurden schon mit 118 Tagen bei einem Gewicht von 11.69 kg verkauft. Der Verkaufszeitpunkt lag in den ersten Monaten der Stallhaltungsphase. Diese Tiere hatten gegenüber den Tieren, die zwischen Februar und April bzw. November bis Januar geboren wurden eine um 21 % bzw 67 % höher liegende Lebenstagzunahme von 92.7 g. Dieser Sachverhalt kann mit einer guten Jugendentwicklung, die in Freilandhaltung stattfindet, und ausreichenden Futterressourcen während der beginnenden Stallhaltungsphase in Zusammenhang gebracht werden.

Tabelle 5.20: LSQ-Mittelwerte von Alter und Gewicht zum Zeitpunkt der letzten Wiegung vor dem Verkauf und die daraus abgeleiteten Lebenstagzunahmen

Variable		Verkaufs-alter		Verkaufs-gewicht		Lebenstag-zunahme	
Varianzursache	n	LSQX (Tage)	±SE	LSQX (kg)	±SE	LSQX (g)	±SE
Gesamtmittel	484	183.25	4.55	26.85	1.15	149.3	5.05
Haltungssytem							
Intensiv	430	186.85	4.47	41.34	1.13	223.7	4.96
Extensiv	54	179.64	7.92	12.35	2.00	74.8	8.80
Betriebe im intensiven System in den Regionen							
Mangwende: 1	153	197.56	4.51	78.53	1.14	397.2	5.01
2	83	144.81	5.70	37.25	1.44	258.2	6.33
3	4	119.38	25.80	16.70	6.54	155.3	28.67
Chivi: 1	26	235.91	10.52	43.96	2.66	183.4	11.69
2	91	146.78	5.43	48.72	1.37	330.4	6.03
3	18	252.51	12.87	40.01	3.26	154.5	14.29
4	27	177.96	10.14	39.83	2.57	227.3	11.27
5	17	177.21	12.84	22.71	3.25	124.0	14.26
6	11	229.58	16.00	44.33	4.26	182.8	18.67
Betriebe im traditionellen Systeme in den Regionen							
Mangwende	22	291.89	12.18	21.07	3.25	77.0	13.53
Kandeya	24	169.61	11.30	10.94	2.86	68.7	12.56
Chivi	8	77.42	19.06	5.05	4.83	78.9	21.18
Wurfsaison im intensiven System							
November - Januar	120	190.35	6.10	43.49	1.54	232.0	6.78
Februar - April	112	196.41	6.68	38.79	1.69	191.1	7.43
Mai - Juli	50	172.82	8.70	37.79	2.20	228.2	9.66
August - Oktober	148	187.84	5.33	45.29	1.35	243.4	5.92
Wurfsaison im traditionellen System							
November - Januar	21	190.14	12.45	9.35	3.15	55.4	13.83
Februar - April	9	230.16	16.62	16.02	4.21	76.5	18.46
August - Oktober	24	118.61	12.58	11.69	3.19	92.7	13.97

Quelle: eigene Berechnungen

5.4.2.2 Subsistenz und traditionelle Nutzungsformen

Eigenverbrauch und lokale Fleischvermarktung: Die Werte in Tabelle 5.18 zeigen, daß von den Bauern 6.3 % aller produzierten Schweine geschlachtet wurden. Die deutlichen Unterschiede zwischen dem Anteil der Hausschlachtungen in den intensiven Systemen der beiden Regionen, die mit 7.8 % in Chivi um 5 % über den Werten von Mangwende lag, zeigt die Bedeutung des Schweinefleischverzehrs in den Haushalten und in der näheren Umgebung dieser Betriebe, da in der Regel ein Teil des Fleisches verkauft oder gegen Futtermittel eingetauscht wurde. Die Hausschlachtungen in Mangwende wurden nur von zwei Betrieben vorgenommen und waren nicht ausschließlich zur Eigenversorgung der Haushalte bestimmt, da ein überwiegender Teil des Fleisches im nahegelegenen Township vermarktet wurde.

Aus dem hohen Anteil der Hausschlachtungen der Betriebe mit traditionellem Haltungssystem können drei wichtige Funktionen der Schweinehaltung abgeleitet werden, die in der Versorgung der Haushalte, der Bewirtung von Gästen bei größeren traditionellen Familienfeieren und der lokalen Fleischvermarktung liegen. Bei der Fleischvermarktung wird ein Teil des Fleisches von Schlachtungen, die ohne besonderen Anlässe vorgenommen werden, von den Bauern an Nachbarn verkauft oder gegen Ernteprodukte, für die teilweise Kredit bis zur nächsten Ernte gewährt wird, getauscht. Die schnelle Verwertung des Fleisches ist notwendig, da keine Kenntnisse über die Weiterverarbeitung bestehen und sich nicht alle Teilstücke zur Biltongherstellung[23] eignen.

Anhand der Alters- und Gewichtsbestimmungen der Tiere können Unterschiede zwischen den Regionen und Produktionssystemen für die Hausschlachtungen aufgezeigt werden. Das Alter und Gewicht zum Zeitpunkt der letzten Wiegung, wird als Annäherungswert für Endgewicht und Schlachtalter genutzt. Die Rohmittelwerte für das durchschnittliche Alter und Gewichte sowie die Summe der dabei angefallenen Lebendmasse in den Haltungssystemen und Regionen ist in Tabelle 5.21 dargestellt.

Die Tabelle zeigt, daß im intensiven und traditionellen System das mittlere Schlachtalter bei 157 bzw. 258 Tagen liegt. Die Variation des Schlachtalters in beiden Systemen ist beträchtlich mit entsprechenden Standardabweichungen von 56.6 und 128.9 Tagen. Auch die Schlachtgewichte weisen eine hohe Variation auf. Die Entscheidung, ein Tier zu schlachten, dürfte somit nicht vom Gewicht des zu schlachtenden Tieres abhängen, sondern vom jeweiligen Fleischbedarf.

---

23) Die Herstellung von Biltong ist die einzige traditionelle Konservierungsform von Fleisch. Dabei wird das Fleisch, das manchmal auch vorgekocht wird, eingesalzen und an schattigen Plätzen (unter Bäumen) getrocknet. Die Lagerung erfolgt unter dem Dach des Küchenhauses über der Feuerstelle.

Tabelle 5.21: Rohmittelwerte von Schlachtalter und -gewichten sowie die verwertete Lebendmasse in verschiedenen Altersabschnitten

Haltungs-system	Altersab-abschnitt	n	Alter (Tage) $\bar{x}$	$\pm s$	Gewicht (kg) $\bar{x}$	$\pm s$	Gesamt (kg)
Intensiv	0 - 120	13	91.2	16.6	12.5	8.4	162.6
	121 - 240	24	165.0	22.8	34.0	25.7	815.9
	241 - 360	7	252.8	9.7	21.7	6.1	152.4
Intensiv	Gesamt	44	157.1	56.6	25.7	21.7	1130.9
Traditionell	0 - 120	7	76.2	28.2	7.6	3.0	53.7
	121 - 240	15	192.1	34.8	12.9	6.5	194.8
	241 - 360	16	301.2	30.3	18.1	8.2	290.5
	> 360	8	455.6	102.9	29.8	12.2	239.1
Extensiv	Gesamt	46	258.2	128.9	16.9	10.4	778.1
Insgesamt		90	208.8	111.9	21.2	17.4	1909.0

Quelle: eigene Erhebungen

Insgesamt erbrachten die 90 geschlachteten Tiere ein Lebendgewicht bei der letzten Wiegung von 1909.0 kg, was bei einer angenommenen Ausschlachtungsrate von 70 % eine verwertbare Fleischmasse von 1336.3 kg ergibt. Die Verteilung der genutzten Lebendmassen auf die verschiedenen Regionen und Produktionssysteme zeigt Tabelle 5.22.

Tabelle 5.22: Verteilung der geschlachteten Tiere und ermittelte Lebendmasse vor der Schlachtung nach Region und System

	Region					
System	Mangwende		Kandeya		Chivi	
	n	Gewicht (kg)	n	Gewicht (kg)	n	Gewicht (kg)
Intensiv	15	628.9	-	---	29	502.0
Extensiv	22	444.1	19	268.2	5	65.8
Gesamt	37	1073.0	19	268.2	34	567.8

Quelle: eigene Erhebung

Diese Tabelle zeigt, daß in den Betrieben mit intensivem Produktionssystem in Mangwende mit wesentlich weniger Tieren eine deutlich größere Gewichtsmenge erzielt wurde als in den vergleichbaren Betrieben in Chivi. Die durchschnittlichen Schlachtgewichte der Tiere lagen bei 41.9 kg (± 27.62) und 17.3 kg (± 11.4) in Mangwende und Chivi. Der

Anteil des lokal vermarkteten Fleisches der beiden Betriebe in Mangwende liegt aufgrund der größeren Schlachtgewichtsmenge weit über dem der Betriebe in Chivi. Der Verbrauch von Schweinefleisch in den Betrieben mit traditioneller Produktionsweise in Mangwende lag bei 444.1 kg und somit deutlich über den für Kandeya und Chivi ermittelten Werten. Die durchschnittlichen Schlachtgewichte ergaben Werte von 20.2 kg (± 11.9), 14.1 kg (± 8.6) und 13.1 kg (± 5.7) für die entsprechenden Regionen. Insgesamt kann festgestellt werden, daß in Mangwende und Chivi wesentlich mehr Schweinefleisch zum Eigenverbrauch und für die lokale Fleischvermarktung verwendet wurde als in Kandeya.

Die Analyse der monatlichen Verteilung der Schlachtaktivitäten, die in Abbildung 5.16 für die verschiedenen Produktionssysteme dargestellt ist, zeigt, daß 49 % der Schlachtungen im Erntemonat Mai und den Wintermonaten Juni bis August vorgenommen worden sind. Das vermehrte Auftreten der Hausschlachtungen im Mai ist auf die in dieser Zeit häufig stattfindenden traditionellen Erntedankfeste zurückzuführen, bei denen den Gästen selbstgebrautes Bier und Fleisch zum Verkauf angeboten wird. Zusätzlich fallen in diesen Zeitraum noch zwei wichtige öffentliche Feiertage, die von vielen Familienmitgliedern aus den Städten zum Besuch ihrer Familien auf dem Land genutzt werden und zum erhöhten Fleischverbrauch beitragen. Ein weiterer Anstieg ist im Dezember aufgrund der Weihnachts- und Neujahrsfeiertage zu verzeichnen.

Abbildung 5.16: Prozentuale Verteilung der Hausschlachtungen im Jahr

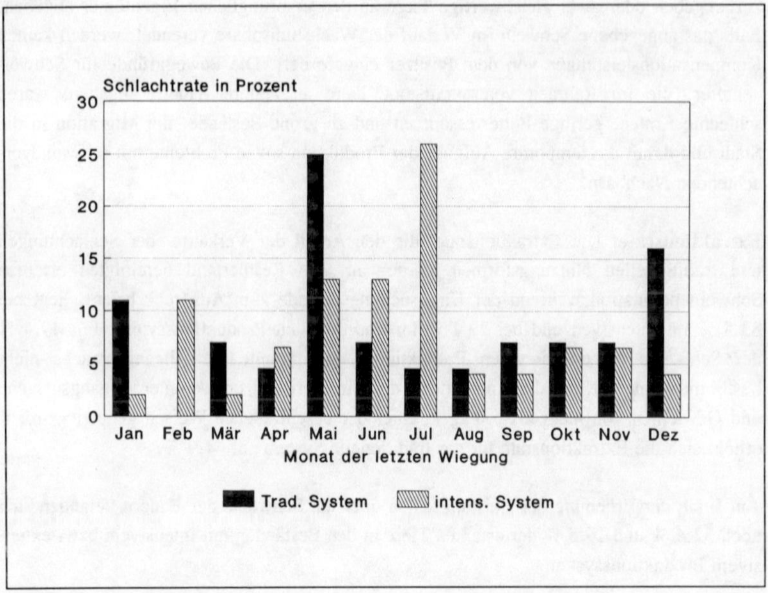

Quelle: eigene Erhebungen

Traditionelle Schweinetransaktionen: In den Angaben über den Anteil der abgegebenen Schweine, der in den Betrieben mit extensivem Haltungssystem 3.6 % betrug, sind zwei traditionelle Formen der Verbreitung der Tierhaltung enthalten. In einigen Fällen wurde der Besitztitel der Schweine an Kinder oder Enkelkinder abgegeben. Dieser als KUEDZA ROPA bekannte Brauch, der bisher nur im Zusammenhang mit kleinen Wiederkäuern bzw. Geflügel beschrieben wurde, soll zeigen, ob die Kinder das nötige Glück bzw. die entsprechende spirituelle Kraft von ihren Ahnen erhalten haben, um sich als erfolgreiche Tierzüchter zu beweisen. Wenn sie diesen Beweis liefern, erhalten sie diese Tiere oder bekommen die Verantwortung für andere, wertvollere Tierarten (Rinder) übertragen (Scoones and Wilson, 1989).

Fast 3 % der Schweine in den traditionellen Systemen wurden an andere Bauern im Rahmen des MBADSERA-Brauches abgegeben, der eine traditionelle Form des Leasings darstellt und zur Verbreiterung und Risikominderung der Tierhaltung beiträgt. Beim MBADSERA geben die Bauern in der Regel ein weibliches und männliches Ferkel nach dem natürlichen Absetzen oder zwei Läufer an einen anderen Bauern zur Aufzucht und Zucht ab. Nach erfolgter Reproduktion müssen die Bauern je nach Abmachung entweder die Sau und den Wurf abzüglich eines männlichen und weiblichen Ferkels an den Besitzer zurückgeben oder zwei gleichwertige Tiere an den ursprünglichen Eigentümer abgeben. Falls das abgegebene Schwein im Verlauf der Wachstumsphase verendet, werden keinen Kompensationsleistungen von dem Besitzer eingefordert. Die Beweggründe für Schweinehalter, die im Rahmen von MBADSERA Tiere an andere Bauern abgaben, waren schlechte Ernten, geringe Futterressourcen und zu große Bestände, die Migration in die Stadt und damit die temporäre Aufgabe der Produktion sowie Probleme mit schweineverachtenden Nachbarn.

Extraktionsrate: Die Extraktionsrate, die den Anteil der Verkäufe, der Schlachtungen und traditionellen Nutzungsformen an der um den Restbestand bereinigten erfaßten Schweinepopulation während der Untersuchungsperiode zum Ausdruck bringt, liegt bei 83.5 % im intensiven und bei 29.1 % im traditionellen Produktionssytem. Für 17.4 % der Schweine im traditionellen Produktionssystem konnte die Abgangsursache nicht bestimmt werden. Unter der Annahme[24], daß die Tiere mit unbekannter Abgangsursache und Gewichten von mehr als 5.0 kg in einer der beschriebenen Weisen genutzt wurden, erhöht sich die Extraktionsrate für das traditionelle System auf 44.9 %.

Am Ende der Erhebung der Leistungsdaten über die Schweine der Bauern befanden sich noch 32.4 % und 19.5 % der erfaßten Tiere in den Beständen mit intensivem bzw. extensivem Produktionssystem.

5.4.2.3 Verluste

Verlustraten: Die Verlustraten, die in Tabelle 5.18 dargestellt sind liegen in den intensiven und traditionellen Systemen bei 12.2 % und 39.7 %. Die Verlustrate im traditionellen System erhöht sich auf 44.4 % unter der Annahme, daß alle Schweine mit unbekannter Abgangsursache, die weniger als 5.0 kg bei der letzten Wiegung gewogen haben, verendet sind.

Die Analyse der Verteilung der Verluste nach Wurfsaison ist in Abbildung 5.17 dargestellt und weist eine nur geringe jahreszeitlich bedingte Variationen der Verlustrate in den Beständen der intensiven Produktionssysteme aus. Jahreszeitliche Unterschiede sind für die Bestände der traditionellen Systeme erkennbar, wobei die Verlustrate der zwischen November und Januar geborenen Ferkel mit 53.3 % deutlich über den Raten der anderen Wurfsaisonklassen lag.

---

24) Vor allem während der Freihaltungsphase konnten die Abgangsursachen vieler Tiere nicht in Erfahrung gebracht werden. Die positiven Auswirkungen der Freilandhaltung auf das Wachstum, die berechneten Gewichte und Alter bei Verlust (vgl. Tabelle 5.25) und die Beobachtungen, daß die Bauern durch Notschlachtungen Verlusten zuvorkommen, führt zu der Annahme, daß Tiere über 5.0 kg Lebendgewicht genutzt werden.

Abbildung 5.17: Verlustrate in Abhängigkeit von der Wurfsaison und dem Haltungssystem

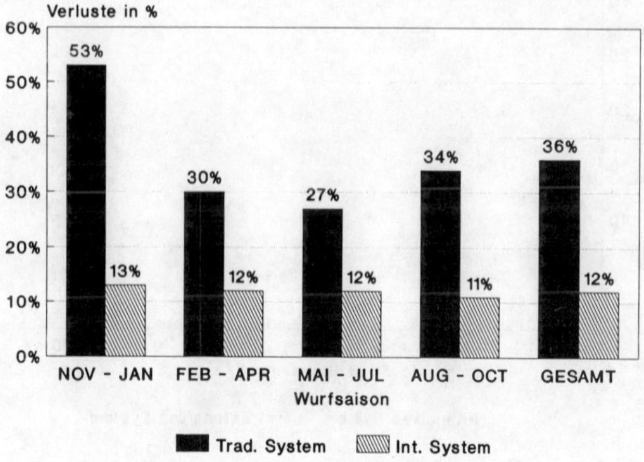

Quelle: eigene Erhebungen

Die Verteilung der Gesamtverluste auf die einzelnen Altersabschnitte zeigt, daß 26 % aller Verluste in den Beständen der Betriebe mit **intensiven Produktionssystemen** während des ersten Lebensmonates auftraten. Die Verlustrate fällt im 2. und 3. Lebensmonat bis auf 15 % ab. Dieser Phase relativ hoher Verluste folgt ein kontinuierliches Abfallen der Verlustrate.

In den **traditionellen Systemen** betrug die Verlustrate im ersten Monat 17.1 % und sank im zweiten Monat auf 13.2 % ab. Die natürliche Absetzphase sowie die schlechten Umwelt- und Fütterungsbedingungen verusachen ein starkes Ansteigen der Verlustrate auf 21.3 % im 3. Lebensmonat. Danach sinkt die Verlustrate auf ein Niveau um 5 % pro Lebensmonat.

Abbildung 5.18: Verlustrate der Schweine in Abhängigkeit von Alter und Haltungssytem

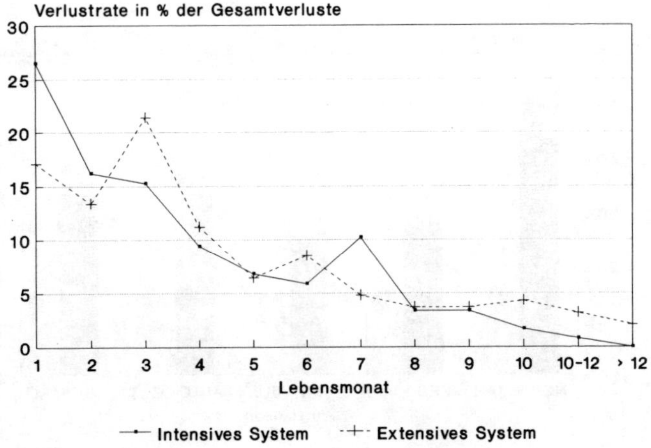

Quelle: eigene Erhebungen

Die kumulierte Überlebensrate der Tiere, die Abbildung 5.19 dargestellt ist, veranschaulicht in besonderer Weise die Auswirkungen der Schweineverluste auf die Bestandsentwicklung während eines Jahres und verdeutlicht die Unterschiede zwischen den Produktionssystemen.

Abbildung 5.29: Kumulierte Überlebensrate der Tiere in den Produktionssystemen

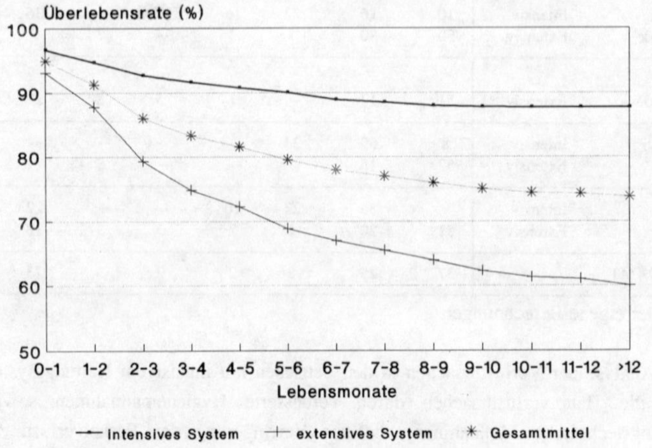

Quelle: eigene Erhebungen

Die gravierenden Systemunterschiede werden in dieser Abbildung deutlich, da z.B. 90 % der Schweine in den intensiven Systemen das Alter von 6 Monaten erreichen, während nur knapp 70 % der Schweine der traditionellen Systeme dieses Alter erzielen. Der weitere Verlauf der Überlebensrate zeigt, daß 88 % der Tiere im intensiven System aber nur 62 % der Tiere im traditionellen System das Alter von einem Jahr erreichen.

Verlustursachen: In Tabelle 5.23 werden die von den Bauern angegebenen Verlustursachen des beschriebenen Tiermaterials für die Regionen und Produktionssysteme dargestellt.

Nach Aussagen der Bauern werden die meisten Verluste durch unzureichende Fütterung und Krankheiten verursacht. Besonders fällt dabei der 9 %ige Anteil der Verluste durch Futtermangel im intensiven System auf. Nach starken Regenfällen treten vor allem Verluste in Ställen ohne ausreichende Überdachung bei kleinen Ferkeln durch Ertrinken auf. Das Töten freilaufender Schweine durch die Besitzer von frisch gesäten Feldern oder durch Hunde war für 8 % aller Verluste im traditionellen Haltungssystem verantwortlich.

Tabelle 5.23: Die Verlustursachen (in %)

Region	Haltungs-system	Futter mangel	Krank-heiten	Er-drückt	starker Regen	Getö-tet	Hunde	ohne Angabe	Gesamt
Mang-wende	Intensiv	10	16	22	16	--	--	36	100
	Extensiv	50	30	3	3	--	7	7	100
Kandeya	Extensiv	51	13	--	1	5	2	28	100
Chivi	Intensiv	8	69	23	--	--	--	--	100
	Extensiv	52	16	--	--	--	8	24	100
	Intensiv	9	36	23	10	--	--	22	100
	Extensiv	51	20	1	2	3	5	18	100
GESAMT		37	25	8	2	2	3	23	100

Quelle: eigene Berechnungen

Die Analyse der Verlustursachen in den Betrieben mit intensivem Haltungssystem zeigt, daß die Hauptverlusursachen durch verbesserte Hygienemaßnahmen sowie durch haltungstechnische Maßnahmen, die zur Verringerung der Ferkelverluste vor dem Absetzen führen, minimiert werden können. Durch verbesserte Fütterung und geeignete Hygienemaßnahmen können die wichtigsten Verlustursachen im traditionellen System verringert werden

Einfluß auf das Gewicht verendeter Tiere: Die Ergebnisse der Varianzanalyse für das Gewicht bei der letzten Wiegung kurz vor dem Verenden sind in Tabelle 5.24 dargestellt. Die geringere Anzahl der Freiheitsgrade für die Betriebseffekte in den intensiven Systemen beim Gewichtsmerkmal liegt in den kleinen Beständen der bäuerlichen Schweineproduzenten in Chivi begründet, die für diese Analyse zu einer Klasse zusammengefaßt werden mußten.

Die Gewichtsunterschiede der verendeten Schweine zwischen den beiden Produktionssystemen sind hochsignifikant ($p \leq 0.01$). Bei der Untersuchung von Betriebseffekten innerhalb des intensiven Systems konnten hochsignifikante Unterschiede nachgewiesen werden. Die Gewichte der verendeten Tiere in den traditionellen Systemen zwischen den Regionen unterscheiden sich nicht signifikant. Der Einfluß der Wurfsaison auf die Gewichte der verendeten Tiere ist sowohl im intensivem als auch im extensiven Haltungssystem statistisch hochsignifikant.

Tabelle 5.24: Ergebnisse der Varianzanalyse des Gewichtes kurz vor Eintritt des Verendens

Variable		Gewicht
Varianzursache	FG	F-Wert
Produktionssystem	1	19.824***
Einzelbetriebe in den intensiven Systemen	5	14.556***
Betriebe in den Regionen mit traditionellem System	2	1.770
Wurfsaisoneffekte innerhalb der		
intensiven Systeme	3	10.703***
extensiven Systeme	2	5.906**
R^2		0.379

Quelle: eigene Berechnungen

Die LSQ-Werte des Verlustgewichtes sowie die errechneten Gesamtverlustmassen sind in Tabelle 5.25 dargestellt. Der geschätzte Mittelwert der Gewichte der verendeten Schweine beträgt im intensiven System 6.55 kg und im extensiven System 4.55 kg. Die unterschiedlichen Gewichtswerte zwischen den Betrieben mit intensivem Haltungssystemen zeigen die Managementunterschiede auf, wobei vorallem ein Betrieb in Mangwende mit durchschnittlichen Verlustgewichten von 12.65 kg auffällt.

Die Gewichtswerte der verendeten Tiere in den traditionellen Systemen zeigen, daß die verendeten Schweine in Kandeya niedrigere Gewichte aufweisen als in Mangwende und Chivi. Die Gewichtswerte der verendeten Tiere in den traditionellen Systemen verhalten sich proportional zu den sich verschlechternden Haltungsbedingungen, die mit dem Beginn der Regenzeit einsetzen.

Die errechneten Gesamtverlustmassen verdeutlichen die Dimensionen der Verluste auf Betriebsebene im intensiven System und regionaler Ebene im extensiven System. Bei einem Lebendgewichtpreis von Z.$ 3.2 im intensiven und Z.$ 2.7 im extensiven Haltungssystem pro kg Lebendgewicht (vgl. Tab. 6.4, S 144) entstehen Verluste von etwa Z.$ 2137.9 und Z.$ 2420.3 in den untersuchten Betrieben mit intensivem und extensivem Haltungssystem. Diese Werte entsprechen in etwa dem Verkauf von 11.0 t und 12.4 t Mais.

Tabbelle 5.25: LSQ-Werte des Gewichtes der verendeten Tiere und die davon abgeleitete Gesamtverlustmasse

Variable			Verlust-gewicht		Gesamt-gewicht
Varianzursache		N	LSQ (kg)	± SE	(kg)
Gesamtmittel		299	5.55	0.22	1659.5
Intensives System		102	6.55	0.33	668.1
Extensives System		197	4.55	0.29	896.4
Betriebe im intensiven System in					
Mangwende	1	20	7.39	0.72	147.8
	2	22	5.82	0.80	127.6
	3	21	12.65	0.84	265.6
Chivi	1	21	4.76	0.83	98.7
	2	12	2.04	0.89	24.6
	6	6	6.64	1.29	39.8
Betriebe im traditionellen System in					
Mangwende		75	4.73	0.36	354.7
Kandeya		97	3.96	0.36	384.1
Chivi		25	4.96	0.63	124.0
Wurfsaison im intensiven System					
November - Januar		26	4.03	0.75	104.8
Februar - April		33	9.20	0.70	303.6
Mai - Juli		23	5.90	0.79	135.7
August - Oktober		20	7.07	0.78	141.4
Wurfsaison im traditionellen System					
November - Januar		110	4.34	0.33	477.4
Februar - April		25	3.59	0.63	89.8
August - Oktober		62	5.73	0.40	355.3

Quelle: eigene Berechnungen

5.5 Auswirkungen von Zucht- und Haltungsmaßnahmen

5.5.1 Zuchtstufentest

Der Aufbau des Versuches und das für diese Analysen zur Verfügung stehende Tiermaterial wurden in Kapitel 2 beschrieben.

5.5.1.1 Methodik der Auswertung

Für die Darstellung der Gewichtsentwicklung stehen 1382 Gewichtsmessungen zur Verfügung. In den traditionellen und intensiven Haltungssystemen wurden 680 bzw. 702 Wiegungen durchgeführt. Die Gewichtsentwicklung wird in 8 Altersabschnitten dargestellt, wobei die Gewichtsmerkmale von 60 bis 240 Tagen in 30-Tage-Intervallen mit der durchschnittlichen täglichen Zunahme aus der jeweils letzten Wiegeperiode berechnet wurden. Die Berechnung des Gewichtes am 270. Tag erfolgte für den Altersbereich zwischen 256 und 300 Tagen.

Als weitere Merkmale wurden die täglichen Zunahmen und die Zuwachsleistung der Tiere nach der Verteilung für die Abschnitte 30, 120 und 210 Tage berechnet. Der Gewichtszuwachs wurde in den Altersbereichen 16 bis 45, 105 bis 135 und 180 bis 230 Tage nach der Verteilung für die entsprechenden Wachstumsperioden mit der durchschnittlichen täglichen Zunahme seit der Verteilung korrigiert. Die Untersuchung des ersten 30 Tageabschnittes soll Erkenntnisse über möglichen Unterschiede in den Anpassungsfähigkeiten der verschiedenen Kreuzungsstufen liefern.

Der Wachstumsverlauf und der Gewichtszuwachs wurden mit Modell 5 analysiert, das den fixen Effekt des Produktionssystems sowie die getesteten Effekte des Genotyps und der Wiegesaison innerhalb der Produktionssysteme berücksichtigt. Die Wiegesaisonklassen, die Rückschlüsse auf den unterschiedlichen Verteilungszeitpunkt ermöglichen, wurden entsprechend den Wurfsaisonklassen definiert, wobei aufgrund der geringen Tierzahl und der erfassungsbedingten Schwierigkeiten die beiden Klassen während der Trockenzeit zu einer Klasse zusammengefaßt werden mußten. Aufgrund des unterschiedlichen Alters der Tiere zum Zeitpunkt der Verteilung wurde das Verteilungsalter als Kovariable bei der Analyse der täglichen Zunahmen und des Gewichtszuwachses in das Modell aufgenommen.

Modell 5: Analyse der Leistungsmerkmale der verteilten Kreuzungstiere

$$\mathbf{Y_{hps}} = \mu + HS_{\mathbf{h}} + GT_{\mathbf{(ph)}} + LWS_{\mathbf{(sh)}} + b(x_{\mathbf{hps}} - \bar{x}) + e_{\mathbf{hps}}$$

Hierbei bedeuten:

$Y_{(hps)}$	= Beobachtungswert des Einzeltiers
μ	= Mittelwert
HS_h	= Fixer Effekt der Haltungssysteme (h=1, 2)
$GT_{(ph)}$	= Fixer Effekt der Genotypen (p = 1,..3) innerhalb Haltungssystem (h)
$LWS_{(sh)}$	= Fixer Effekt der Wiegesaison (s = 1,..3) innerhalb Haltungssystem (h)
e_{hps}	= Restvarianz.

Für die Merkmale Gewichtszuwachs und tägliche Zunahme in den Abschnitten 30, 120 und 210 Tage nach der Verteilung:

$b(x_{hps} - \bar{x})$	= lineare Regression des Merkmals auf das mittlere Verteilungsalter

5.5.1.2 Wachstum

Die varianzanalytische Merkmalsbeeinflussung der systematisierbaren Faktoren ist in folgender Tabelle anhand der Signifikanzniveaus getrennt für die verschiedenen Altersabschnitte zusammenfassend dargestellt. Die vollständigen Ergebnisse der Varianzanalysen und der errechneten LSQ-Mittelwerte befinden sich in den Anhangstabellen 5 und 6.

In Tabelle 5.26, die eine Zusammenfassung der Ergebnisse der Varianzanalyse zeigt, werden die erwarteten hochsignifikanten Unterschiede der Wachstumsleistungen der Kreuzungstiere in den beiden Haltungssystemen bei allen Merkmalen deutlich. Die statistisch absicherbaren fixen Effekte der verschiedenen Genotypen und der Wiegesaison für die innerhalb der Systeme analysierten Gewichte bei 60 und 90 Tagen müssen teilweise auf die unterschiedliche Herkunft der Tiere und den Verteilungsmodus zurückgeführt werden. Im intensiven Haltungssystem wurden hochsignifikante Abweichungen zwischen den genetischen Gruppen und dem Klassenmittelwert für die Gewichtsmerkmale bei 150, 180 und 210 Tagen nachgewiesen, die bei 240 und 270 Tagen signifikant waren. Die Unterschiede in der Gewichtsentwicklung der verschiedenen Kreuzungstiere im traditionellen System konnten statistisch nur bei dem Gewicht von 270 Tagen mit $p \leq 0.05$ abgesichert werden.

Tabelle 5.26: Signifikanzniveaus für die angenommenen Einflußfaktoren auf die Gewichtsentwicklung der verteilten Kreuzungstiere

	Signifikanzniveau							
Alter in Tagen	60	90	120	150	180	210	240	270
Haltungssystem	***	***	***	***	***	**	***	***
Genotypen in den Systemen								
Intensiv	*	*	ns	***	***	***	*	*
Extensiv	**	***	ns	ns	ns	ns	ns	*
Wiegesaison in den Systemen								
Intensiv	***	**	ns	*	***	ns	--	--
Extensiv	***	ns	ns	ns	ns	ns	ns	ns

Quelle: eigene Berechnungen

Unter Anwendung des Scheffé-Tests konnten im intensiven System signifikante Unterschiede ($p \leq 0.05$) ab dem 180. Tag zwischen den Kreuzungstieren mit 75 % Mukotarasseanteil und den beiden anderen Gruppen nachgewiesen werden. Die Gewichtsunterschiede zwischen den Tieren mit 75 % Mukotarasseanteil und den beiden anderen Gruppen konnten auch im traditionellen System bei 210 und 240 Tagen statistisch abgesichert werden.

Den Darstellungen der Gewichtsentwicklung der Schweine mit bekanntem Genotyp, die in den Abbildungen 5.20 und 5.21 für die intensiven und traditionellen Haltungssysteme gezeigt werden, liegen die berechneten LSQ-Mittelwerte (vgl. Anhangstabelle 6) zugrunde.

Abbildung 5.20: Wachstum der Schweine mit bekanntem Genotyp im intensiven System

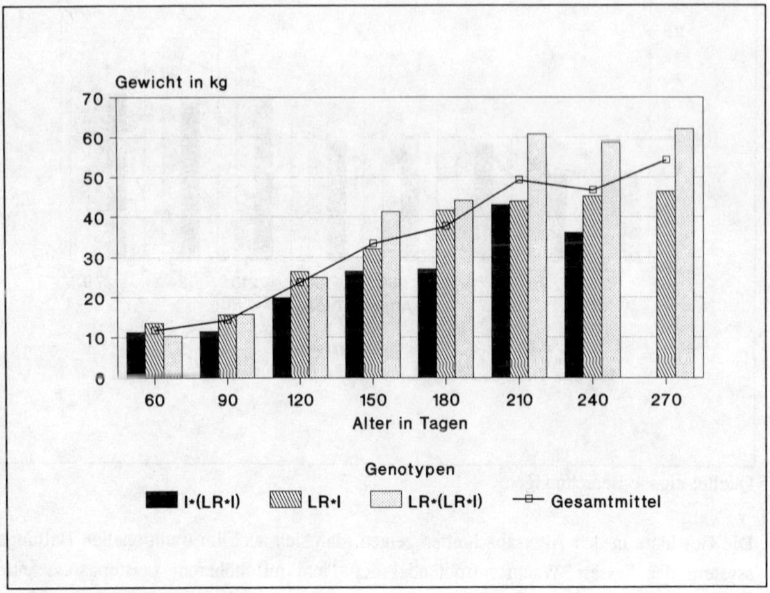

Quelle: eigene Berechnungen

Aus der Darstellung der Gewichte in den verschiedenen Alterstufen ist ersichtlich, daß Tiere mit höherem Leistungsrasseanteil ein höheres Gewichtspotential realisieren. Dies zeigt sich z. B. in den Gewichtsunterschieden zwischen den Tieren mit 25 % und mehr als 75 % Leistungsrasseanteil, die im Alter von 150 Tagen 55 % betragen und bis zum Alter von 240 Tagen auf 62 % ansteigen.

Abbildung 5.21: Wachstum der Schweine mit bekanntem Genotyp im traditionellen System

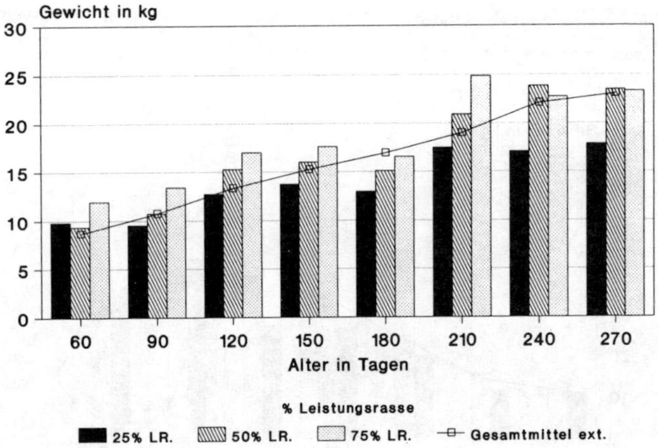

Quelle: eigene Berechnungen

Die Gewichte in den Altersabschnitten zeigen, daß sich auch im traditionellen Haltungsssystem das bessere Wachstumspotential der Tiere mit höherem Leistungsrasseanteil durchsetzen kann. So betragen die Gewichtsunterschiede zwischen den Tieren mit 25 % und 75 % Leistungsrasseanteil im Alter von 210 Tagen 7.28 kg bzw. 49 %. Die Abstände der Gewichte der F_1 - Kreuzungstiere zu den Gewichten der Tiere mit 75 % Leistungsrasseanteil sind deutlich geringer und heben sich ab dem 240 Tagegewicht auf.

5.5.1.3 Gewichtszuwachs

Als Merkmal der Wachstumsleistung der verschiedenen Genotypen nach der Verteilung wird im folgenden der Gewichtszuwachs in drei Wachstumsabschnitten behandelt. Die Ergebnisse der Varianzanalyse der täglichen Zunahmen befinden sich im Tabellenanhang. Eine Übersicht über das Tiermaterial, die Rohmittelwerte, Standardabweichungen sowie die Bereiche der Gewichtszunahmen der Kreuzungstiere in den unterschiedlichen Produktionssystemen zeigt Tabelle 5.27.

Tabelle 5.27: Rohmittelwerte, Standardabweichung und Bereich der Gewichtszunahmen (GZ in kg) der Kreuzungstiere in verschiedenen Wachstumsabschnitten

Merkmal	GZ30					GZ120					GZ210				
	n	$\bar{x}$	± s	min	max	n	$\bar{x}$	± s	min	max	n	$\bar{x}$	± s	min	max
Genotypen im intensiven System															
I*(LR*I)	9	4.04	3.42	-1.62	8.15	8	26.07	11.21	5.37	42.82	3	19.32	9.87	9.32	32.75
LR*I	26	6.37	5.99	-2.37	20.53	12	32.75	11.85	9.79	45.22	--	---	---	---	---
LR*(LR*I)	12	6.99	3.05	3.12	12.81	13	40.23	15.39	9.05	63.11	4	47.77	22.04	16.29	68.68
Genotypen im extensiven System															
I*(LR*I)	14	-0.17	2.38	-3.75	5.64	12	3.68	2.91	0.29	10.53	25	5.13	5.43	-1.52	24.59
LR*I	42	0.13	2.20	-5.00	9.24	33	5.62	8.79	-5.62	36.19	47	10.85	8.92	-1.11	36.43
LR*(LR*I)	27	0.36	2.09	-4.44	4.27	22	4.56	4.87	-4.91	15.79	32	10.65	7.58	-0.18	28.67

Quelle: eigene Berechnungen

Die hohen Standardabweichungen sowie die Minimum- und Maximumwerte der Gewichtszuwachsleistungen verdeutlichen die große Variation des Gewichtszuwachses der verschiedenen Genotypen zwischen den Haltungssystemen innerhalb der beiden Systemklassen. Für die Leistungsabschnitte im intensiven Produktionssystem zeigen die Werte eine deutliche Überlegenheit der Tiere mit 75 %igem Leistungsrasseanteil. Die Mittelwerte im traditionellen System zeigen eine Gewichtsabnahme um 0.170 kg im ersten Monat nach der Verteilung bei den Tieren mit 75 % Mukotarasseanteil. Die durchschnittlichen Zuwachsleistungen sowie die Maximalwerte dieser Kreuzungstiere liegen auch in den beiden anderen Wachstumsabschnitten deutlich unter den Werten der Kreuzungstiere mit mindestens 50 % Leistungsrasseanteil.

Die Ergebnisse der Varianzanalyse des Gewichtszuwachses mit Modell 5 in Tabelle 5.28 zeigen die zu erwartenden signifikanten Systemunterschiede sowie die hochsignifikanten Effekte der Genotypen im intensiven System für den Zuwachs nach 120 und 210 Tage. Im traditionellen System konnten die Unterschiede der Gewichtsleistungen der verschiedenen Kreuzungstiere in den drei Abschnitten statistisch nicht abgesichert werden. Es bestanden in beiden Systemen signifikante Saisoneffekte, die mit den Zeitpunkten der Verteilung der Tiere an die Bauern in engem Zusammenhang stehen. Die lineare Beziehung zwischen dem Verteilungsalter und dem Gewichtszuwachs nach 30 und 210 Tagen konnte statistisch abgesichert werden. Die um diese Effekte korrigierten LSQ-Mittelwerte und Standardfehler zeigt Tabelle 5.29.

Tabelle 5.28: F-Werte für den Gewichtszuwachs von Kreuzungsferkeln in drei Wachstumsperioden nach der Verteilung an die Bauern

Wachstumsabschnitt (Tage)	30		120		210	
Varianzursache	FG	F-Wert	FG	F-Wert	FG	F-Wert
System	1	56.622***	1	59.054***	1	6.164*
Wiegesaison im System						
Intensiv	1	6.900**	1	4.818*	-	-----
Extensiv	1	6.060*	2	2.664	2	9.062***
Zuchtgruppen im System						
Intensiv	2	1.371	2	6.512**	1	22.218***
Extensiv	2	0.235	2	.051	2	0.611
Regression linear: Verteilungsalter	1	4.750*	1	2.551	1	6.996**
R^2		0.660		0.843		0.736

Quelle: eigene Berechnungen

Tabelle 5.29: LSQ-Mittelwerte und Standardfehler für den Gewichtszuwachs (in kg) von Kreuzungsferkeln in drei Abschnitten nach der Verteilung an die Bauern

Merkmal	GZ30			GZ120			GZ210		
Varianzursache	N	LSQX	±SE	N	LSQX	±SE	N	LSQX	±SE
Gesamt	130	2.26	0.41	100	25.83	2.94	111	24.51	1.69
Haltungssysteme									
Intensiv	47	5.32	0.60	33	40.06	3.67	7	30.29	3.26
Extensiv	83	-.79	0.56	67	11.60	3.26	104	18.72	2.43
Zuchtgruppen im intensiven System									
I*(LR*I)	9	3.84	1.20	8	34.13b	5.04	3	16.03	4.73
LR*I	26	5.95	0.73	12	37.73a	3.54	--	---	---
LR*(LR*I)	12	6.16	1.10	13	48.32a	4.60	4	44.55	4.14
Zuchtgruppen im extensiven System									
I*(LR*I)	14	-1.25	1.04	12	11.76	4.32	25	17.39	2.99
LR*I	42	-.49	0.59	33	11.10	3.03	47	18.96	2.43
LR*(LR*I)	27	-.63	0.78	22	11.95	3.80	32	19.82	2.67
Wiegesaison im intensiven System									
Nov. - Jan.	29	7.20	0.75	--	---	---	--	---	---
Feb. - Apr.	--	---	---	30	30.28	2.14	--	---	---
Mai - Okt.	18	3.43	1.09	3	49.84	7.87	--	---	---
Wiegesaison im extensiven System									
Nov. - Jan.	59	1.20	0.61	11	15.29	5.55	22	25.96	4.22
Feb. - Apr.	--	---	---	49	1.71	1.82	7	27.09	4.85
Mai - Okt.	24	-2.79	1.25	7	17.81	6.04	75	3.11	1.61
Regression linear: Verteilungsalter		0.04	0.02		-.145	0.09		-0.186	0.07

Quelle: eigene Berechnungen

Die graphische Darstellung der Merkmale des Gewichtszuwachses der verschiedenen Genotypen in den Produktionssystemen soll die ermittelten Leistungsunterschiede verdeutlichen. Die in dieser Tabelle ersichtlichen großen Saisonunterschiede im traditionellen System können auf den unterschiedlichen Verteilungszeitpunkt zurückgeführt werden. Dabei handelt es sich um Tiere, die zu Beginn der Stallhaltungsphase verteilt wurden und die die meiste Zeit in den Ställen verbrachten. Das Ende der Wachstumsperiode von 210 Tagen liegt in der Übergangsphase von der Stall- zur Freilandhaltung.

Abbildung 5.22: Gewichtszuwachs der verschiedenen Zuchtgruppen im intensiven System

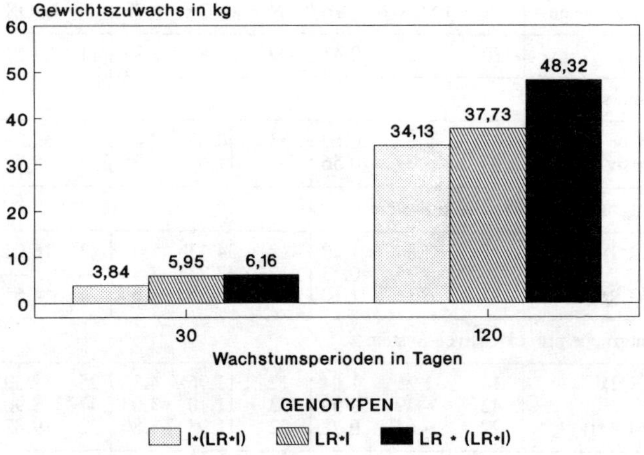

Quelle: eigene Berechnungen

Die Unterschiede im Gewichtszuwachs in den ersten 30 Tagen nach der Verteilung zwischen der Gruppe mit 25 % und derjenigen mit 50 % bzw. 75 % Leistungsrasseanteil lagen bei 54.9 % und 60.4 %. Diese Unterschiede konnten jedoch statistisch nicht abgesichert werden. Signifikante Unterschiede ($p \leq 0.05$) konnten zwischen der Gruppe mit 25 %igem Leistungsrasseanteil und den beiden Gruppen mit 50 % und 75 % Leistungsrasseanteil nach 120 Tagen festgestellt werden. Die prozentualen Unterschiede zwischen den entsprechenden Gruppen lagen bei 10 % und 41 %. Die täglichen Zunahmen (vgl. Anhangstabellen 7 und 8), die mit dem Varianzanalysemodell 5 berechneten wurden, wobei auf die keine Korrektur des Verteilungsalters vorgenommen wurde, lagen in diesem Wachstumsabschnitt für die Tiere mit mehr als 75 % Leistungsrasseanteil bei 375 g. Für die genetischen Gruppen mit 50 % und 25 % Leistungsrasseanteil ergaben sich tägliche Zunahmen von 292 g bzw. 256 g.

Abbildung 5.23: Gewichtszuwachs der verschiedenen Zuchtgruppen im traditionellen System

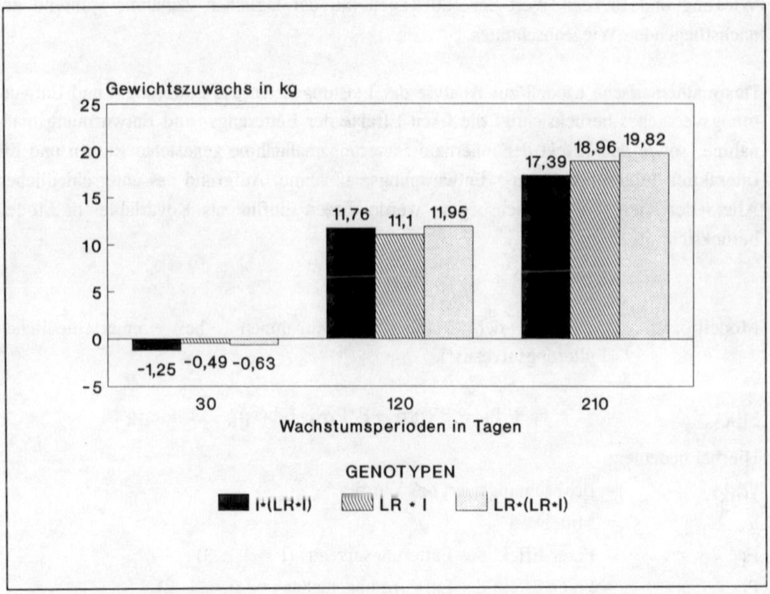

Quelle: eigene Berechnungen

Im extensiven System konnten keine signifikanten Unterschiede zwischen den verschiedenen Genotypen in den drei untersuchten Abschnitten nachgewiesen werden. Die Gewichtszuwachsdifferenzen zwischen den verschiedenen Genotypen nach 120 und 210 Aufzuchttagen in den traditionellen Systemen betragen nach 120 Tagen zwischen den Tieren mit 25 % und 75 % Leistungsrasseanteil 7.6 %. Diese Differenz stieg bei 210 Tagen auf 13.9 % an. Die berechneten täglichen Zunahmen der Tiere mit 25 %, 50 % und 75 % Leistungsrasseanteil ergaben entsprechende Werte von 55 g, 65 g bzw. 67 g (vgl. Anhangstabellen 7 und 8).

5.5.2 Fütterungs- und Hygienemaßnahmen

Der Versuchsaufbau und die Vorgehensweise wurden in Kapitel 2 beschrieben.

5.5.2.1 Methodik der Auswertung

Die Wachstumsleistung wurde auf Wurfebene für die Merkmale tägliche Zunahme und Gewichtszuwachs für drei Wachstumsabschnitte vom 35. bis zum 120. Lebenstag analysiert. Die Gewichtskorrektur für die Berechnung der Gewichtszunahme der Einzeltiere erfolgte für das 35-Tagegewicht, mit der Lebenstagzunahme bis zum Zeitpunkt der ersten Wiegung und für den Wert bei 120 Tagen mit der täglichen Zunahme während des nächstliegenden Wiegeabschnittes.

Das mathematische Modell zur Analyse der Leistungsdaten des Fütterungs- und Entwurmungsversuches berücksichtigt die fixen Effekte der Fütterungs- und Entwurmungsmaßnahme, sowie den Effekt der innerhalb Fütterungsmaßnahme genesteten Rassen und die Interaktion Fütterungsniveau * Entwurmungsmaßnahme. Aufgrund des unterschiedlichen Alters der Tiere bei Versuchsbeginn wurde dieser Einfluß als Kovariable im Modell berücksichtigt.

Modell 6: Analyse der täglichen Zunahmen bei unterschiedlichen Fütterungsniveaus:

$$y_{ijk} = \mu + F_i + P_j + BR_{(ki)} + F{*}P_{(ij)} + b(x_{ijk} - \bar{x}) + e_{ijk}$$

Hierbei bedeuten:

$y_{(ijk)}$ = Beobachtungswert des Wurfes

μ = Mittelwert

F_i = Fixer Effekt des Fütterungsniveaus (i = 1,..,3)

P_j = Fixer Effekt der Entwurmungsmaßnahme (j = 1, 2)

$BR_{(ki)}$ = Effekt der Rasse (k = 1,..,3) innerhalb des i-ten Fütterungsniveaus

$F{*}P_{(ij)}$ = Effekt der Interaktion Fütterungsniveau (i) * Entwurmungsmaßnahme (j)

$b(x_{ijk} - \bar{x})$ = lineare Regression des Merkmals auf das mittlere Alter bei Versuchsbeginn

e_{ijk} = Restvarianz

5.5.2.2 Gewichtszuwachs und tägliche Zunahmen

Die Ergebnisse der Varianzanalyse des Gewichtszuwachses und der täglichen Zunahme bei unterschiedlichem Fütterungsniveau und durchgeführter Hygienemaßnahme in traditionellen Produktionssystemen, die in Tabelle 5.30 zusammengefaßt sind, zeigen den hochsignifikanten ($p \leq 0.001$) Einfluß des Fütterungsniveaus für beide Merkmale. Alle anderen angenommenen Effekte und Einflüsse auf die Wachstumsleistung konnten statistisch nicht abgesichert werden, trugen aber zur Erhöhung des R^2 - Wertes bei.

Tabelle 5.30: Ergebnisse der Varianzanalyse des Gewichtszuwachses und der täglichen Zunahme zwischen 35 und 120 Tagen bei unterschiedlichem Fütterungsniveau

Merkmal		Gewichts- zuwachs	tägliche Zunahme
Varianzursache	FG	F-Wert	F-Wert
Fütterungsniveau	2	31.745***	45.036***
Parasitenbehandlung	1	1.088	0.946
Rassen innerhalb Fütterungsniveau			
trad. + 50%	1	0.281	1.322
trad + 100%	1	0.869	0.630
Interaktion Fütterungsniveau * Parasitenbehandlung	2	1.221	2.255
Regression linaer: Alter bei Versuchsbeginn	1	1.570	1.181
R^2		0.81	0.86

Quelle: eigene Berechnungen nach Daten von Scherf (1990)

In Tabelle 5.30 sind die LSQ-Mittelwerte für die untersuchten Einflußfaktoren der Merkmale Gewichtszuwachs und tägliche Zunahmen im Wachstumsabschnitt 35 bis 120 Tage dargestellt. Die Unterschiede zwischen den berechneten LSQ-Mittelwerten der beiden Merkmale in den drei Fütterungsintensitätsstufen konnten statistisch mit $p \leq 0.05$ abgesichert werden. Es konnte ein 2.2- und 3.8-facher Anstieg des Gewichtszuwachses bei 50 %iger und 100 %iger Zufütterung nach Bedarf gegenüber dem traditionellen Fütterungssystem festgestellt werden. Die Gewichtssteigerung zwischen diesen beiden Zufütterungsniveaus beträgt 72 %. Die durchschnittlichen täglichen Zunahmen liegen in den beiden Zufütterungsniveaus um 203 % bzw. 362 % über den Werten der traditionellen Fütterung. Zwischen den beiden Fütterungsmaßnahmen betragen die Unterschiede 78 %. In Abbildung 5.22 wird der Einfluß des Fütterungsniveaus auf die beschriebenen Merkmale graphisch dargestellt.

Tabelle 5.31: LSQ-Mittelwerte des Gewichtszuwachses und der täglichen Zunahme im Abschnitt zwischen 35 und 120 Tagen bei unterschiedlichem Fütterungsniveau

		Gewichtszuwachs		tägliche Zunahme	
Varianzursache	N	LSQX (kg)	±SE	LSQX (g)	±SE
Gesamtmittel	26	11.32	0.67	131	6
Fütterungsniveau					
trad. (F_T)	8	4.80a	1.28	59a	12
trad. + 50 % (F_{50})	9	10.68b	1.16	120b	11
trad. + 100 % (F_{100})	9	18.47c	1.14	214c	11
Parasitenbehandlung					
ohne (P_o)	14	10.60	0.90	125	8
mit (P_m)	12	12.04	1.01	138	9
Rassen innerhalb Fütterungsniveau					
traditionelle Fütterung:					
LR*I	8	4.80	1.28	59	12
50% Zufütterung:					
I	4	10.03	1.83	106	17
LR*I	5	11.33	1.52	133	14
100% Zufütterung:					
I	4	17.41	1.68	206	16
LR*I	5	19.53	1.53	223	14
Interaktion Fütterungsniveau * Parasitenbehandlung					
$F_t * P_o$	5	4.97	1.55	62	14
$F_t * P_m$	3	4.63	1.97	57	19
$F_{50} * P_o$	5	10.55	1.54	124	14
$F_{50} * P_m$	4	10.82	1.79	116	17
$F_{100} * P_o$	4	16.28	1.69	189	16
$F_{100} * P_{m2}$	5	20.67	1.52	240	14
Regression linear Alter bei Versuchsbeginn		0.05	0.04	0.48	0.44

Quelle: eigene Berechnungen nach Daten von Scherf (1990)

Abbildung 5.24: Gewichtszuwachs bei verschiedenen Fütterungsniveaus im traditionellen System

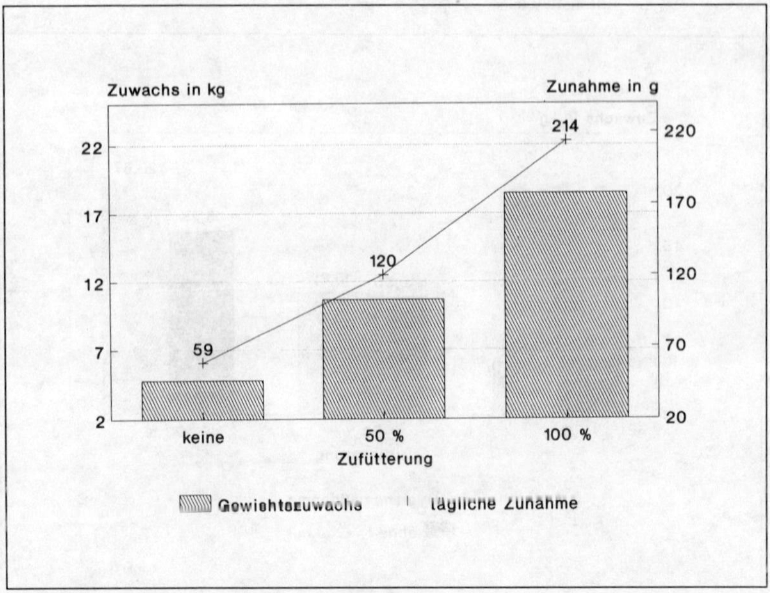

Eigene Berechnungen nach Daten von Scherf (1990)

Die Unterschiede bei 50-und 100 %iger Zufütterung zwischen den vorhandenen Mukota- und Mukotakreuzungstieren betragen 12 % bzw. 13 % und können statistisch nicht abgesichert werden. Die Behandlung gegen Endoparasiten ergab nur eine geringe Verbesserung der Gewichtszunahme bei traditioneller und 50 %iger Zufütterung. Allerdings zeigte sich ein um 27 % verbesserter Gewichtszuwachs und eine 24 % höhere tägliche Zunahme bei behandelten Tieren mit bedarfsgerechter Fütterung gegenüber den unbehandelten Tieren der gleichen Gruppe.

Die Wechselbeziehungen zwischen Fütterungsniveau und Hygienemaßnahme ist in Abbildung 5.25 für das Merkmal Gewichtszuwachs dargestellt.

Abbildung 5.25: Auswirkung von Antihelminthika auf den Gewichtszuwachs der Schweine im traditionellen System bei verschiedenen Fütterungsintensitäten

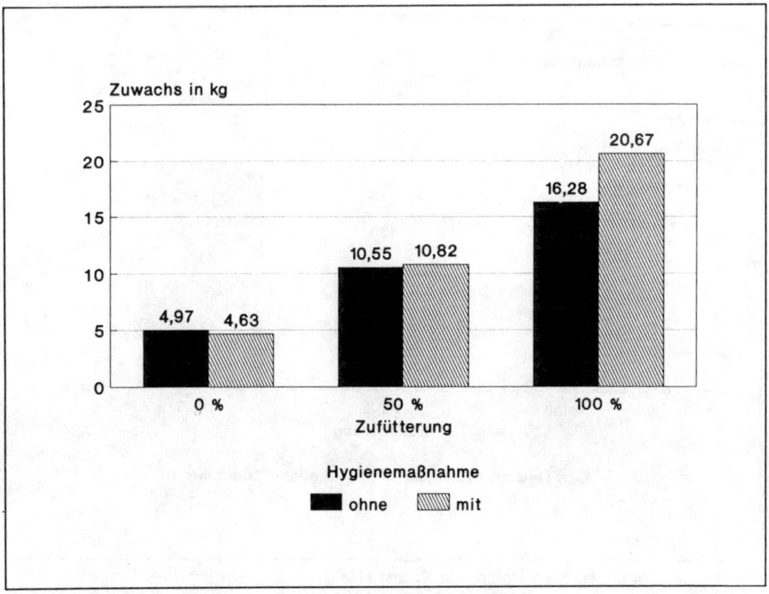

Quelle: eigene Berechnungen nach Daten von Scherf (1990)

6. Die wirtschaftlichen Aspekte der Schweineproduktion

Die Wirtschaftlichkeit der Schweineproduktion ist außer von der Produktionsintensität und der Kostenstruktur vor allem von den realisierbaren Preisen abhängig. Die Preise stehen im engen Zusammenhang mit den unterschiedlichen Vermarktungswegen und -aktivitäten der Bauern. Die Ergebnisse in Kapitel 5 zeigen für die traditionellen Systeme der Untersuchungsstandorte eine einheitliche, relativ geringe Produktionsintensität an, während in den Betrieben mit intensivem Haltungssystem deutliche Unterschiede bezüglich der Produktionsintensitäten und Produktionsziele festgestellt werden konnten. Die Ursachen dieser Intensitätsunterschiede sind teilweise auf den Einfluß der Vermarktung zurückzuführen. Zur Ermittlung der Preise für die betriebswirtschaftlichen Analysen ist deshalb eine eingehende Betrachtung der Vermarktungssituation der Bauern erforderlich.

Zur Bestimmung der Preise und Marktleistungen für die Schweine werden die Klassifizierungs- und Vermarktungsergebnisse von 295 geschlachtet vermarkteten Tieren aus den Betrieben in Mangwende als Fallbeispiel für die Totvermarktung in den Betrieben mit intensiven Produktionssystemen benutzt.

Zur Beurteilung der Bedeutung der lokalen Fleischvermarktung sowie als zusätzliche Preisinformationen konnten Angaben über Erfahrungen der Bauern in Mangwende, die zu Beginn der Untersuchungen größere Mengen an Schweinefleisch im nahegelegenen Township verkauften und derzeit noch ihre Altsauen auf diesem Wege direkt vermarkten, genutzt werden. Schweinefleischpreise in Chivi wurden in einer Fleischerei erhoben, die zeitweise Schweinefleisch aus eigener Erzeugung im Angebot hat.

Zur Bestimmung der Höhe der loco-Hof-Schweinepreise für alle extensiven Systeme sowie für das intensive System in Chivi standen die Verkaufsergebnisse von 42 gewichtsmäßig erfaßten Tieren zur Verfügung. Von diesen Tieren wurden die erzielten Durchschnittspreise pro Kilogramm Lebendgewicht mit dem Gewicht der letzten Wiegung vor dem Verkauf abgeleitet.

Die betriebswirtschaftliche Analyse der Schweinehaltung wird anhand von Deckungsbeitrags- und Betriebszweigabrechnungen für die Jahresleistung einer Muttersau vorgenommen. Um Betriebsunterschiede im traditionellen Produktionssystem aufzuzeigen, wurden Deckungs- und Gewinnbeiträge anhand des Lebendgewichtes der jährlich genutzten Schweine in den Betrieben errechnet. Zur Unterscheidung der Nutzungsintensitäten wurden auf regionaler Ebene, ausgehend vom Mittel der Gewichte der genutzten Schweine bei der letzten Wiegung, drei Betriebsklassen gebildet. Zur Abschätzung der Kosten wurden Fütterungsintensitäten für diese drei Betriebsklassen in Anlehnung an ihre durchschnittlichen Getreideernteergebnisse aus den zwei Anbauperioden während des Untersuchungszeitraumes bestimmt.

Partielle Deckungsbeiträge werden für die getesteten Verbesserungsmaßnahmen errechnet. Bei den Berechnungen für die extensiven Schweinehaltungsverfahren in den drei Regionen werden aufgrund nicht signifikanter Unterschiede zwischen den traditionellen Systemen bei fast allen Leistungsmerkmalen (vgl. Kap.5) sowie nur geringer Unterschiede bei den erhobenen Kosten für Schweinekraal- bzw. Stallbau sowie für das Schroten des Getreides für alle Regionen einheitliche Kostenstrukturen unterstellt. Die systematische Erfassung und genaue Bestimmung der Futtermengen und -kosten sowie des täglichen Arbeitseinsatzes konnte im Rahmen dieser Untersuchungen nicht realisiert werden, so daß diese Werte für die Berechnungen festgelegt werden mußten. Bei der Festlegung dieser Werte wurden die während der Untersuchungen auf den Betrieben gemachten Beobachtungen sowie zufällig erhobene Daten von Einzelbetrieben berücksichtigt.

In den Betrieben mit intensivem Haltungssystem werden die Betriebszweigabrechnungen anhand einer Planungsrechnung für die vorhandenen Totvermarktungsergebnisse und errechneten Durchschnittswerte vorgenommen. Dabei werden für die Erfolgsrechnungen ermittelte Werte aus verschiedenen Einzelbetrieben herangezogen oder Durchschnittswerte von Berechnungen des Pig Industry Boards übernommen, da die Aufwandsintensitätsunterschiede zwischen den Betrieben und die Schwankungen innerhalb der Betriebe, die vor allem bei der Fütterung auftraten, quantitativ nicht genau erfaßt werden konnten. Die aus diesen Quellen abgeleiteten und sonstigen erhobenen Produktionskosten werden im Zusammenhang mit den durchgeführten Berechnungen näher erläutert.

6.1 Die Vermarktung der Schweine

6.1.1 Vermarktung über COLCOM

Die Betriebe mit intensiven Produktionssystemen vermarkten fast alle Schweine über die COLCOM-Vermarktungskooperative an den Schlachthöfen in Harare und Masvingo. COLCOM, die nach Schlachtleistungen abrechnet und Preis und Liefergarantien für Mitglieder vergibt, nahm bis Mai 1987 auch Schweine von Nichtmitgliedern zu einem um ca. 20 % geringeren Preis an. Aufgrund von Absatzproblemen für Schweinefleisch und Wurstwaren wurde zwischen Juni 1987 und März 1988 die Abnahme von Schweinen aus Nichtmitgliedsbetrieben verweigert und die Aufnahme neuer Mitglieder bis zum Ende des Jahres 1987 ausgesetzt. Die Vermarktung der Schweine von Bauern, die keine Quote besitzen und nicht erfüllte Quoten von Mitgliedsbetrieben für die Vermarktung ihrer Schweine benutzten, wird durch Sanktionen gegen diese Mitglieder unterbunden. Da in dieser Zeit keiner der untersuchten Betriebe die Mitgliedschaft besaß und keine anderweitigen Liefermöglichkeiten bestanden, kam es zu erheblichen Vermarktungsschwierigkeiten, die durch Lokalvermarktungsaktivitäten nur teilweise gelöst werden konnten. Diese Absatzprobleme führten zu Liquiditätsschwierigkeiten in den Betrieben und zur Reduktion der Produktionsintensität, da das notwendige Geld für die Beschaffung von

Kraftfutter fehlte und nur ein Teil der vermarktungsfähigen Tiere lokal abgesetzt werden konnte. Die ökonomischen Folgen des Produktionseinbruchs konnten in einigen Betrieben nur sehr langsam überwunden werden. Bei den Mitgliedern in zwei Produktionsgenossenschaften in Chivi führte dies zu erheblichen Motivationsverlusten.

Zwei Betriebe in Mangwende und eine Kooperative in Chivi erwarben 1988 die Mitgliedschaft für Z.$ 500 und verfügen damit über eine Anlieferungsquote von 80 Schweinen pro Jahr. In den ersten zwei Jahre müssen sie diese Quote erfüllen, da ihnen ansonsten die Mitgliedschaft aberkannt werden kann (COLCOM, 1988). Nach Anerkennung der Mitgliedschaft wurde eine Quotenausdehnung auf 240 Tiere in Aussicht gestellt. Bei Aufgabe oder Abstockung der Schweineproduktion kann die Quote an andere Mitglieder, die ihre Produktion ausdehnen wollen, verkauft werden[25]. Mit Erwerb der Mitgliedschaft verpflichten sich die Bauern, ihre Schweine ausschließlich an COLCOM zu verkaufen. Betriebe, die keine Mitgliedschaft erwarben, können ihre Schweine nach Überwindung der Absatzprobleme von COLCOM und der damit einhergehenden Lockerung der Handhabung der Anlieferungsbestimmungen über die Lieferrechte von Betrieben, die ihre Quoten nicht voll beanspruchen, vermarkten.

In Tabelle 6.1 werden die von zwei Betrieben in Mangwende zur Verfügung gestellten Vermarktungsergebnisse von 295 Schweinen dargestellt. Die in unterschiedlichen Zeiträumen erzielten Klassifizierungsergebnisse der Schlachtkörper wurden mit den Preisen vom April 1988 bewertet. Die Schlachtkörperbewertung von COLCOM erfolgt innerhalb der dargestellten Gewichtsklassen anhand der gemessenen Rückenspeckdicke. Die Bereiche der Schlachtgewichte (SGW) für die Einteilung der Gewichtsklassen[26] sind den Klammerwerten zu entnehmen. Eine vollständige Preisliste der COLCOM-Vermarktungskooperative, die Aufschluß über die Preisdifferenzierung gibt, befindet sich in der Anhangstabelle 9.

Die überwiegende Anzahl der Tiere bis zur Gewichtsklasse der Large Porker wurde von einem Betrieb, der sich auf die Porkererzeugung spezialisiert hat, erzeugt. Die relativ großen Abweichungen der Durchschnittspreise vom Höchstpreis in den Porker-Gewichtsklassen deuten im Vergleich zu den anderen Gewichtsklassen auf schlechtere Klassifizierungsergebnisse hin. In die Gruppe der Manufactoring Pigs, für die die niedrigsten Preise gezahlt werden, wurden die vermarkteten Sauen und alle Mukotarassekreuzungstiere eingruppiert.

25) Für die Anlieferungsquote wurden 1988 Preise von Z.$ 6.0 pro Tier gezahlt (Bonga, 1988, persönliche Mitteilung).

26.) Die Schlachtkörperbewertung von COLCOM und die Einteilung der Handelsklassen wurde vom britischen Bewertungssystem abgeleitet. Zum besseren Verständnis werden die englischen Begriffe der Klasseneinteilungen verwendet, da für verschiedene Gewichtsklassen keine vergleichbaren Klassen in Deutschland bestehen.

Tabelle 6.1: Klassifizierungsergebnisse von 295 totvermarkteten Schweinen

Klassifizierung (SGW - Bereich)	Anzahl	Schlachtgewicht (kg)	Z.$ Preis/kg SGW (x̄)	Max	Erlös/ Tier (Z.$)
Undermassed Pig (< 25 kg)	4	22.5	1.63	(1.68)	36.67
Small Porker (SP) (25 - 35 kg	67	31.99	1.72	(1.84)	55.33
Medium Porker (MP) (35.5 - 45 kg)	112	39.76	2.04	(2.14)	81.16
Large Porker (LP) (45.5 - 55 kg)	38	49.44	1.89	(1.95)	93.38
Baconer (55.5 - 72 kg)	39	62.72	2.11	(2.12)	132.50
General Purpose (GP) (72.5-100 kg) männl.	18	81.89	1.93	(1.94)	157.63
weibl.	11	78.36	2.00	(2.00)	156.73
Manufactoring Pig (VP)	6	59.58	1.48	(1.50)	88.43

Quelle: eigene Erhebungen

6.1.2 Lokale Fleischvermarktung

Die Lokalvermarktung von Schweinefleisch durch die Betriebe mit intensivem Produktionssystem wird nach Überwindung der Absatzprobleme von COLCOM nur noch in geringerem Umfang betrieben. Als Hauptgründe für die Einschränkung der Lokalvermarktung nannten die Bauern die Notwendigkeit zum schnellen Absetzen des Fleisches aufgrund nichtvorhandener Lagerungsmöglichkeiten, die mangelnde Bargeldverfügbarkeit der Käufer und dem daraus resultierenden Zwang zur Abgabe von Fleisch gegen Kredit bzw. im Tausch gegen Mais, der allerdings häufig erst nach der nächsten Ernte geliefert werden kann.

Der Preis für Schweinefleisch, das von den Bauern mit intensivem Produktionssystem in Mangwende in der Nähe des Geschäftszentrums direkt vermarktet wird, beträgt nach Angaben der Bauern ca. Z.$ 2.50 je Kilogramm. Die Bauern vermarkten seit ihrer Mitgliedschaft in der Vermarktungsorganisation aufgrund der höheren Nachfrage vor öffentlichen Feiertagen nur noch ihre aus der Zucht ausgeschiedenen Altsauen. In Chivi wurden während der Absatzkrise 1987 insgesamt 13 Schweine von zwei Betrieben zu Preisen von Z.$ 2.50 bis 2.70 je Kilogramm direkt an umliegende Bauern vermarktet. In einer

Fleischerei in Chivi Township, die gelegentlich Schweine aus eigener Produktion vermarktet, wurde 1988 das selbst produzierte Schweinefleisch für Z.$ 3.50 verkauft.

In den Betrieben mit traditionellem Produktionssystem konnten keine Fleischpreise ermittelt werden. Neben dem Eigenverbrauch werden dort nur Teile der geschlachteten Tiere, die gewichtsmäßig nicht erfaßt werden konnten, im Tauschhandel gegen Mais, Arbeitsleistungen oder Bargeld vermarktet.

6.1.3 Lebendvermarktung

Für die Analyse der Lebendvermarktung werden die Vermarktungsergebnisse von 42 Tieren untersucht, deren Verkaufsgewicht anhand der Wiegeergebnisse vorliegt und für die die Erlöse von den Bauern in Erfahrung gebracht werden konnten. Aus diesen Angaben wurden die Preise pro Kilogramm Lebendgewicht berechnet, die in die weiteren Berechnungen der Wirtschaftlichkeit der traditionellen Produktionssysteme eingehen.

Datenmaterial und Methodik der Auswertung: Eine Übersicht über die Gewichte, Erlöse und Preise der lebendvermarkteten Tiere sowie über die Mittelwerte und Standardabweichungen dieser Merkmale zeigt Tabelle 6.2.

Tabelle 6.2: Mittelwerte und Standardabweichung für die Gewichte, Preise pro Kilogramm und Erlöse der verkauften Schweine

Region	System		Gewicht (kg)		Preis/kg (Z.$)		Erlös/Tier (Z.$)	
		n	$\bar{x}$	±s	$\bar{x}$	±s	$\bar{x}$	±s
Mangwende	trad.	11	18.34	16.87	2.29	1.68	34.36	22.39
Kandeya	trad.	15	7.94	6.25	2.68	1.29	17.53	10.84
Chivi	trad.	5	7.22	4.29	3.82	1.90	21.0	2.00
	int.	11	18.02	9.70	3.09	1.17	45.27	10.65
Gesamt		42	13.22	11.94	2.82	1.35	29.62	18.29

Quelle: eigene Berechnungen

Die systematischen Einflußfaktoren auf die Merkmale wurden mit dem varianzanalytischen Modell 7 geschätzt.

Modell 7: Preise und Erlöse von lokal vermarkteten Schweinen

$$Y_{hmr} = \mu + BS_h + R_{(mh)} + RA_{(rh)} + b(x_{jmr} - \bar{x}_i) + e_{jmr}$$

Hierbei bedeuten:

$Y_{(hmr)}$	= Beobachtungswert des Einzeitiers
μ	= Mittelwert
BS_h	= Fixer Effekt des Haltungssystemes (h = 1,2)
$R_{(mh)}$	= Effekt der Region (m = 1,.,3) innerhalb Haltungssystem
$RA_{(rh)}$	= Effekt der Rassen (r = 1,..,3) innerhalb Haltungsstystem
$b(x_{hmr} - \bar{x}_i)$	= lineare Regression des Merkmals auf das mittlere Gewicht bzw. Alter
$e_{(jmr)}$	= Restvarianz

Ergebnisse: Die Ergebnisse der Varianzanalyse der erzielten Erlöse, Preise und der Gewichte der lebendvermarkteten Tiere mit Modell 7 sind in Tabelle 6.3 zusammengefaßt.

Tabelle 6.3: Ergebnisse der Varianzanalyse der erzielten Erlöse und Preise pro Kilogramm Lebendgewicht

Merkmal		Erlöse	Preis/kg	Gewicht
Varianzursache	FG	F-Wert	F-Wert	F-Wert
Produktionssystem	1	25.073***	1.253	4.503*
Rassen im extensiven System	1	4.156*	2.412	1.088
extensive Systeme innerhalb Region	2	3.573*	2.049	0.280
Regression linear:				
Gewicht	1	90.801***	4.171*	
Alter	1	0.038	1.775	16.200***
R^2		0.875	0.407	0.455

Quelle: eigene Berechnungen

Sie zeigen, daß die Verkaufserlöse gewichtsabhängig sind ($p \leq 0.001$), wobei kein signifikanter Einfluß des Alters der Tiere festgestellt werden konnte. Die Unterschiede zwischen den Erlösen, die im intensiven Haltungssystem in Chivi und in den extensiven Systemen in den drei Regionen erzielt wurden, waren hochsignifikant ($p \leq 0.001$). Darüber hinaus konnten die Erlösunterschiede für die extensiven Systeme der verschiedenen

Regionen und zwischen den Rassen innerhalb der extensiven Systeme statistisch mit $p \leq 0.05$ abgesichert werden.

Für das untersuchte Merkmal Preise pro Kilogramm Lebendgewicht konnte mit dem beschriebenen Modell der signifikante Einfluß des Gewichtes der Tiere nachgewiesen werden. Die linearen Beziehungen zwischen dem Preis pro Kilogramm Lebendgewicht mit dem Gewicht und Alter der Schweine waren negativ korreliert. Die berechneten Korrelationskoeffizienten lagen bei -0.47 und -0.48. Dieser negative Zusammenhang zeigt, daß der Preis, der pro Kilogramm Lebendgewicht gezahlt wird, mit zunehmenden Gewicht oder Alter der Tiere abnimmt und somit schwere oder ältere Schweine relativ schlechter bezahlt werden als leichte oder junge Schweine.

Die Unterschiede zwischen den Verkaufsgewichten der Schweine aus den Betrieben mit intensivem System in Chivi und den extensiven Systemen konnten statistisch mit $p \leq 0.05$ abgesichert werden. Es konnten keine signifikanten Unterschiede im extensiven System zwischen den Verkaufsgewichten der verschiedenen Rassen und den Regionen nachgewiesen werden. Die Gewichte der Schweine waren hochsignifikant ($p \leq 0.001$) altersabhängig.

Die LSQ-Mittelwerte für die beiden untersuchten Merkmale, die in Tabelle 6.4 zusammengefaßt sind, zeigen die deutlichen Erlösunterschiede von fast Z.$ 14.0 und Preisunterschiede von Z.$ 0.50 pro Kilogramm Lebendgewicht zwischen den verkauften Tieren aus den Betrieben mit intensivem System in Chivi und denen aus den Betrieben mit extensivem Produktionsverfahren. Bei Tieren aus den traditionellen Systemen lagen die Erlöse und Preise in Kandeya deutlich unter denen von Mangwende und Chivi. Die errechneten Werte für die Mukotaschweine lagen über denen der Kreuzungstiere. Die Ergebnisse über die Höhe der Gewichte in den verschiedenen Systemen sowie die regionalen und rassebedingten Unterschiede im extensiven System sind im engen Zusammenhang mit den im Kapitel 5 ermittelten Werten für den unterschiedlichen Wachstumsverlauf zu sehen. Zusätzlich geben die deutlichen Preisunterschiede Hinweise auf regionalspezifische Angebots- und Nachfragesituationen und deuten auf unterschiedliche Entwicklungsmöglichkeiten der Schweineproduktion in den Regionen hin.

Als Gründe für den Verkauf der Schweine gaben die Bauern in den extensiven Betrieben die Notwendigkeit von dringend benötigten Bareinkünften für die Bezahlung von Schulgeld, die Unvereinbarkeit der Schweinehaltung nach dem Eintritt in eine neue Religionsgemeinschaft (Apostolische Kirche), Schwierigkeiten mit Nachbarn, weil die Schweine die Gärten und Felder verwüsteten, unzureichende Futterressourcen oder die Aufgabe der Schweinehaltung aufgrund von Abwanderungen in die Stadt an. Mehr als 50 % der verkauften Tiere aus den Betrieben mit intensivem Produktionssystem in Chivi wurden als Zuchttiere verkauft.

Tabelle 6.4: LSQ-Mittelwerte der Erlöse, Preise und Verkaufsgewichte

		Erlöse		Preis/kg		Gewicht	
	N	LSQX (Z.$)	±SE	LSQX (Z.$)	±SE	LSQX (kg)	±SE
Gesamtmittel	42	32.70	1.35	2.95	0.21	15.84	1.76
Produktionssysteme							
Intensiv	11	39.65	2.29	3.20	0.36	19.57	2.89
Extensiv	31	25.74	1.49	2.70	0.24	12.10	2.00
Rassen im extensiven							
System LR*I	10	21.75	2.79	2.22	0.45	14.80	3.74
I	21	29.73	2.08	3.19	0.33	9.40	2.71
Extensive Systeme							
in Kandeya	15	19.76	2.68	1.99	0.43	10.24	3.57
Chivi	5	27.47	3.28	3.27	0.52	11.83	4.40
Mangwende	11	29.99	2.37	2.85	0.38	14.24	3.17
Regression linear:							
Gewicht		1.18	0.12	0.04	0.019		
Alter		0.00	0.01	0.002	0.001	0.054	0.01

Quelle: eigene Berechnungen

6.2 Erfolgsrechnungen für die traditionellen Schweineproduktionsverfahren

Die Deckungsbeiträge werden für die Produktionsleistung pro Muttersau und Jahr mit Hilfe der in Kapitel 5 beschriebenen Reproduktionsleistungsparameter und mit den in der Lebendvermarktungsanalyse ermittelten Preisen berechnet. Das durchschnittliche Tiergewicht ist aus der produzierten Jahresgewichtsmasse der genutzten Tiere in den Betrieben der verschiedenen Regionen berechnet worden. Diese Vorgehensweise war erforderlich aufgrund unterschiedlicher Beobachtungszeiträume in den Betrieben. Die folgende Tabelle 6.5 zeigt die Mittelwerte und Variationskoeffizienten der Jahresgewichtsmasse, das davon abgeleitete Tiergewicht und Lebensalter bis zur Abgang der Tiere.

Die Ergebnisse deuten auf einen Zusammenhang zwischen der Futterverfügbarkeit in den Regionen mit unterschiedlichem Landnutzungspotential, der in der Höhe der durchschnittlichen Jahresproduktion in den Betrieben zum Ausdruck kommt. Der hohe Variationskoeffizient bei allen Werten zeigt die großen Produktionsunterschiede zwischen den Betrieben mit traditionellem System innerhalb der Regionen auf.

Tabelle 6.5: Mittelwerte und Variationskoeffizienten der durchschnittlichen Haltungsdauer und des jährlich produzierten Lebendgewichtes pro Tier und Betrieb

Region	Mangwende		Kandeya		Chivi		Gesamt	
	$\bar{x}$	VK (%)	$\bar{x}$	VK (%)	$\bar{x}$	VK (%)	$\bar{x}$	VK (%)
Gewicht (kg)								
pro Betrieb	63.3	65.5	51.4	72.4	39.2	43.6	54.6	69.1
pro Tier	19.1	50.8	11.7	34.3	10.9	42.6	14.8	54.6
Durchschnitts-alter (Tage)	258	40.8	223	37.3	223	46.0	238	41.2

Quelle: eigene Erhebung

Die Kriterien des Produktionsverfahrens, die zum besseren Verständnis der erzielten Erlös und Kostenstruktur beitragen, sowie die zusätzlich getroffenen Annahmen werden im folgenden zusammenfassend dargelegt.

6.2.1 Produktionskosten und Annahmen zum Produktionsverfahren

Die Kosten für die 2-jährige Aufzucht der Jungsau werden der potentiellen Marktleistung, die sich aus der Altsauennutzung ergibt, gleichgesetzt.

Die Kosten der Fütterung im traditionellen System konnten nicht genau quantifiziert werden, da die monatlich erhobenen Futterangaben der Bauern und die Einzelerhebungen von Futtermengen bei den Wiegungen nicht mit dem Leistungsprofil der Tiere in Übereinstimmung zu bringen waren. Darüber hinaus standen die Angaben über die eingesetzten Futtermengen während der Feldleistungsprüfungsphase in grassem Widerspruch zu den genannten Ernte- und zugekauften Futtermengen.

Aus den Angaben der Betriebe in Mangwende, die ihr Getreide in Säcken lagerten und Angaben über den Schweinefutteranteil machen konnten, wurde der Futtereinsatz abgeleitet. Diese Bauern verfütterten im Mittel 273 kg verkaufsfähigen Mais an ihre Schweine, woraus sich eine durchschnittliche Futtermenge von 227.5 kg Mais pro Sau inklusive Nachzucht und Jahr ergibt. Die Jahresgewichtsleistung der genutzten Tiere in diesen Betrieben lag bei 70.6 kg. Daraus resultiert ein Futtereinsatz mit verkaufsfähigem Mais von 3.9 kg pro Kilogramm genutzter Lebendmasse. Aus der durchschnittlichen Lebenszeit der genutzten Tiere von 258 Tagen ergibt sich ein täglicher Futtereinsatz von ca. 1 kg pro Betrieb. Für die Berechnungen wird deshalb angenommen, daß die Zufütterung mit verkaufsfähigem Getreide bis zur durchschnittlichen Lebensdauer der genutzten Tiere erfolgt und die in den Beständen verbleibenden Tiere ausschließlich mit nichtmarktfähigen Futtermitteln für den Rest des Jahres gefüttert werden. Unter Berücksichtigung der deutlich geringeren Erntemengen in Kandeya und Chivi wurde der tägliche Futtereinsatz von verkaufsfähigem Getreide auf 0.75 kg festgelegt. Das Mais- bzw. Getreidefutter wurde mit dem offiziellen Marktpreis für Mais bzw. Sorghum von Z.$ 195.0 der Vermarktungssaison 88/89 bewertet.

Weiterhin wird unterstellt, daß dieses Getreide geschrotet verfüttert wird, so daß Schrotkosten entstehen, die einheitlich für alle Regionen Z.$ 35.00 pro Dezitonne betragen.

Da in den meisten Betrieben Masese, das beim Brauen des traditionellen Bieres anfällt, verfüttert wird und von den Bauern häufig in der Nachbarschaft erworben wurde, sind auch Kosten für nichtmarktfähige Futtermittel in den Berechnungen zu berücksichtigen. Die Höhe dieser Kosten wurden für Mangwende und Kandeya mit 10 % und für Chivi mit 20 % der Kosten für das eingesetzte marktfähige Futter veranschlagt. Der höhere Anteil dieser Kosten in Chivi resultiert aus der größeren Bedeutung des Zukaufs von Schweinefutter in dieser Region.

Für die Berechnung des Arbeitseinkommens wurden die festen Kosten für die Ställe oder Kraals von den Ergebnissen der Basisbefragung abgeleitet. Die durchschnittliche Nutzungsdauer der Ställe beträgt 3 Jahre.

Die Kapitalkosten werden mit 10 % veranschlagt.

Der Arbeitseinsatz wurde für die Ermittlung des Arbeitseinkommens unter Berücksichtigung der gemachten Beobachtungen mit 61 Stunden pro Jahr grob geschätzt. Dies entspricht einem täglichen Arbeitseinsatz von 20 Minuten für die Futter- und Wasserbereitstellung während der halbjährlichen Stallhaltungsphase. Für die Freilandhaltungsphase wurde kein weiterer Arbeitseinsatz unterstellt, da sich Tiere meist in unmittelbarer Nähe der Hütten aufhalten und die Fütterung der Haushaltsabfälle am Küchenhaus erfolgt.

Zur Ableitung des Gewinnbeitrags wurde der Lohnansatz für die eingesetzte Arbeitszeit in Anlehnung an die in den CAs üblichen Fremdarbeitslöhne für festangestellte Arbeitskräfte mit Z. $ 0.5 pro Stunde angenommen.

Bei der Darstellung der Kostenstruktur wurden alle erfaßten Kostenpositionen berücksichtigt. Die zugrunde gelegten Kosten, die nicht genau zu erfassen waren, wurden eher zu hoch als zu niedrig angesetzt, um die untere Grenze der Wirtschaftlichkeit der traditionellen Schweinehaltung aufzuzeigen.

6.2.2 Erfolgskalkulation der Jahresleistung pro Muttersau in den unterschiedlichen Regionen

In Tabelle 6.6 werden die ermittelten Leistungsparameter je Sau und Jahr und die davon abgeleiteten Erfolgsindikatoren der traditionellen Schweineproduktionsverfahren für die drei Untersuchungsregionen wiedergegeben.

Aus dieser Tabelle sind die deutlichen Erlösunterschiede pro Sau und Jahr zwischen den Untersuchungsstandorten ersichtlich. Die durchschnittliche Marktleistung liegt in Mangwende um 156 % bzw. 46 % über den erzielten Leistungen von Kandeya und Chivi. Dieser Unterschied kommt hauptsächlich durch das höhere Verkaufsgewicht und den höheren Preisen von Z.$ 2.90/kg SGW zustande. Nach Abzug der variablen Kosten liegen die Deckungsbeiträge für die Erzeugungsleistung pro Sau und Jahr in Mangwende und Chivi um das 3.8- bzw. 2.6-fache über dem Wert von Z.$ 37.8, der für Kandeya aufgrund der deutlich geringeren Preise ermittelt wurde. Die schlechteren Preise in Kandeya wirken sich besonders bei der errechneten Verwertung des eingesetzten Umlaufkapitals, der Deckungsbeitrags-Kostenrelation, aus, denn in Kandeya wird pro eingesetztem Dollar ein Deckungsbeitrag von nur Z.$ 0.81 erzielt. Die entsprechenden Werte betragen in Mangwende und Chivi Z.$ 2.01 und Z.$ 1.91. Nach Abzug der kalkulierten Festkosten für Mangwende und Chivi konnte ein Arbeitseinkommen in Höhe von Z.$ 127.7 und Z.$ 84.7 errechnet werden. Für den auf 61 Stunden veranschlagten Arbeitseinsatz ergeben sich Arbeitsproduktivitäten (DB/AKH) von Z.$ 2.36 für Mangwende sowie Z.$ 0.62 und Z.$ 1.58 für Kandeya und Chivi. Die Verminderung des Arbeitseinkommens um den kalkulatorischen Lohnansatz erbrachte für Mangwende und Chivi Gewinnbeiträge von Z.$ 97.2 und Z.$ 54.2. Das Arbeitseinkommen für Kandeya lag bei Z.$ 24.6 und reicht nicht aus, um die kalkulierten Nutzungskosten der Arbeit zu decken, so daß ein negativer Gewinnbeitrag von Z.$ - 5.9 ausgewiesen wird.

Tabelle 6.6: Erfolgsrechnung für die Sauenhaltung im traditionellen Produktionssystem in den drei Untersuchungsregionen

Region	Mangwende	Kandeya	Chivi
Wurfgröße	6.7	6.4	6.9
Würfe/Jahr	0.96	0.94	0.95
Ferkel/Jahr	6.4	6.0	6.6
Verlustrate (%)	40.0	40.0	37.0
Schweine/Jahr	3.9	3.6	4.1
Gewicht/Tier (kg)	19.1	11.7	10.9
Alter (Tage)	258	223	223
Marktpreis (Z.$/kg LG)	2.9	2.0	3.3
Marktleistung/Tier (Z.$)	55.4	23.4	36.0
Marktleistung/Sau (Z.$)	216.1	84.2	147.5
Variable Kosten:			
Futter/Tag (kg)	1.0	0.75	0.75
Maisfutteranteil (kg)	258.0	167.3	167.3
Futterkosten Mais (Z.$)	50.3	32.6	32.6
Schrotkosten (Z.$)	9.0	5.8	5.8
sonst. Futterkosten (Z.$)	5.9	3.8	7.6
Zinsansatz (i = 10 %)	6.5	4.2	5.0
VARIABLE KOSTEN (Z.$)	71.7	46.4	50.6
DECKUNGSBEITRAG/Sau (Z.$)	144.4	37.8	96.9
DECKUNGSBEITRAG/AKH (Z.$)	2.36	0.62	1.58
DB / Kostenrelation	2.01	0.81	1.91
Kosten/kg LW (Z.$)	0.96	1.10	1.13
Feste Kosten:			
Platz/Sau + Nachzucht	50.0	28.0	26.0
AFA (33 %), Zins (14%)	16.7	13.2	12.2
Arbeitseinkommen	127.7	24.6	84.7
AKH pro Jahr	61.0	61.0	61.0
Lohnansatz (0.5 Z.$/std)	30.5	30.5	30.5
Gewinnbeitrag (Z.$/Sau)	97.2	- 5.9	54.2

Quelle: eigene Berechnungen

Die hohen Werte der Deckungsbeitragskostenrelation für Mangwende und Chivi mit Z.$ 2.01 bzw. Z.$ 1.91 zeigen, daß bei den hier unterstellten Kostenstrukturen hohe Deckungsbeitragszuwächse durch die Erhöhung der Produktionsintensität erzielt werden können.

Insgesamt zeigen diese Berechnungen deutliche Unterschiede in der Wirtschaftlichkeit der traditionellen Schweinehaltung zwischen den Regionen, die hauptsächlich auf die unterschiedlichen Preise und Produktionsleistungen der Tiere zurückgeführt werden können.

6.2.3 Analyse des Betriebszweigs Schweineproduktion

Für die ökonomische Bewertung der Betriebsgruppen mit unterschiedlicher jährlicher Nutzungsintensität in den verschiedenen Untersuchungsregionen wird in der unteren Gruppe der Betriebe, deren jährliche Gewichtsextraktion mehr als 20 % unter dem regionalen Durchschnitt lag, ein Futtereinsatz von 0.5 kg pro Tag angenommen. Ein täglicher Futtereinsatz von 1.0 kg wird für die mittlere Gruppe, deren jährliche Gewichtsextraktion im Bereich von ± 20 % um den regionalen Mittelwert lag, angenommen. In der Gruppe der Betriebe, die Schweine verwerteten, deren Lebendgewichte zu überdurchschnittlich hohen jährlichen Gewichtsextraktionen (mehr als 20 % über dem regionalen Durchschnitt) führten, wird ein täglicher Futtereinsatz von 2.0 kg vermarktbaren Getreides angenommen.

Tabelle 6.7: Bewertung der Gewichtsextraktionsleistung von Betrieben in drei Leistungsklassen der verschiedenen Untersuchungsstandorte

Betriebskategorie	UNTERE 30 %			MITTLERE 40 %			OBERE 30 %		
Regionen	Mangwende	Kandeya	Chivi	Mangwende	Kandeya	Chivi	Mangwende	Kandeya	Chivi
Betriebe innerhalb Region (%)	47	41	50	18	35	25	35	23	25
Anzahl der verwerteten Tiere	1.4	1.2	2.2	3.3	3.7	4.5	3.9	8.7	3.5
Jahresextraktionsgewicht (kg)	10.3	15.9	23.5	60.2	50.9	38.1	101.5	105.5	63.0
Alter (Tage)	240	209	258	286	262	178	258	185	214
lokaler Marktpreis (Z.$/kg LG)	2.9	2.1	3.4	2.9	2.1	3.4	2.9	2.1	3.4
Marktleistung/Tier (Z.$)	22.2	27.4	35.8	53.2	29.1	29.1	75.2	25.5	62.0
Marktleistung/Betrieb (Z.$)	**29.9**	**33.4**	**79.9**	**174.4**	**106.9**	**129.5**	**294.2**	**221.6**	**217.1**
Variable Kosten:									
Futtermenge pro Jahr (kg/Betrieb)	120.0	105.0	129.0	286.0	262.0	178.0	516.0	370.0	428.0
Futterkosten (Z.$)	23.4	20.5	25.2	55.8	51.1	34.7	100.6	72.2	83.5
sonst. Futterkosten (Z.$)	2.3	2.0	5.0	5.5	5.1	6.9	10.0	7.2	16.6
Schrotkosten (Z.$)	4.2	3.7	4.5	10.0	9.2	6.2	18.1	13.0	15.0
Zinsansatz (i= 10 %)	2.9	2.6	3.4	7.1	6.5	4.8	12.8	9.2	11.5
VARIABLE KOSTEN (Z.$)	**32.8**	**28.8**	**38.1**	**78.4**	**71.9**	**52.6**	**141.5**	**101.6**	**126.7**
DB/Betrieb (Z.$)	**-2.9**	**4.6**	**41.8**	**96.0**	**35.0**	**76.8**	**152.7**	**120.0**	**90.4**
DB/Tier (Z.$)	-2.1	3.8	19.0	29.1	9.5	17.1	39.1	13.7	25.8
DB/AKH (Z.$)	**-0.05**	**0.08**	**0.68**	**1.57**	**0.57**	**1.25**	**2.50**	**1.96**	**1.48**
Kosten/kg LW (Z.$)	3.18	1.81	1.62	1.30	1.41	1.38	1.39	0.96	1.98
DB/Kostenrelation	-0.08	0.16	1.10	1.22	0.49	1.46	1.08	1.18	0.71
Feste Kosten									
Stallplatz/Sau,Nachzucht	15.0	15.0	15.0	30.0	30.0	30.0	50.0	30.0	50.0
Kapitalkosten (AFA, Zins 14%)	7.1	7.1	7.1	14.2	14.2	14.2	17.0	14.2	17.0
Arbeitseinkommen	**-10.0**	**-2.5**	**34.7**	**81.8**	**20.8**	**62.6**	**135.7**	**105.8**	**73.4**
Lohnansatz Z.$ 30.5/std									
Gewinnbeitrag (Z.$/Sau)	**-40.5**	**-33.0**	**4.2**	**51.3**	**-9.7**	**32.1**	**105.2**	**75.3**	**42.9**

Quelle: eigene Berechnungen

Der Anteil der Betriebe in der **unteren Leistungsgruppe** lag in den drei Untersuchungsregionen zwischen 40 % und 50 %. Für Mangwende reichte die erzielte Marktleistung in dieser Betriebsgruppe nicht aus, um die variablen Kosten zu decken. Dies führte zu einem negativen Deckungsbeitrag von Z.$ -2.9. Der Deckungsbeitrag, der für Kandeya ermittelt wurde, liegt bei Z.$ 4.6 und reicht nicht aus, um die angenommenen niedrigen

Festkosten zu decken. Als Ursache für diese geringen Leistungen in den Betrieben dieser Regionen sind die höheren Verluste und Abgänge mit unbekannter Ursache zu nennen. In den Betrieben in Chivi wurde ca. ein Tier mehr genutzt, als in den Betrieben der beiden anderen Regionen. Der größere Umfang der Verwendung der Tiere und die höheren Preise in dieser Region führen zu einer deutlich größeren Marktleistung, so daß die Betriebe in Chivi Deckungsbeiträge von Z.$ 41.8 erzielen konnten, die nach Abzug der Festkosten zu einem Arbeitseinkommen von Z.$ 34.7 führen. Dieses Arbeitseinkommen reicht aus, um die kalkulatorischen Lohnkosten von Z.$ 30.5 zu decken, so daß ein Gewinnbeitrag von Z.$ 4.2 ausgewiesen werden kann.

In Mangwende, Kandeya und Chivi lagen die Anteile der in der **mittleren Gruppe** befindlichen Betriebe bei 18 %, 35 % und 25 %. In dieser Gruppe reichen die Deckungsbeiträge aus, um die Festkosten zu decken, so daß Arbeitseinkommen erzielt werden. Allerdings führen die sehr viel niedrigeren Preise in Kandeya trotz einer Jahreserzeugungsleistung von 50.9 kg zu einem deutlich niedrigeren Deckungsbeitrag, der um mehr als das Doppelte unter den Deckungsbeiträgen der beiden anderen Regionen liegt. Die geringe Verwertung des eingesetzten Kapitals in Kandeya zeigt sich bei der gegebenen Produktionsstruktur im niedrigen Wert der Deckungsbeitrags-Kostenrelation, da mit jedem eingesetzten Dollar ein Deckungsbeitrag von Z.$ 0.49 erzielt wird. In Mangwende und Chivi betragen diese Werte Z.$ 1.22 bzw. Z.$ 1.46. Die Arbeitseinkommen in Chivi und Mangwende liegen um das 3- und 4-fache über dem Wert von Z.$ 20.8, der für Kandeya ermittelt wurde und der nicht ausreicht, um die kalkulierten Lohnkosten abzudecken.

In den Betrieben mit **überdurchschnittlichen Produktionsleistungen**, die entsprechend der Regionen ca. 25 % bis 35 % aller Betriebe darstellen, werden bei den gegebenen Kostenstrukturen für Mangwende Deckungsbeiträge von Z.$ 152.7, für Kandeya und Chivi Werte von Z.$ 120.0 bzw. Z.$ 90.4 ausgewiesen. Diese Deckungsbeiträge liegen deutlich über den Werten des mittleren Drittels. Der um 242 % über dem Wert der mittleren Gruppe liegende Wert in Kandeya ist auf die Nutzung leichterer Tiere mit geringerem Alter zurückzuführen. Die Unterschiede zwischen diesen beiden Leistungsgruppen vergrößern sich bei den errechneten Arbeitseinkommen und Gewinnbeiträgen aufgrund ähnlicher Festkostenbelastungen.

Die Tabelle 6.7 zeigt die großen Unterschiede zwischen den Betrieben mit traditioneller Schweinehaltung in den verschiedenen Regionen. Mehr als 40 % der Bauern in Mangwende und Kandeya konnten kein Arbeitseinkommen erzielen. Die Tatsache, daß die Schweineproduktion in Chivi für alle Betriebe ein rentabler Betriebszweig ist, kann neben den höheren Preisen durch eine bessere Haltung in dieser Region erklärt werden. Die schlechten natürlichen Standortbedingungen und Futterverfügbarkeiten in den Betrieben dieser Region spiegeln sich in den deutlich niedrigeren Ergebnissen wieder, die die

Grenzen der Produktionssteigerungsmöglichkeiten des extensiven Haltungssystems in Chivi aufzeigen.

Insgesamt unterstreichen die Erfolgskennzahlen der Betriebe in der oberen Kategorie das wirtschaftliche Potential der traditionellen Schweinehaltung. Der Vergleich dieser Deckungsbeiträge mit den notwendigen regionalen Maisertragsleistungen pro Hektar (siehe Tabelle 6.13) soll die wirtschaftliche Bedeutung der Schweinehaltung hervorheben, denn bei angenommenem Einsatz des empfohlenen Anbaupaketes (Saatgut, Dünger) muß ein Flächenertrag von ca. 2.87 t Mais pro Hektar in Mangwende erzielt werden, damit der Deckungsbeitrag des Betriebszweig Schweinehaltung erreicht wird. In den Regionen mit niedrigem Getreideertragspotential Kandeya und Chivi entsprechen die Deckungsbeiträge der Schweineproduktion den Ertragsleistungen von ca. 2.16 t/ha bzw. 1.92 t/ha Mais oder Sorghum.

6.3 Ökonomische Bewertung der getesteten Entwicklungsansätze im extensiven System

6.3.1 Partieller Deckungsbeitrag der Zuwachsleistung verschiedener Zuchtgruppen

In die ökonomische Bewertung des Gewichtszuwachses der verteilten Kreuzungstiere der verschiedenen Zuchtstufen wurden die vorhandenen Tiere der Bauern (BT), deren Gewichtszuwachs für die gleichen Wachstumsabschnitte anhand der LSQ-Mittelwerte berechnet wurde, mit einbezogen. Die Bewertung der Zuwachsleistung dieser Schweine soll als Referenzgröße dienen. Der Wert stellt aber keinen echten Vergleichswert dar, weil nicht alle Betriebe in das Verteilungsprogramm einbezogen waren. Zudem hatten die verteilten Tiere höhere Gewichte aufgrund der besseren Jugendentwicklung, wodurch sie den in den Betrieben vorhandenen gleichaltrigen Tieren bei der Konkurenz um Futter überlegen waren. Diese Konkurenzsituation wurde bei der angenommenen täglichen Futteraufnahme von marktfähigem Getreide, die auf 0.2 kg festgelegt wurde, berücksichtigt. Für die verteilten Tiere wurden Kosten für eine tägliche Getreidefutteraufnahme von 0.4 kg unterstellt.

Der Gewichtszuwachs der Tiere wird mit einem einheitlichen Preis Z.$ 2.5 pro Kilogramm bewertet. Die Ergebnisse der ökonomischen Bewertung der verschiedenen Zuchtstufen im traditionellen System sind in Tabelle 6.8 dargestellt.

Tabelle 6.8: Ökonomische Bewertung des Gewichtszuwachses von verschiedenen Zuchtstufen und autochthoner Schweine (BT) in zwei Gewichtsabschnitten

Wachstumsperiode:	60-180 Tage	120 Tage nach der Verteilung			60-270 Tage	210 Tage nach der Verteilung		
		Leistungsrasseanteil				Leistungsrasseanteil		
	BT	25 %	50 %	75 %	BT	25 %	50 %	75 %
Gewichtszuwachs (kg)	6.8	11.76	11.1	11.95	11.5	17.39	18.96	19.82
tägl. Zunahme (g)	56.7	98.0	92.5	99.6	54.8	82.8	90.3	94.4
Marktpreis (Z.$/kg LG)	2.5	2.5	2.5	2.5	2.5	2.5	2.5	2.5
Wertzuwachs (Z.$/Tier)	17.0	29.4	27.8	29.9	28.8	43.5	47.4	49.6
Var.Kosten/Tier								
Futteraufwand/kg/Tag	0.25	0.4	0.4	0.4	0.2	0.4	0.4	0.4
Kosten f.Mais (Z.$)	4.8	9.5	9.5	9.5	8.3	16.7	16.7	16.7
zus. Futterkosten (Z.$)	0.5	0.9	0.9	0.9	0.8	1.6	1.7	1.7
Zinsansatz (i= 10%)	0.5	1.0	0.9	0.9	0.9	1.8	1.9	1.9
variable Kosten (Z.$)	5.8	11.4	11.4	11.4	10.0	20.1	20.1	20.1
DB/Tier (Z.$)	12.0	18.0	16.4	18.5	18.8	23.4	27.3	29.3

Quelle: eigene Berechnungen

Deutliche Deckungsbeitragsdifferenzen ergeben sich zwischen der BT-Gruppe und den Gruppen der verteilten Kreuzungstiere in beiden Wachstumsabschnitten. Allerdings verändern sich die Differenzen der Deckungsbeiträge zwischen beiden Wachstumsperioden und Tiergruppen. Während ansteigende Deckungsbeitragsdifferenzen zwischen der BT-Gruppe und den Zuchtstufen mit 50 % und 75 % Leistungsrasseanteil zu verzeichnen sind, verringern sich im Gegensatz dazu die Differenzen zur Gruppe mit 25 % Leistungsrasseanteil von Z.$ 6.00 auf Z.$ 4.60. Der Anteil dieser Differenzen zum Deckungsbeitrag der BT-Gruppe sank entsprechend von 50 % auf 24 % ab. Die größten Unterschiede zwischen den Deckungsbeiträgen unter den verteilten Tieren bestehen nach der Wachstumsperiode von 210 Tagen zwischen den genetischen Gruppen mit 25 % und 75 % Leistungsrasseanteil. Der Unterschied beträgt Z.$ 6.1 und entspricht einer 25 %igen Steigerung der wirtschaftlichen Leistung durch die Erhöhung des Leistungsrasseanteils von 25 % auf 75 %. Die Differenzen der Deckungsbeiträge zwischen den Gruppen mit 75 % und 50 % Leistungsrasseanteil und den beiden Wachstumsperioden blieben nahezu unverändert.

6.3.2 Partielle Deckungsbeiträge für verschiedene Fütterungsniveaus

Für die Analysen der wirtschaftlichen Auswirkungen verschiedener Fütterungsintensitäten im extensiven Produktionssystem werden Deckungsbeiträge für den Gewichtszuwachs, der in einer 85-tägigen Wachstumsperiode erzielt wurde und mit Preisen von Z.$ 2.5 pro

Kilogramm Lebendgewicht bewertet wird, berechnet. Dabei wird angenommen, daß den Tieren bei traditioneller Fütterung 4.0 kg Mais pro Kilogramm Gewichtszunahme zur Verfügung gestellt werden, was einer täglichen Futtermenge von ca. 0.23 kg entspricht. Mit der berechneten Futterverwertung für das eingesetzte Mischfutter in den Gruppen mit 50 % und 100 % bedarfsorientierter Fütterung, wurde der Futterverbrauch bestimmt. Die Futterkosten wurden anhand der Kosten für eine Eigenmischung zu Marktpreisen mit Z.$ 0.32 pro Kilogramm berechnet. Die Schweine im Versuch, die bedarfsorientiert gefüttert wurden, erhielten kein zusätzliches marktfähiges Futter von den Bauern. Für die durchgeführten Hygienemaßnahmen in den Gruppen mit Zufütterung wurden Kosten von Z.$ 2.0 veranschlagt. Die Ergebnisse der Deckungsbeitragsrechnungen für die verschiedenen Fütterungsniveaus sind in Tabelle 6.9 dargestellt.

Tabelle 6.9: Partieller Deckungsbeitrag der verschiedenen Fütterungsniveaus

ZUFÜTTERUNG	keine	50 %	100%
Wachstumsperiode (Tage)	85	85	85
tägl. Zunahme (g)	59.0	120.0	214.0
Gewichtszuwachs (kg)	4.8	10.7	18.5
lokaler Marktpreis (Z.$/kg)	2.5	2.5	2.5
Wertzuwachs (Z.$/Tier)	12.0	26.8	46.3
Var. Kosten/Tier			
Futteraufwand/kg LW	4.0	4.2	3.3
trad. Futtermenge (kg)	19.2	19.2	-.-
Mischfuttermenge (kg)	0.0	26.0	61.1
betriebseigener Mais (Z.$)	4.4	4.4	-.-
Mischfutterkosten (Z.$)	-.-	8.3	19.5
Gesamtfutterkosten (Z.$)	4.4	12.7	19.5
Hygienemaßnahme (Z.$)	0.0	2.0	2.0
Zinsansatz (i = 10 %)	0.4	1.5	2.1
VARIABLE KOSTEN (Z.$)	4.9	16.2	23.6
DECKUNGSBEITRAG/Tier (Z.$)	7.1	10.5	22.7
DB/Kapitaleinheit (Z.$)	1.45	0.65	0.96
Ereugungskosten (Z.$/kg LW)	1.02	1.51	1.27

Quelle: eigene Berechnungen nach Erhebungen von Scherf 1990

Durch die Zufütterung steigen die Produktionskosten überproportional an. Nach diesen Ergebnissen hat das traditionelle Fütterungssystem die höchste Kapitalproduktivität und die geringsten Erzeugungskosten pro Kilogramm Gewichtszuwachs. Die erzielten Erlöse bei traditioneller Fütterung konnten durch die Zufütterung von 50 % und 100 % des errechneten Bedarfs um 133 % bzw. 285 % gesteigert werden. Die Deckungsbeiträge bei 50%iger und bedarfgerechter Fütterung liegen um 48 % bzw. 220 % über dem Deckungsbeitrag der traditionellen Fütterung. Bei suboptimaler Zufütterung werden nur geringfügige Deckungsbeitragserhöhungen erzielt. Der niedrigste Wert für die Kapitalproduktivität (Z.$ 0.65) und die höchsten Erzeugungskosten pro Kilogramm Lebendgewicht (Z.$ 1.51) verdeutlichen die geringe Rentabilität einer suboptimalen, kapitalintensiven Fütterung. Die Erhöhung des Aufwandes um 51 % führt bei bedarfsgerechter Fütterung zur Verdoppelung des Deckungsbeitrages und zur erheblichen Verbesserung Kapitalproduktivität. Insgesamt zeigen diese Ergebnisse, daß das traditionelle Fütterungssystem die beste Kapitalverwertung bietet und eine Intensivierung des traditionellen Fütterungssystems wirtschaftlich nur dann sinnvoll erscheint, wenn genügend Kapital vorhanden ist, um ausreichende Futtermengen, die den Bedarfsnormen der Schweine in Qualität und Quantität entsprechen, bereitgestellt werden können.

6.3.3 Intensivierung des traditionellen Haltungssystems und ökonomische Auswirkungen

Um die Entwicklungsmöglichkeiten im traditionellen Produktionssystem aufzuzeigen, werden unter Einbeziehung der bisherigen Ergebnisse die ökonomischen Auswirkungen von vier Verbesserungsmaßnahmen demonstriert. Die Berechnungen basisieren auf der Jahresleistung der Lokalrassesauen, für die eine um 6 % höhere Wurfleistung von 7 Ferkel aufgrund verbesserter Haltungsbedingungen angenommen wird. Für die Gewichtsleistung ohne Kraftfutterergänzung wurde der LSQ-Wert des Verkaufgewichtes für die traditionellen Haltungssystem herangezogen. Für die Berechnung der Futterkosten wird ein marktfähiger Getreideeinsatz von 4.0 kg Futter pro Kilogramm Lebendgewichtszuwachs unterstellt. Mit Hilfe des geschätzten Mittelwertes für das Verkaufsalter (179 Tage) und mit den LSQ-Mittelwerten der täglichen Zunahmen aus dem Fütterungsversuch wurden die Gewichte bei verbesserter Fütterung berechnet. Unter den sonstigen Kosten, die mit 10 % der Höhe der Getreidefutterkosten veranschlagt wurden, werden die Kosten der Getreidelagerung, der Zukauf von Masese sowie die anfallenden Vermarktungskosten bei größerem Output zusammengefaßt. Bei den kalkulierten Festkosten wird die durchschnittliche Nutzungsdauer der verbesserten Ställe auf 5 Jahre festgelegt. Im folgenden werden die Veränderungen der Produktionsverfahren mit den dabei entstehenden Kosten beschrieben.

Intensivierungsmaßnahme 1: Durch eine Verschiebung der Reproduktionsphase in die Zeit zwischen Februar und April sowie durch verbesserte Schweineställe und Stallhygiene kann eine Reduzierung der Verluste um 20 % erreicht werden. Die Veränderung des Produktionsablaufes erfordert allerdings ein aktives Zuchtmanagement der Bauern, denn das Decken der Sauen muß in der Stallhaltungsphase stattfinden. Für die verbesserten Schweineställe, die aus lokal verfügbaren Materialien unter schattenspendenden Bäumen errichtet werden können und eine befestigte Bodenfläche sowie ein regenundurchlässiges Dach haben sollten, wurden Investitionskosten in Höhe von Z.$ 50.0 bei den Berechnungen der Festkosten berücksichtigt. Eine zusätzliche Arbeitsbelastung von 20 Stunden wurde für Arbeiten zur Erreichung besserer Hygienebedingungen in den Berechnungen veranschlagt.

Mit der Verschiebung der Reproduktionsphase in die Vorerntezeit wird eine zusätzliche Verbesserung der Wachstumsleistungen erzielt (vgl. Abbildung 5.12), die in dieser Berechnug nicht berücksichtigt werden konnte. Durch die Verlagerung der Reproduktionsphase in die Vorerntezeit steht den Ferkeln ein größeres Futterangebot aufgrund der einsetzenden Freilandhaltung zur Verfügung. Dadurch kann ein Teil des marktfähigen Futters für die erneute Stallhaltungsphase eingespart werden. Die Tiere können aufgrund der besseren Wachstumsleistungen in Abhängigkeit von den verfügbaren Futterressourcen vor Beendigung der Freihaltungsphase geschlachtet oder verkauft werden, so daß die verfügbare Futtermenge eine ausreichende Fütterung des verbleibenden Bestandes bis in die Stallhaltungsphase ermöglichen kann. Darüber hinaus ermöglicht dieser Produktionsablauf eine drastische Verringerung des Erstferkelalters durch die Ausnutzung der von Holness (1974) beschriebenen frühen Geschlechtsreife der Lokalrassetiere. Durch die gestaffelte Nutzung der Tiere bis zum Ende des Jahres wird die Fleischversorgung und die Liquiditätslage der Betriebe erheblich verbessert.

Intensivierungsmaßnahme 2: Aufbauend auf Maßnahme 1 beinhaltet diese Intensivierungsmaßnahme die Verdoppelung der Wurfzahl pro Sau und Jahr. Durch die gestaffelte Nutzung der Tiere aus dem ersten Wurf kann bei entsprechend vorhandenen Futterressourcen eine bessere Versorgung der Muttersau erreicht werden, die sich in einer Verkürzung der Zwischenwurfzeit auswirkt. Diese Maßnahme kann allerdings nur durch eine aktive Zuchtplanung realisiert werden. In den Berechnungen für diese Maßnahne wird ein Futtereinsatzes von zusätzlich 300 kg Getreide für die Fütterung der Sau berücksichtigt. Der gesamte Futtereinsatz mit marktfähigem Getreide beträgt in dieser Intensitätsstufe 859.5 kg. Durch die bessere Fütterung werden jährlich Z.$ 25 als Altsauenerlös angerechnet. Bei den festen Kosten werden zusätlich Z.$ 25 für die Erweiterung des Stalls und 20 Arbeitsstunden für Fütterungs- und Hygienearbeiten berücksichtigt.

Intensivierungsmaßnahme 3: Die dritte Verbesserungsmaßnahme bezieht sich auf die Ergebnisse des Fütterungsversuches bei Zufütterung von 50 % des Mischfutterbedarf. Dadurch soll ein semi-intensives Fütterungssystem simuliert werden, das die Bauern durch den Einsatz von Körnerleguminosen erreichen können. Die Kosten des Körnerleguminosenanbaus, die hauptsächlich durch den zusätzlichen Arbeitseinsatz entstehen, werden dem Zukaufspreis der entsprechenden Mischfuttermengen gleichgesetzt. Für den Preis des Gesamtfutters werden Z.$ 0.27/kg Futter berechnet. Neben der Verbesserung der Futterqualität wird eine ganzjährige Stallhaltung zugrunde gelegt. Zusätzlich wird davon ausgegangen, daß Haushaltsabfälle und andere nichtmarktfähige Futtermittel zur Ergänzung des Futters eingesetzt werden. Darüber hinaus werden für Hygienemaßnahmen, die zur Reduzierung der Produktionsrisiken beitragen sollen, Kosten von Z.$

10.0 veranschlagt. Der Arbeitseinsatz wird für zusätzliche Futterbeschaffungsmaßnahmen um weitere 20 Stunden erhöht, so daß für die tägliche Arbeitserledigung 20 Minuten zur Verfügung stehen.

Intensivierungsmaßnahme 4: Die vierte und letzte Entwicklungsstufe geht von einer bedarfsgerechten Fütterung der Lokalrassesauen und zusätzlich verbesserten Haltungsbedingungen aus. Der Sauenfutterbedarf wurde in Anlehnung an den Jahresbedarf der Leistungsrassen unter Berücksichtigung der geringeren Gewichte der Lokalrassesauen errechnet. Die Kosten des Futters werden mit Z.$ 0.32/kg bewertet.

In Tabelle 6.10 werden die wichtigsten Produktionskennzahlen, die Ergebnisse der errechneten Deckungsbeiträge und wirtschaftliche Erfolgskennzahlen der einzelnen Intensivierungsmaßnahmen dargestellt.

Die Ergebnisse zeigen, daß die Erlöse durch die Verbesserungsmaßnahmen um das 9.4-fache gesteigert werden können. Allerdings wirken sich diese Steigerungen in abgeschwächter Form auf die Deckungsbeiträge aus, da die variablen Kosten progressiv ansteigen, die bei dem intensivsten Produktionsverfahren um das 15.8-fache über den Kosten der Ist-Situation liegen. Die hier unterstellten hohen Kosten, die aus der Verbesserung der Futterqualität durch Zukauf von Kraftfutter resultieren, verdeutlichen die Grenzen der Intensivierungsmöglichkeiten in den kleinbäuerlichen und überwiegend ressourcenarmen Betrieben. Aufgrund der geringen Ressourcenausstattung der meisten Betriebe sind deshalb die Möglichkeiten zur Verbesserung des Produktionssystems nur durch die Reduzierung der Verluste gegeben, durch die der Deckungs- und Gewinnbeitrag um 41 bzw. 67 Prozent gesteigert werden kann. Für Betriebe mit guter Ressourcenausstattung kann darüber hinaus eine Verdoppelung der Würfe pro Sau und Jahr zu Deckungs- und Gewinnbeiträgen führen, die um 103 % bzw. 169 % über den derzeitigen Werten liegen. Die Berechnungen für die Maßnahmen mit Kraftfuttereinsatz zeigen, daß ein wirtschaftliches Potential in der Verwertung von Leguminosen und Bohnenfrüchten als Schweinefutter, die aufgrund von Bodenschutzmaßnahmen, als Bodenbedecker oder zur Verbesserung der Bodenfruchtbarkeit in die derzeitigen Monokulturanbausysteme integriert werden sollen, gegeben ist.

Tabelle 6.10: Erfolgsrechnungen von Verbesserungsmöglichkeiten im extensiven Produktionssystem

Maßnahme	**keine**	**1**	**2**	**3**	**4**
Würfe/Jahr	0.96	0.96	1.97	1.97	1.97
Ferkel/Jahr	6.3	6.7	13.8	13.8	13.8
Gesamtverlustrate (%)	38.0	18.0	18.0	18.0	18.0
prod. Schweine/Jahr	3.9	5.5	11.3	11.3	11.3
tägl.Zunahme[27] (g)	69.0	69.0	69.0	120.0	214.0
Gewicht (kg)	12.4	12.4	12.4	21.5	38.3
Läufererlös (Z.$/Tier)	31.0	31.0	31.0	53.7	95.8
Altsauenanteil	0.0	0.0	25.0	25.0	50.0
GESAMTERLÖS (Z.$)	**120.9**	**170.5**	**375.3**	**633.1**	**1132.5**
Variable Kosten:					
Sauenfutter (kg)	0.0	0.0	300.0	500.0	750.0
Futtereinsatz/kgLW	4.0	4.0	4.0	4.0	3.3
Futterbedarf (kg)	193.4	272.4	559.5	973.0	1431.6
Futterkosten (Z.$)	44.5	62.6	197.7	397.7	698.1
sonstige Kosten (Z.$)	4.5	6.3	19.8	39.7	69.8
Hygienemaßnahmen (Z.$)	0.0	0.0	0.0	10.0	10.0
Zinsansatz (i = 10 %)	4.9	6.9	21.7	44.7	77.7
Insgesamt (Z.$)	**53.9**	**75.8**	**239.2**	**492.1**	**855.6**
DB/Sau (Z.$)	**67.0**	**94.7**	**136.1**	**150.0**	**276.0**
DB/Tier (Z.$)	17.2	17.2	12.0	12.4	24.5
Kosten/kgLW (Z.$)	1.11	1.11	1.71	2.02	1.97
Feste Kosten (Z.$)					
Stall/Sau+Nachzucht (Z.$)	30.0	50.0	75.0	75.0	150.0
fixe Kapitalkosten (Z.$)	14.2	17.0	25.5	25.5	51.0
Arbeitseinkommen (Z.$)	**52.8**	**77.7**	**110.6**	**124.5**	**225.9**
AKH pro Jahr	61.0	81.0	101.0	122.0	122.0
DB/AKH (Z.$)	**1.1**	**1.2**	**1.3**	**1.7**	**2.3**
Lohnansatz (Z.$/std)	30.5	40.5	50.5	61.0	61.0
Gewinnbeitrag (Z.$/Sau)	**22.3**	**37.2**	**60.1**	**120.4**	**164.9**

Quelle: eigene Berechnungen

6.4 Erfolgsrechnungen der intensiven Schweineproduktionsverfahren

6.4.1 Kostenstrukturen und Annahmen zu den Produktionssystemen

Für die Berechnung der Wirtschaftlichkeit der intensiven Schweineproduktion werden im folgenden die Ableitung der Erlöse und Produktionskosten, die teilweise in Anlehnung an Durchschnittswerte des PIB festgelegt werden mußten, und ergänzende Annahmen zum Produktionsverfahren zusammenfassend dargestellt.

27) Die tägliche Zunahme wurde vom LSQ-Mittel der Verkaufsgewichte abgeleitet.

Den Berechnung der Erlöse liegen die LSQ-Werte für die Gewichtsleistung der Schweine bei der letzten Wiegung vor dem Verkauf zugrunde (vgl. Tab. 5.20). Zur Ermittlung des Schlachtgewichtes wurde eine Ausschlachtrate von 80 % angenommen. Als Schlachtgewichtspreis wurde der Preis von Z.$ 2.1/kg für mittelschwere Porker der Handelsklasse 1 nach der COLCOM-Preisliste vom April 1988 herangezogen. Die Einteilung in die mittlere Porkerklasse erfolgte unter der Annahme, daß das erforderliche Schlachtgewicht von 35.5 kg in der Zeit zwischen Wiege- und Schlachtdatum erreicht wurde. Kreuzungstiere werden generell als Manufactoring-Schweine klassifiziert, die einen Preis von Z.$ 1.50 pro Kilogramm erzielten (Kent, 1989).

Die Erlöse direktvermarkteter Altsauen betrugen im Durchschnitt Z.$ 200. Als Aufzuchtkosten der Jungsau wurden Z.$ 110 angesetzt, so daß der Altsauenerlösanteil bei 2-jähriger Sauennutzung Z.$ 45.00 beträgt.

Es wird eine Futtermenge pro Sauen aufgrund zeitweiliger suboptimaler Fütterung von 1.0 t/Jahr unterstellt, wofür Kosten von Z.$ 320.0 veranschlagt werden. Die Futterkosten werden allen verkauften Tieren anteilig angerechnet.

Für die nach 5 Wochen 6.0 kg schweren Absetzferkel werden Kosten für 20 kg Ferkelfutter pro Tier zum Preis von Z.$ 0.36 pro Kilogramm angenommen.

Zur Berechnung der eingesetzten Futtermenge wird eine Futterverwertung von 2.3 kg Futter pro Kilogramm Zuwachs nach dem Absetzen unterstellt.

Die kalkulierten Erzeugungskosten des Futters betragen Z.$ 0.32/kg unter Berücksichtigung der loco-Hof-Ergänzungsfutterkosten von Z.$ 440.0/t und Schrotkosten von Z.$ 40.0/t. Der Anteil des Ergänzungsfutters in der Eigenmischung beträgt 40 %.

Die Transportkosten für Schweine aus Mangwende zum Schlachthof nach Harare betragen pro LKW-Ladung mit bis zu 15 Baconer-Schweinen Z.$ 100.0, während die Bauern in Chivi für den Transport zum Schlachthof nach Masvingo Z.$ 10.00 pro Schwein zahlen mußten. Dieser Preis wurde ohne Berücksichtigung des Lebendgewichts der Tiere pauschal erhoben.

Weiterhin wurden Z.$ 20 pro Sau und Jahr als zusätzliche Kosten für die Vermarktung der Schweine, die Beschaffung von Inputs, für Stallreparaturen und für die Kapitalkosten der Anlieferungsquote veranschlagt.

Die berechneten anteiligen Kosten der Eberhaltung in Höhe von Z.$ 56.0 pro Sau wurden für einen Sauenbestand von 10 Sauen errechnet (vgl. Anhangstabelle 10).

6.4.2 Erfolgskalkulation der Jahreserzeugungsleistung einer Muttersau nach Regionen und Rasse

Die Erfolgsrechnungen, die für die Jahreserzeugungsleistung der Sauen in den intensiven Produktionsverfahren vorgenommen wurden, sind nach Untersuchungsregion und Genotyp gegliedert in Tabelle 6.11 dargestellt.

Die Ergebnisse zeigen, daß die erzielten Erlöse nicht ausreichen, um die variablen Kosten zu decken. Lediglich für die Gruppe der Leistungsrassen konnte ein positiver Deckungsbeitrag in Höhe von Z.$ 9.6 ausgewiesen werden. Insgesamt zeigen sich große Unterschiede zwischen den beiden Regionen und Genotypen.

Der negative Deckungsbeitrag der Jahreserzeugungsleistung einer Muttersau ist in Chivi um das 35-fache größer als in Mangwende. Die Hauptursache für die schlechte Wirtschaftlichkeit der intensiven Produktionsverfahren ist der hohe Sauenfutterkostenanteil, der durch die geringe Zahl der produzierten Ferkel pro Sau und Jahr verursacht wird. Die Gründe dafür sind die geringen Wurfhäufigkeiten pro Jahr - dies war der Fall, obwohl die Ferkel mit 5 Wochen abgesetzt wurden - und die hohen Tierverlustraten von mehr als 10 %. Zusätzlich wirken sich die hohen Transportkosten aus, die in Mangwende und Chivi um 187 % bzw. 335 % über dem Vergleichswert von Z.$ 2.3 pro Tier dieser Gewichtsklasse liegen (PIB, 1989).

Die schlechte Klassifizierung der Mukotakreuzungstiere, deren Preise um 40 % unter den Preisen für Leistungsrassen liegen, führen zu erheblichen wirtschaftlichen Verlusten. Die Ergebnisse lassen deshalb den Schluß zu, daß die Produktion von Kreuzungstieren für kleinbäuerliche Betriebe, die ihre Schweine über Vermarktungsorganisationen vermarkten und nach Schlachtkörperqualität bezahlt werden, kein geeignetes Tiermaterial darstellt.

Die unter Einbeziehung der festen Kapitalkosten errechneten und mehr als 15 % über dem Marktpreis liegenden Gesamterzeugungskosten pro Kilogramm Schlachtkörpergewicht bei den Leistungsrassen zeigen die unrentable Produktions-und Kostenstruktur. Die hohen Erzeugungskosten verdeutlichen aufgrund der begrenzten Intensivierungsmöglichkeiten in den Systemen, daß bei der Geschlachtetvermarktung von Tieren mit diesen Gewichten die variablen Kosten gerade noch gedeckt aber keine Überschüsse erwirtschaft werden können, um die eingesetzte Arbeit zu entlohnen. Die ermittelte schlechte Rentabilität der intensiven Schweineproduktion erlaubt jedoch noch keine endgültige Schlußfolgerung über ihre Wirtschaftlichkeit, da es verschiedene Produktionsalternativen aufgrund unterschiedlicher Schlachtkörperbewertungen gibt (vgl. Tabelle 6.1), deren ökonomische Auswirkungen in den Betriebssystemen geprüft werden müssen, bevor eine endgültige Bewertung durchgeführt werden kann. Im folgenden Abschnitt erfolgt eine Überprüfung der Wirtschaftlichkeit der verschiedenen Schweineproduktionsalternativen und eine Abschätzung der Bedeutung des Veredlungsbereiches.

Tabelle 6.11: Deckungsbeitragsrechnung der Jahreserzeugungsleistung pro Muttersau nach Regionen und Zuchtgruppen gegliedert

	Region		Zuchtgruppen	
Kennzahlen	Mangwende	Chivi	LR*I	LR
Wurfgröße	8.8	9.1	8.1	9.7
Würfe (p.a.)	1.97	1.53	1.97	1.97
Ferkel (p.a.)	17.4	13.9	16.0	19.1
Verlustrate (%)	13.0	11.0	12.0	12.0
prod. Schweine (p.a.)	15.1	12.4	14.1	16.8
Lebendgewicht (kg)	44.2	39.9	41.3	41.3
Schlachtgewicht (SGW)	35.4	31.9	33.4	33.4
SGW-Preis (Z.$/kg)	2.1	2.1	1.5	2.1
Erlös/Tier (Z.$)	74.3	67.0	49.6	69.5
Altsauenanteil (Z.$)	45.0	45.0	45.0	45.0
Marktleistung (Z.$)	**1166.6**	**875.6**	**743.8**	**1214.6**
Variable Kosten				
Sauenfutter (Z.$)	320.0	320.0	320.0	320.0
Ferkelfutter (Z.$)	108.7	89.3	101.5	121.0
Mastfutter (kg)	1327.3	1134.6	1144.9	1364.2
Mastfutter (Z.$)	424.7	363.1	366.4	436.5
Gesamtfutterkosten (Z.$)	852.7	772.4	787.9	877.5
Deckkosten (Z.$)	56.0	56.0	56.0	56.0
Hygienemaßnahmen (Z.$)	37.8	31.0	35.2	42.0
Transport (Z.$)	100.0	124.0	100.0	100.0
sonstige Kosten (Z.$)	20.0	20.0	20.0	20.0
Kapitalkosten (Z.$)	106.6	100.4	99.9	109.5
VARIABLE KOSTEN	**1173.1**	**1104.6**	**1099.0**	**1205.0**
DB/Sau (Z.$)	**- 6.5**	**-229.0**	**-355.2**	**9.6**
DB/AKH (Z.$)	**- 0.04**	**- 1.25**	**- 1.95**	**0.05**
Feste Kosten				
Platz/Sau+Nachzucht (Z.$)	300.0	300.0	300.0	300.0
fixe Kapitalkosten (Z.$)	72.0	72.0	72.0	72.0
Arbeitseinkommen (Z.$)	**- 78.5**	**- 301.0**	**-427.2**	**- 62.4**
kalk. Arbeitskosten:				
182 AKH à Z.$ 0.5	91.0	91.0	91.0	91.0
Kosten/kg SGW (Z.$)	2.49	3.20	2.68	2.43

Quelle: eigene Berechnungen

6.4.3 Betriebszweiganalyse unter Anwendung von Planungsrechnungen

6.4.3.1 Aufbau und Struktur der Kalkulationstabellen

Aus der Schlachtkörperklassifizierung von COLCOM lassen sich vielfältige Schweineproduktionsalternativen für die intensiv wirtschaftenden kleinbäuerlichen Betriebe ableiten. Die Frage nach der optimalen Produktionsalternative ist in kleinbäuerlichen Betrieben bei kapitalintensiver Produktion von entscheidender Bedeutung und muß durch eine wenig aufwendige Produktionsplanung zu identifizieren sein. Die geringe Faktorausstattung dieser Betriebe führt zu einer großen Abhängigkeit zwischen der Getreideerzeugung und der Schweineproduktion, da die vorhandene Getreideanbaufläche, deren Ertragspotential sowie die darüber hinaus vorhandenen Kapitalverfügbarkeit die wesentlichen Determinanten zur Bestimmung des Produktionsumfangs der Schweineproduktion sind. Aufgrund von klimabedingten Ertragsschwankungen sind jährliche Anpassungsprozesse des Schweinebestandes an die verfügbaren Ernte- und Futtermengen oder deren Kompensation durch erhöhten Kapitaleinsatz notwendig, um eine effiziente Produktion zu gewährleisten. Eine gute Planung dieser Anpassungsprozesse in den kapitalintensiven Produktionssystemen ist zur Vermeidung von Ertragseinbußen unabdingbar. So kam es in den untersuchten Betrieben öfters zu Futter- und Kapitalengpässen, worauf die Bauern durch Reduzierung der Futtermenge und -qualität, Verlängerung der Zwischenwurfzeit oder durch den Verkauf kleiner Schweine reagierten. Diese Reaktionen, die wegen unzureichender Planung notwendig waren, sind teilweise die Ursache für die schlechte Rentabilität der Schweineproduktion, die sich in den Ergebnissen der Tabelle 6.11 niederschlägt.

Im folgenden wird deshalb die Rentabilität der Produktionsalternativen mit einem Kalkulationsmodell untersucht, das die Abhängigkeiten der Schweineproduktion vom Getreideertragsniveau aufzeigt. Dabei wird der notwendige Kapitalbedarf für die Erzeugung von Mischfutter pro Hektar Getreideertrag aus den variablen Kosten der Getreideerzeugung und den Kosten für das Ergänzungsfutter abgeleitet.

Den Berechnungen der Deckungsbeiträge der Schweineproduktionsalternativen liegen die in Punkt 6.4.1 beschriebenen Kostenstrukturen zugrunde. Die Berechnungen beruhen weiter auf den Ergebnissen der jährlichen Produktionsleistungen der Leistungsrassesauen, den COLCOM-Vermarktungergebnissen der Betriebe in Mangwende sowie den von Daten des PIB's abgeleiteten Futterverwertungen (PIB, 1989). Für die Berechnungen des Mastfuttereinsatzes wurden die Lebendgewichte von den Schlachtgewichten abgeleitet, wobei eine Ausschlachtungsrate von 80 % angenommenen wurde. Bei der Berechnung des Anteils der Altsauenerlöse wurde von einer 2-jährigen Nutzung der Sau und einer erzielbaren Marktleistung von Z.$ 200.0 ausgegangen. Als Kosten für die Bestandsergänzung wurden die entsprechenden Produktionskosten der Baconermast angesetzt. In Tabelle 6.12 werden die wichtigsten ökonomischen Kenngrößen für die verschiedenen Schweineproduktionsalternativen, die von den Totvermarktungs ergebnissen der marktorientiert produzierenden Kleinbauern abgeleitet wurden, zusammengefaßt.

Tabelle 6.12: Von Totvermarktungsergebnissen abgeleitete ökonomische Kenngrößen verschiedener Schweineproduktionsalternativen

Kategorien	General Purpose	Baconer	Porker large	Porker medium	Porker small	Manufactoring Pig
Schlachtgewicht (kg)	78.4	62.7	49.4	39.8	32.0	59.6
Preis (Z.$)	2.0	2.1	1.9	2.0	1.7	1.5
Erlös/Tier (Z.$)	156.7	132.0	93.4	81.0	55.1	88.4
Futterverwertung (kg/kg LG)	2.7	2.7	2.3	2.1	2.1	3.0
Mastfutter/Tier (kg)	264.6	211.7	129.3	91.8	71.4	205.4

Quelle: eigene Berechnungen

Aus den Deckungsbeiträgen der verschiedenen Produktionsalternativen pro Tier werden die flächenbezogenen Deckungsbeiträge der Veredlung unter Berücksichtigung des Futterbedarfs der Sauen abgeleitet. Dies ermöglicht den Vergleich mit den Deckungsbeiträgen der Maiserzeugung und gibt Aufschluß über das Potential der Veredlungsproduktion.

Um den Einfluß von Ertragsunterschieden und ihre Auswirkungen auf die Schweineproduktion in der Kalkulation berücksichtigen zu können, werden die Futterkosten über die Erzeugungskosten des Getreides für verschiedene, vom break-even Ertragsniveau prozentual abweichende Erträge berechnet. Am break-even Ertragsniveau entspricht die monetäre Markleistung des Ertrages den variablen Kosten. Diese wurden für den Getreideanbau in Anlehnung an die Technologiepakete für den Maisanbau berechnet, die AGRITEX für Regionen mit hohem und niedrigem Landnutzungspotential empfiehlt (Rupia, 1989; CARD, 1989). Die vollständigen Berechnungen der Deckungsbeiträge für den Maisanbau sind der Anhangstabelle 12 zu entnehmen. Die berechneten Deckungsbeiträge der Maiserzeugung bei unterschiedlichem Ertragsniveaus und die davon erzeugbaren Gesamtfuttermengen sowie die errechneten Kosten pro Kilogramm Futter in Regionen mit unterschiedlichem Landnutzungspotential zeigt Tabelle 6.13.

Tabelle 6.13: Deckungsbeiträge der Maisproduktion und entsprechende Futterkosten bei unterschiedlichem Ertragsniveau in Regionen mit hohem und niedrigem Landnutzungspotential

Ertragsniveau (in % vom Break-even-Ertrag)	- 30	- 20	- 10	± 0	- 20	+ 40	+ 60	+ 80	+100	+120
Region mit hohem Landnutzungspotential										
Ertrag (kg/ha)	1367.8	1563.2	1758.6	1954.0	2344.8	2735.6	3126.4	3517.2	3908.0	4298.8
var.Kosten Mais (Z.$)	369.7	378.9	374.8	381.0	392.1	404.0	415.0	427.0	438.0	449.9
DB MAIS (Z.$)	-103.0	-74.0	-31.9	0.0	65.2	129.5	194.6	258.9	324.0	388.3
mögl.Futtermenge (kg/ha)	2279.7	2605.3	2931.0	3256.7	3908.0	4559.3	5210.7	5862.0	6513.3	7164.7
Gesamtfutterkosten ($)	825.7	899.9	961.0	1032.3	1173.7	1315.8	1457.2	1599.4	1740.7	1882.9
Futterkosten (Z.$/kg)	0.36	0.35	0.33	0.32	0.30	0.29	0.28	0.27	0.27	0.26
Region mit niedrigem Landnutzungspotential										
Ertrag (kg/ha)	960.8	1098.0	1235.3	1372.5	1547.0	1921.5	2196.0	2470.5	2745.0	3019.5
variable Kosten (Z.$)	255.1	259.5	275.1	267.6	287.2	283.8	303.4	299.9	319.5	316.0
DB MAIS (Z.$/ha)	-67.7	-45.4	-34.3	0.0	33.9	90.9	124.8	181.9	215.8	272.8
mögl.Futtermenge (kg/ha)	1601.3	1830.0	2058.8	2287.5	2745.0	3202.5	3660.0	4117.5	4575.0	5032.5
Gesamtfutterkosten ($)	575.3	625.5	686.9	725.1	836.2	924.3	1035.4	1123.4	1234.5	1322.5
Futterkosten (Z.$/kg)	0.36	0.34	0.33	0.32	0.30	0.29	0.28	0.27	0.27	0.26

Quelle: eigene Berechnungen

Durch die unterschiedlichen Kosten und Zusammensetzungen der Anbauberatungspakete wird ein Ertragspotentialunterschied zwischen dem guten und schlechten Ackerbaustandort von 42 % unterstellt. Die Gesamtfutterkosten verdeutlichen den hohen Kapitalbedarf für die Erzeugung des Schweinefutters. Die Futterkosten betragen am break-even Ertragsniveau, bei dem die Erzeugungskosten des Maises dem Marktpreis entsprechen, Z.$ 0.32/kg. Der Einfluß des Ertragsniveaus auf die Erzeugungskosten des Futters zeigt sich in der Reduzierung der Futterkosten um 28 % zwischen dem geringsten und höchsten Ertragsniveau.

6.4.3.2 Ergebnisse der Planungsrechnungen

Anhand der Tabellen 6.14, 6.15 werden die zusammengefaßten Ergebnisse der Deckungsbeitragsrechnungen der verschiedenen Produktionsalternativen für die Region mit hohem Landnutzungspotential dargestellt.

Der Vergleich der Deckungsbeiträge pro Tier zwischen den verschiedenen Produktionsalternativen am break-even-Ertragsniveau zeigt, daß nur die Erzeugung von General-Purpose (GP)- und Baconerschweinen positive Deckungsbeiträge in Höhe von Z.$ 19.3 und Z.$ 12.5 aufweist. Besonders vorteilhaft erscheint die GP-Produktion, da bei diesen Preis-Kostenrelationen die Deckungsbeiträge um 54 % über den ebenfalls positiven Werten, die für die Baconerschweine errechnet wurden, liegen. Zusätzlich zeigt sich die Vorteilhaftigkeit der GP-Erzeugung daran, daß im Gegensatz zu allen anderen Produktionsalternativen bei Futterkosten von Z.$ 0.36/kg noch ein positiver Deckungsbeitrag pro Tier erzielt wird. Beim höchsten Ertragsniveau und Futterkosten von Z.$ 0.26/kg betragen die Deckungsbeiträge pro GP-Tier Z.$ 38.7 und liegen um ca. 100 % über denen, des break-even-Ertragsniveaus. Der Flächenbedarf für die GP-Erzeugung aus der Jahresleistung einer Sau sinkt zwischen diesen beiden Ertragsniveaus von 1.8 ha auf 0.8 ha.

In der Baconermast steigen die Deckungsbeiträge zwischen dem break-even- und Höchstertragsniveau um 131 % auf Z.$ 28.9 an. Dieser stärkere Anstieg im Vergleich zur G P-Produktion ist auf sinkende Durchschnittskosten pro Tier (z.B. für den Sauenfutteranteil) zurückzuführen. Der Flächenbedarf in der Baconererzeugung liegt bei 1.6 ha am break-even-und bei 0.7 ha an dem hier unterstellten Höchstertragsniveau.

Für die Gruppen der Large-und Medium-Porkerschweine (LP bzw. MP) zeigt sich am break-even-Ertragsniveau, daß die Erlöse gerade ausreichen, um die variablen Kosten zu decken, da die Deckungsrechnungen Z.$ -0.9 und Z.$ -1.5 ergaben. In den Berechnungen wurden die Transportkosten pauschal mit Z.$ 10.0 pro Tier veranschlagt, so daß bei gewichtsbezogenen Transportkosten für diese beiden Produktionsalternativen noch Deckungsbeitragsreserven existieren, die etwa im Bereich zwischen Z.$ 3.0 und Z.$ 5.0

pro Tier liegen. Selbst bei Berücksichtigung dieser Deckungsbeitragsreserve bleiben die deutlichen Unterschiede zwischen diesen Produktionsalternativen und der Produktion von Baconer- oder GP-Tieren bestehen. Im Flächenbedarfs- und Deckungsbeitragsverlauf existieren nur geringe Unterschiede zwischen den beiden Porker-Produktionsalternativen. Beim Höchstertragsniveau liegt der Flächenbedarf pro Sau in der Porkererzeugung um 38 % unter demjenigen der GP-Erzeugung. Die höchsten Deckungsbeiträge der LP-und MP-Erzeugung liegen bei Z.$ 11.6 bzw. Z.$ 8.9 und betragen nur 30 % bzw. 23 % des Deckungsbeitrages der GP-Produktion.

Die Ergebnisse der Deckungsbeiträge für Small Porker (SP) und "Manufactoring Pigs" (VP) belegen, daß bei Geschlachtetvermarktung die Erlöse aus dem Verkauf der Tieren, die in diese Klassifizierungsgruppen fallen, nicht ausreichen, um die variablen Kosten zu decken, so daß erheblichen negative Deckungsbeiträge entstehen, selbst dann, wenn mögliche transportkostenbedingte Deckungsbeitragsreserven ausgeschöpft werden. Die schlechten Erlöse beim Verkauf von VP- und SP- Schweinen reichen selbst bei den niedrigsten Futterkosten nicht aus, um die variablen Kosten zu decken.

Tabelle 6.14: Deckungsbeiträge der General-Purpose-, Baconer- und Large-Porker-Mast in Abhängigkeit vom Maisertragsniveau in Regionen mit hohem Landnutzungspotential

Ertragsniveau (in % vom Break-even-Ertrag)	- 30	- 20	- 10	± 0	+ 20	+ 40	+ 60	+ 80	+ 100	+ 120
Ertrag (kg/ha)	1367.8	1563.2	1758.6	1954.0	2344.8	2735.6	3126.4	3517.2	3908.0	4298.8
Futterkosten (Z.$/kg)	0.36	0.35	0.33	0.32	0.30	0.29	0.28	0.27	0.27	0.26
GEN.- PURPOSE-MAST (GP)										
var. Kosten ($/Tier)	153.7	147.7	141.4	137.5	131.5	127.3	124.0	121.6	119.6	118.0
Deckungsbeitrag ($/Tier)	3.0	9.0	15.3	19.3	25.2	29.5	32.7	35.1	37.1	38.7
Deckungsbeitrag ($/ha)	32.0	81.8	145.2	198.1	305.1	411.3	518.3	624.5	731.5	837.7
Veredlungswert ($/ha)	135.0	155.8	177.1	198.0	239.9	281.8	323.7	365.6	407.5	449.4
Flächenbedarf ha/Sau	2.6	2.3	2.0	1.8	1.5	1.3	1.1	1.0	0.9	0.8
BACONERMAST										
var. Kosten ($/Tier)	133.3	128.2	122.9	119.6	114.5	111.0	108.3	106.2	104.5	103.1
Deckungsbeitrag ($/Tier)	-1.2	3.8	9.2	12.5	17.5	21.1	23.8	25.8	27.5	28.9
Deckungsbeitrag ($/ha)	5.7	51.5	110.8	159.6	258.6	356.6	455.6	553.7	652.6	750.7
Veredlungswert ($/ha)	108.7	125.5	142.7	159.6	193.4	227.2	261.0	294.8	328.6	362.4
Flächenbedarf ha/Sau	2.2	2.0	1.7	1.6	1.3	1.1	1.0	0.9	0.8	0.7
LARGE-PORKER-MAST (LP)										
var. Kosten ($/Tier)	104.5	100.7	96.6	94.2	90.4	87.7	85.6	84.1	82.8	81.8
Deckungsbeitrag ($/Tier)	-11.1	-7.3	-3.3	-0.8	3.0	5.7	7.8	9.3	10.6	11.6
Deckungsbeitrag ($/ha)	-88.9	-57.2	-12.1	22.7	93.5	163.4	234.2	304.1	374.8	444.8
Veredlungswert ($/ha)	14.1	16.9	19.8	22.7	28.3	33.9	39.5	45.2	50.8	56.4
Flächenbedarf ha/Sau	1.7	1.5	1.3	1.2	1.0	0.9	0.8	0.7	0.6	0.5

Quelle: eigene Berechnungen

Tabelle 6.15: Deckungsbeiträge der Medium-und Small-Porker-Mast sowie für die Manufactoring-Baconer-Produktion in Abhängigkeit vom Maisertragsniveau in Regionen mit hohem Landnutzungspotential

Ertragsniveau (in % vom Break-even-Ertrag)	- 30	- 20	- 10	± 0	+ 20	+ 40	+ 60	+ 80	+ 100	+ 120
MEDIUM-PORKER-MAST (MP)										
var. Kosten ($/Tier)	91.2	88.0	84.7	82.6	79.4	77.1	75.4	74.1	73.0	72.2
Deckungsbeitrag ($/Tier)	-10.2	-7.0	-3.6	-1.5	1.7	3.9	5.6	6.9	8.0	8.9
Deckungsbeitrag ($/ha)	-93.9	-63.3	-19.5	14.1	82.6	150.2	218.7	286.3	354.8	422.4
Veredlungswert ($/ha)	9.1	10.7	12.4	14.1	17.4	20.8	24.1	27.4	30.8	34.1
Flächenbedarf ha/Sau	1.5	1.3	1.1	1.0	0.9	0.7	0.6	0.6	0.5	0.5
SMALL-PORKER-MAST (SP)										
var. Kosten ($/Tier)	82.0	79.2	76.3	74.4	71.7	69.7	68.2	67.1	66.2	65.4
Deckungsbeitrag ($/Tier)	-26.8	-24.0	-21.1	-19.3	-16.5	-14.6	-13.1	-12.0	-11.0	-10.3
Deckungsbeitrag ($/ha)	-322.7	325.1	-314.4	-313.9	-311.6	-310.1	-307.8	-306.3	-304.0	-302.6
Veredlungswert ($/ha)	-219.7	-251.1	-282.5	-313.9	-376.8	-439.6	-502.4	-565.2	-628.1	-690.9
Flächenbedarf ha/Sau	1.3	1.1	1.0	0.9	0.8	0.6	0.6	0.5	0.5	0.4
MANUFACTORING-BACONER-PRODUKTION (VP)										
var. Kosten ($/Tier)	136.0	130.7	125.2	121.7	116.5	112.8	109.9	107.8	106.0	104.6
Deckungsbeitrag ($/Tier)	-47.6	-42.3	-36.8	-33.4	-28.1	-24.4	-21.6	-19.4	-17.7	-16.3
Deckungsbeitrag ($/ha)	-330.5	-332.7	-321.3	-320.4	-317.4	-315.2	-312.2	-310.0	-306.9	-304.8
Veredlungswert ($/ha)	-227.5	-258.6	-289.4	-320.5	-382.5	-444.7	-506.8	-568.9	-631.0	-693.1
Flächenbedarf ha/Sau	2.3	2.0	1.8	1.6	1.4	1.2	1.0	0.9	0.8	0.7

Quelle: eigene Berechnungen

In Abbildung 6.1 werden die Deckungsbeitragsentwicklung und -vergleiche zwischen den Produktionsalternativen und der Maiserzeugung für Regionen mit hohem Landnutzungspotential dargestellt. Deutlich über den Maisdeckungsbeiträgen (Tabelle 6.13) liegende Deckungsbeiträge zeigen die Ergebnisse der GP-und Baconermast. Die Veredlungsleistungen dieser Produktionsalternativen kompensieren trotz hoher Futterkosten die negativen Maisdeckungsbeiträge bei den niedrigen Ertragsniveaus. Mit steigenden Erträgen und Deckungsbeiträgen für Mais sinkt die Differenz der Deckungsbeiträge zwischen der GP- und Baconermast

Abbildung 6.1: Deckungsbeitragsvergleich pro Hektar Mais und Vergleich der Produktionsalternativen der Schweineproduktion bei unterschiedlichem Ertragsniveau in Regionen mit hohem Landnutzungspotential

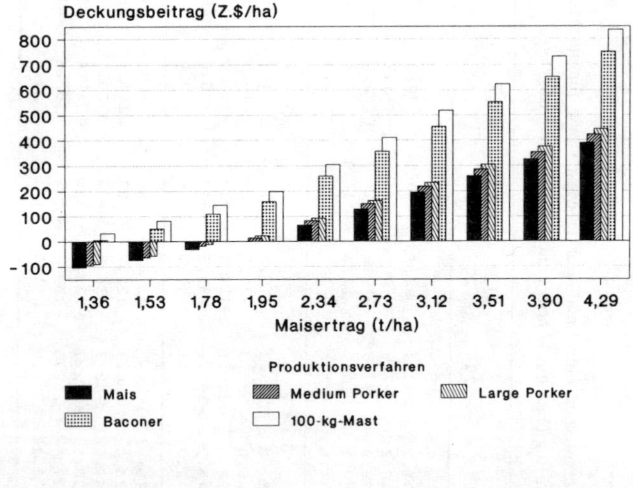

Quelle: eigene Erhebungen

Die Berechnungen der Produktionsalternativen von LP- und MP-Schweinen zeigen, daß eine geringe Veredlungsleistung für alle Ertragsniveaus erzielt wird, obwohl bei Futterkosten von mehr als Z.$ 0.32/kg negative Deckungsbeiträge pro Tier entstehen. Die positiven Deckungsbeiträge pro Hektar der Veredlung, trotz negativer Werte pro Tier, sind auf den flächenbezogenen Altsauenerlösanteil zurückzuführen. Die Veredlungswerte für Ertragsniveaus mit negativen Maisdeckungsbeiträgen und Futterkosten von mehr als

Z.$ 0.32/kg zeigen die verlustminimierende Wirkung der Veredlung. Die Veredlungswerte liegen auf niedrigem Niveau und steigen trotz sinkender Futterkosten nur langsam an. Die geringe Rentabilität der LP- und MP-Schweineerzeugung zeigt sich vor allem bei der schlechten Verzinsung des über den variablen Kosten der Maisproduktion liegenden zusätzlichen Kapitalbedarfs für die Futtererzeugung (vgl.Tabelle 6.13), die für beide Standorte und für die Ertragsniveaus mit positivem Deckungsbeitrag nur zwischen 2 und 4 Prozent liegt.

Für Gebiete mit niedrigem Landnutzungspotential standen keine entsprechenden Anbauempfehlungen für Sorghum oder Hirse zur Verfügung, so daß die Berechnungen für das Maisanbaupaket durchgeführt werden mußten. Die Kosten für die Anbaupakete der Maiserzeugung liegen in diesen Gebieten um 42 % unter den variablen Kosten, die für die Gebiete mit hohem Landnutzungspotential berechnet wurden. Demzufolge ergaben sich für die Berechnungen der flächenbezogenen Deckungsbeiträge entsprechend geringere und für den Flächenbedarf pro Sau und Jahr entsprechend höhere Werte. Die Ergebnisse der Berechnungen für diese Gebiete sind in der Anhangstabelle 11 a,b zusammengefaßt.

Eine effiziente Veredlungsproduktion bezogen auf die Jahreserzeugungsleistung einer Sau kann nur in der GP- und Baconermast als wirtschaftlich sinnvoll angesehen werden. Aber auch dann ist bei dem hier abgeleiteten hohen Ertragsniveau, das nur selten an diesen Standorten erreicht wird, ein sehr hoher Flächenbedarf erforderlich. Da die Betriebe in Chivi hauptsächlich Sorghum und Hirse verfüttern, ergibt sich aufgrund der geringeren Hektarerträge, die etwa zwischen 0.5 und 1.0 t liegen (ICRA, 1987), ein wesentlich höherer Flächenbedarf. Allerdings wird der Hirse- und Sorghumanbau nur mit geringem Kapitaleinsatz betrieben, so daß die Beziehung zwischen Ertrag und Futterkosten weniger stark ausgeprägt ist und zu niedrigeren Futterkosten führt, die in Chivi auf der Basis des lokalen Markpreises für 1.0 t Sorghum von Z.$ 132.0 bei Z.$ 0.28/kg liegen. Die graphische Darstellung der berechneten Deckungsbeiträge in Abbildung 6.2 dient zur Veranschaulichung der Deckungsbeitragsleistungen in Gebieten mit niedrigem Landnutzungspotential.

Abbildung 6.2: Deckungsbeitragsvergleich pro Hektar Mais und Vergleich der Produktionsalternativen der Schweineproduktion bei unterschiedlichem Ertragsniveau in Regionen mit niedrigem Landnutzungspotential

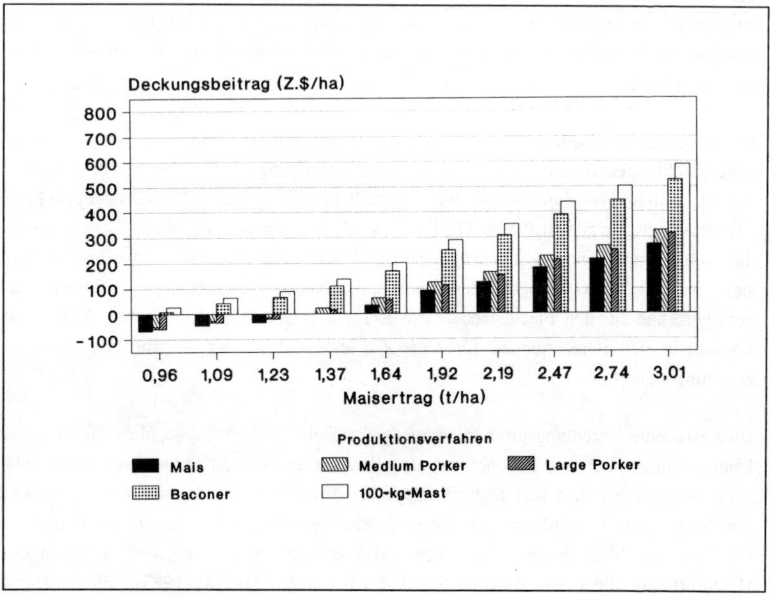

Quelle: eigene Erhebungen

Insgesamt zeigen die Ergebnisse der Modellkalkulationen, daß nur bei der Produktion von schweren Masttieren oder Baconerschweinen die Rentabilität der intensiven Schweineproduktion gewährleistet ist. Diese Produktionsalternativen erfordern allerdings einen beachtlichen Flächen- und Kapitalbedarf, wenn eine effiziente Ausnutzung der Jahreserzeugungsleistung einer Sau gewährleistet werden soll. Die Verkaufsergebnisse der Betriebe in Mangwende (Tabelle 6.1) und die geschätzten Verkaufsgewichte der Schweine aus den Betrieben in Chivi (Tabelle 5.20) zeigen, daß der überwiegende Teil der Schweine als Porker verkauft wurde. Die berechneten Deckungsbeiträge der Porkerproduktion sind selbst bei der Annahme niedriger Futterkosten gering und reichen in einigen Betrieben sicherlich nicht aus, um die festen Kosten zu decken.

Nach diesen Berechnungen erweist sich die Porkerproduktion als falsche Produktionsstrategie, deren Ursache in der geringen Ressourcenverfügbarkeit der Betriebe, der schlechten Produktionsplanung und in der Unkenntnis der Bauern über das Vermarktungssystem begründet liegen. Die Unkenntnis des Vermarktungssystems und die schlechte Produktionsplanung zeigen sich besonders in dem hohen Anteil der verkauften SP-Schweine (22 %). Insgesamt zeigen die schlechten Deckungsbeiträge der als VP und SP klassifizierten Tiere, daß in Betrieben erhebliche Verluste entstehen, wenn aufgrund mangelnder Futterressourcen oder ungeeigneten Tiermaterials (Kreuzungstiere), Tiere dieser Klassifizierungen geschlachtet vermarkten werden.

6.5.3.3 Die Deckungbeiträge der Schweineerzeugung in den Betrieben mit intensivem Produktionssystem

Unter Verwendung der Ergebnisse der Planungsrechnungen werden anhand der von den Betrieben in Mangwende vorliegenden Verkaufsergebnissen (vgl. Tab. 6.1) die Deckungsbeiträge für die Preis-Kostenrelationen 1988/89, annäherungsweise bestimmt.

Von Betrieb 1 in Mangwende wurden alle Vermarktungsergebnisse zwischen März 1987 und Juni 1989 zur Verfügung gestellt. Die Vermarktungsergebnisse von Betrieb 2 beziehen sich auf den Zeitraum April bis Oktober 1989. In Betrieb 1 wurden im Untersuchungszeitraum durchschnittlich 3.1 t/ha Mais geerntet, was zu Erzeugungskosten von Z.$ 0.28 pro Kilogramm Futter führt. Der durchschnittliche Maisertrag in Betrieb 2 lag bei ca. 5.0 t/ha, der durch erheblich über den Beratungsempfehlungen liegende Aufwendungen realisiert wurde und Futterkosten von Z.$ 0.27/kg entstehen ließ. Die unter Anwendung des Planungsmodells abgeleiteten Deckungsbeiträge für die vermarkteten Tiere in den verschiedenen Schlachtgewichtsklassen und den daraus resultierenden Betriebsdeckungsbeitrag zeigt folgende Tabelle.

Tabelle 6.16: Erzielte Betriebsdeckungsbeiträge für 295 vermarktete Schweine aus den Betrieben in Mangwende

	Betrieb 1			Betrieb 2		
		Deckungsbeitrag			Deckungsbeitrag	
Kassifizierung	N	Tier (Z.$)	Betrieb (Z.$)	N	Tier (Z.$)	Betrieb (Z.$)
Small Porker[28]	71	-13.1	-930.1	--	--	----
Medium Porker	111	5.6	621.6	1	6.9	6.9
Large Porker	28	7.8	218.4	10	9.3	93.0
Baconer	7	23.8	166.6	32	25.8	825.6
General Purpose[29]	--	---	----	29	35.1	1017.9
Manufactoring Pig	3	-21.6	-64.8	3	-19.4	- 58.2
Deckungsbeitrag (Z.$)	220		-8.1	75		1885.2

Quelle: eigene Erhebungen

Der Verkauf von 220 Tieren zwischen März 1988 und Juni 1989 führte in Betrieb 1 zu einem negativen Deckungsbeitrag von Z.$ 8.1, weil 32 % der Tiere mit sehr niedrigem Verkaufsgewicht vermarktet wurden. Dies führte zu einem negativen Deckungsbeitrag von Z.$ 930.1. Insgesamt beträgt der Deckungsbeitragsverlust Z.$ 994.9, da ein zusätzlicher Verlust von Z.$ 64.8 durch Aufzucht der verteilten Kreuzungstiere entstanden ist. Durch die Erzeugung von Tieren mit höherem Mastendgewicht gegen Ende der Untersuchungen konnte die schlechte wirtschaftliche Gesamtleistung noch nicht kopmpensiert werden. Die Ursachen für die bisherige geringe wirtschaftliche Leistung der Schweineproduktion ist teilweise noch auf die Auswirkungen der Vermarktungsschwierigkeiten in der Anfangsphase und den daraus resultierenden überständigen Tieren mit nur geringer Marktleistung zurückzuführen. Darüberhinaus traten Futterengpässe in der Futtersaison 88/89 auf, die auf eine zu geringe Menge wirtschaftseigenen Futters zurückgeführt werden konnte. Dadurch konnte eine große Zahl der vermarkteten Tiere nicht genügend ausgemästet werden. Durch den hohen Kapitalbedarf für den Kraftfutterzukauf kam es des

28) Diese Gruppe beinhaltet die als "Undermassed Pigs" verkauften Tiere der Tabelle 6.1.

29) Die Berechnungen der "General Purpose Pigs" beruhen auf den Ergebnissen, die für männliche Tiere erzielt wurden.

öfteren zu temporären Futterengpässen in qualitatver Hinsicht, die sich negativ auf die Mastergebnisse auswirkten.

Die Vermarktungsergebnisse von 75 Tieren aus dem Betrieb 2 führen zu einem Gesamtdeckungsbeitrag von Z.$ 1885.2 und zeigen die Bedeutung einer guten Produktionsplanung bei Auswahl der richtigen Produktionsstrategie auf. Dieser Betrieb war nur geringfügig von den Vermarktungsschwierigkeiten betroffen, da die Schweineproduktion gerade begonnen wurde, nur wenige Tiere in dieser Zeit ausgemästet waren und lokal vermarktet werden konnte. Neben ausreichenden Mengen an wirtschaftseigenem Futter verfügte dieser Betrieb über hohe außerlandwirtschaftliche Einnahmequellen und ausreichenden Zugang zu Krediten für Kraftfutterzukauf. Dadurch war eine bedarfsgerechte Fütterung im Untersuchungszeitraum gewährleistet. Der Gesamtdeckungsbeitrag für alle 153 gewichtsmäßig erfaßten und vermarkteten Tiere während des gesamten Untersuchungszeitraumes, die anhand der geschätzten LSQ-Gewichtswerte (vgl. Tabelle 5.20) als Baconer eingestuft werden können, beträgt Z.$ 3947.4, woraus ein jährlicher Deckungsbeitrag von ca. Z.$ 2000 resultiert.

Für die Betriebe in Chivi werden die betriebsindividuellen Deckungsbeiträge anhand der geschätzten Gewichte berechnet, da keine Abrechnungen der vermarkteten Schweine vorliegen. Dabei werden die Futterkosten nicht über die Ertrags/Aufwandsrelationen pro Hektar Getreideanbau sondern anhand der von den Bauern erfragten, lokal üblichen Sorghumpreise von Z.$ 12.0 pro 91-kg-Sack (Z.$ 13.2/dt) ermittelt. Die Anzahl der verkauften Tiere pro Betrieb, die Schlachtgewichte und -klassifizierungen sowie die von den Planungsrechnungsergebnissen abgeleiteten Deckungsbeiträge in den Betrieben in Chivi sind in folgender Tabelle dargestellt.

Tabelle 6.17: Erzielte Deckungsbeiträge für die vermarkteten Schweine in den Betrieben in Chivi

Betrieb	1	2	3	4	5	6
verkaufte Tiere	26	91	18	27	17	11
Schlachtgew. (kg)	44.0	48.7	40.1	39.8	22.7	44.3
Klassifizierung	LP	LP	MP	MP	SP	LP
DB / Tier (Z.$)	10.0	10.0	8.6	8.6	-11.5	10.0
DB / Betrieb (Z.$)	260.0	910.0	154.8	232.2	-195.5	110.0

Quelle: Eigene Berechnung

Die Ergebnisse zeigen, daß in 5 der 6 Betriebe positive Deckungsbeiträge erzielt werden konnten. In Betrieb 5, der SP-Schweine verkaufte, entstand ein negativer Deckungsbeitrag von Z.$ 195.5. Die geringen Deckungsbeiträge, die in den Genossenschaftsbetrieben 1 und 3 erzielt wurden, sind die Folge des Motivationsverlustes, der von erheblichen Vermarktungs- und Fütterungsproblemen des Jahres 1987 verursacht wurde. Genossenschaftsbetrieb 2, der mit 4 Sauen im April 1988 die Produktion aufnahm und bis zum Juni 1989 den Sauenbestand auf 10 aufgestockt hat, unterschied sich deutlich hinsichtlich des Managements und der Produktionsplanung von allen anderen Betrieben in dieser Region. Dies kommt auch in dem vergleichsweise hohen Deckungsbeitrag von Z.$ 910.0 zum Ausdruck.

Bei den Betrieben 4 und 6 handelt es sich um kleinbäuerliche Betriebe, die 3 bzw. 2 Sauen halten und die Schweineproduktion aus eigener Kraft und ohne größere außerlandwirtschaftlich erzielte Einkommen oder Kredite aufgebaut haben. Die niedrigen Deckungsbeiträge, die in diesen Betrieben erzielt wurden, zeigen die begrenzten Möglichkeiten auf, über eine kapitalintensive und mit hohen Produktionsrisiken verbundene Veredlungsproduktion die Betriebseinkommen in ressourcenarmen kleinbäuerlichen Betrieben - ohne entsprechende Unterstützungsmaßnahmen - zu steigern.

7. Diskussion der Ergebnisse

In dieser Arbeit wurden die Rahmenbedingungen der Schweineproduktion Simbabwes, die Funktionen und Leistungen der Schweine in den kleinbäuerlichen Betriebs- und Produktionssystemen sowie mögliche Verbesserungsansätze in Regionen mit unterschiedlichem Landnutzunspotential untersucht.

7.1 Rahmenbedingungen für die kleinbäuerliche Schweineproduktion

Der Fleischverzehr ist aufgrund der Ernährungsgewohnheiten der Bevölkerung Simbabwes von großer Bedeutung für die Versorgung mit Protein. Durch hohes Bevölkerungswachstum und steigendes pro-Kopfeinkommen wird eine steigende Fleischnachfrage verursacht, die eine Ausdehnung des Fleischangebotes notwendig macht. Eine religiös-kulturell bedingte Abneigung gegen den Schweinefleischverzehr besteht bei der Merheit der Bevölkerung Simbabwes nicht. Zwischen 1985 und 2005 wird ein Anstieg des Schweinefleischverbrauches in den urbanen Zentren um 175 % prognostiziert, wobei unterstellt wurde, daß das Angebot von Rind-, Ziegen- und Schaffleisch um 89 % bzw 163 % gesteigert werden kann (ISNAR, 1988).

Bereits in den 80 Jahren ist es nach umfangreichen Rinderbestandabstockungen im LSCF aufgrund fehlender Preisanreize trotz hoher Subventionen zu einem verringerten Rindfleischangebot und zu einer Deckungslücke in der Fleischversorgung der urbanen Zentren gekommen (AMA, 1988; Eurostat, 1990). Diese Versorgungslücke kann durch die Wiederkäuerhaltung in den kleinbäuerlichen Betrieben der CAs nicht gedeckt werden, da trotz stark gestiegener Rinder- und Ziegenbestände ihr Marktbeitrag gering geblieben ist (AMA, 1988; Chinembiri, 1989). Die Ursachen für diesen geringen Marktbeitrag liegen in den vielfältigen Funktionen, die diese Tierarten in den Betriebssystemen erfüllen (Theisen and Marasha, 1974; Sandford, 1982; Avila, 1986; van Eckert and Mombeshora, 1989). Einer Steigerung der Produktivität der Wiederkäuerhaltung sind aufgrund der sich verstärkenden Überweidungsproblematik, die durch Bestandsaufstockungen und durch die Ausdehnung des Ackerbaus in vielen CAs ökologisch bedenkliche Formen angenommen hat, enge Grenzen gesetzt, so daß es schon als Erfolg angesehen werden kann, wenn sich die ökologischen Folgen der Überweidung in Zukunft nicht verschlechtern (Govt. of Zimbabwe, 1986; MLARR, 1989). Angesichts der sich abzeichnenden Zunahme der Versorgungsprobleme auf dem Fleischmarkt kann davon ausgegangen werden, daß sich der Schweinefleischbedarf in den urbanen Zentren weiter erhöhen wird.

Auch in den ländlichen Regionen ist wegen des hohen Bevölkerungswachstums ein steigender Fleischbedarf zu verzeichnen. Aufgrund der aufgezeigten Probleme der Wiederkäuerproduktion wird der Anteil der Schweine- und Geflügelfleischerzeugung steigen.

Hinweise auf eine expandierende kleinbäuerliche Schweineproduktion geben die ansteigenden Schweinebestände in den CAs und die stärkere Marktorientierung (AMA, 1988; Bonga, 1989). Diese Tendenz ist selbst in Chivi, der Region mit dem niedrigsten Landnutzungspotential und einer traditionell größeren Bedeutung der Tierhaltung, zu erkennen. Dort entstehen vermehrt genossenschaftlich organisierte Schweineproduktionsbetriebe.

Die Kleinbauern in den CAs haben die ihnen zugänglichen Produktions- und Marktchancen im Bereich der pflanzlichen Erzeugung konsequent genutzt. Seit der Unabhängigkeit haben sie erfolgreich den Ackerbau ausgedehnt und intensiviert (Rohrbach, 1987 und 1989; Makombe, 1987). Dadurch haben sich die Produktionsgrundlagen für eine kleinbäuerliche Veredlungsproduktion mit Schweinen wesentlich verbessert.

Von den landwirtschaftlichen Serviceeinrichtungen wurde die kleinbäuerliche Schweineproduktion, sowie Geflügel-, Schaf- und Ziegenproduktion in der Vergangenheit nur wenig beachtet (Hale, 1987; Harrison et al., 1988). Die agrarpolitschen Maßnahmen und staatlichen Dienstleistungsinstitutionen für den Tierproduktionssektor beziehen sich hauptsächlich auf die Förderung der Rinderproduktion (MLARR, 1989). Die Wettbewerbsverzerrungen auf dem Fleischmarkt durch die Subventionen im Rinderbereich und die staatlich kontrollierten Großhandelspreise für Schweinefleisch und -fleischerzeugnisse, die unter Berücksichtigung der Rindfleischpreise festgesetzt werden, sind die größten Hindernisse für eine Ausdehnung der Schweineproduktion in Simbabwe (COLCOM, 1988).

Die Schweineproduktion in Simbabwe ist privatwirtschaftlich organisiert und erhält nur wenig staatliche Unterstüzung. Der kommerzielle Schweineproduktionssektor besteht aus nur 360 organisierten Schweineproduzenten. 60 Großbetriebe besitzen zusammen einen Sauenbestand von 18 000 Sauen und dominieren die Schweineproduktion in Simbabwe (Masvaure, 1988). Diese Produktionsstruktur und die von den Produzenten kontrollierten Organisationen der Schweineproduktion und -vermarktung erweisen sich als wenig geeignet, um eine effiziente Förderung der kleinbäuerlichen Schweinehaltung in den CAs zu erreichen.

So stellt der Erwerb eines für den Zugang zum organisierten Markt erforderlichen Genossenschaftsanteils von COLCOM (Z.$ 500.0) und der damit verbundenen Vermarktungsquote für Bauern ohne regelmäßige außerlandwirtschaftliche Einkommensquellen eine fast unüberwindbare finanzielle Hürde dar. Das differenzierte Klassifizierungs- und Preisgefüge ist für die meisten Kleinbauern in seiner ökonomischen Konsequenz nur schwer zu durchschauen.

Seit Ende der 80iger Jahre hat der PIB seine Aktivitäten zur Förderung der Schweineproduktion in den CAs verstärkt, kann aber in seiner derzeitigen Struktur nur einen begrenzten Beitrag zur Überwindung der spezifischen Probleme der Schweineproduktion in den Kleinbetrieben der CAs leisten. Aufgrund seiner Einnahmestruktur und den damit verbundenen Verpflichtungen, anwendungsorientierte Forschung auf den Gebieten der Produktionstechnik und Fütterung für die großbetrieblichen, intensiven Produktionssysteme zu betreiben, stehen weder die notwendigen Mittel noch die personellen Voraussetzungen zur Verfügung, um eine an die kleinbäuerliche Produktionsumwelt angepaßte Forschung zu ermöglichen. Die bisherigen Beratungskonzepte, die den AGRITEX-Beratern und interessierten Bauern in Beratungskursen, die 3 Tagen oder eine Woche dauern, vorgestellt werden, beziehen sich auf kommerzielle, kapitalintensive Produktionssysteme, die aus der großbetrieblichen Praxis abgeleitet wurden. In diesen Kursen werden Produktionseinheiten und Managementverfahren vorgestellt, die weit über den finanziellen und produktionstechnischen Möglichkeiten der Kleinbauern liegen. Als kleinste Produktionseinheit wird z.B. der Investitions- und Kapitalbedarf für einen aus 20 Sauen bestehenden Schweinebestand vorgestellt. Dafür werden Investitionskosten in Höhe von Z.$ 22 300 und Produktionskosten von Z.$ 20 100 im ersten sowie Z.$ 38 700 in den weiteren Jahren veranschlagt (Mangwayana, 1989). Diese Beispiele sind aufgrund der geringen Kapitalverfügbarkeit und des schlechten Zugangs zu den dafür notwendigen Investitionsgütern wenig geeignet, um den Kleinbauern die Aufnahme der Schweineproduktion zu ermöglichen. Darüber hinaus werden keine Lösungsmöglichkeiten für die Verminderung von Produktionsrisiken, die mit einer derartigen Produktion einhergehen, sowie von betriebsexternen Bezugs- und Absatzproblemen angeboten. Neben diesen Managementkursen bietet der PIB den Bauern 3-wöchige praktische Kurse auf den Versuchsbetrieben an.

Für die nachhaltige Beratung der Bauern mit intensiven Produktionssystemen sind AGRITEX-Berater zuständig, die in der Regel diesen modernen Produktionseinheiten sehr positiv gegenüberstehen, da die Anzahl von landwirtschaftlichen Projekten und Produktionsgruppen als Erfolgsindikator für ihre Arbeit angesehen wird. Eine große Zahl solcher Betriebe oder Projekte wirkt positiv auf ihre Karriere und ihr Prestige. Durch die Vielzahl ihrer Aktivitäten entsprechen ihre Kenntnisse, die sie zum Teil in den auch für Bauern zugänglichen Kursen erworben haben, nicht den notwendigen Anforderungen, um die Bauern mit intensive Haltungssystem erfolgreich beraten zu können. Denn nach der Kursteilnahme kennen die Berater zwar die Grundzüge für eine intensive Schweineproduktion, wissen aber nicht, wie sie diese Kenntnisse auf die Produktionssituation der Kleinbauern umsetzen sollen. Aufgrund dieser unangepaßten Technolgiekonzepte und der unzureichender Einbindung in den Informationsfluß über die aktuellen Erkenntnisse im Schweineproduktionssektor kommt es häufig zu Beratungsfehlern. Zusätzlich ist ihr Beratungsspektrum durch die schwierige Vermarktungssituation in den Betrieben ohne Lieferrechte stark eingeengt (Nobbs, 1988). Da ihre Aufgaben hauptsächlich in der Verbreitung der für Ackerbau und Rinderhaltung empfohlenen Technologiepakete liegt, hängt der geleistete Beratungsinput überwiegend vom persönlichen Interesse der Berater ab. Die Beratung zur Verbesserung der traditionellen Haltungssysteme bezieht sich lediglich auf die Propagierung der ganzjährigen Stallhaltung, ohne daß entsprechende qualitative und quantitative Empfehlungen für Fütterungsmaßnahmen gegeben werden.

Ein weiteres Handikap für die Produktionsausdehnung besteht darin, daß es für die Schweinebestände in den CAs keine tiermedizinische Betreuung gibt, da das DVS bislang nur die Zeckenbekämpfungsmaßnahmen in diesen Gebieten durchgeführt hat. Aus der Aufgabenstellung für die im Aufbau befindlichen Animal Health Care Centers (AMHC), die hauptsächlich für die veterinärmedizinische Betreuung und produktionstechnische Beratung der Wiederkäuerbestände - vor allem der Rinderhaltung - zuständig sind, ist nicht klar ersichtlich, inwieweit sich die Veterinärassistenten (VEA) und Berater auch um die tiermedizinischen Betreuung der Schweineproduktion zu kümmern haben (GFA, 1987; Nobbs, 1988). Die Einrichtung einer zusätzlichen Planstelle im DVS für einen Schweinespezialisten kann als Anzeichen für die Verbesserung der tiermedizinischen Versorgung der Schweinebestände angesehen werden (Madzima, 1988).

Der mangelnde Zugang der Bauern in den CAs zu Krediten des AFC und die geringen Kreditsicherheiten behindert den Aufbau der marktorientierten Schweineproduktion. Einige Betriebe mit intensiver Schweinehaltung konnten zwar gegen eine Einzugsermächtigung bei COLCOM kurzfristige Kredite für den Zukauf von Kraftfutter erhalten. Mittel- und langfristige Kredite für die Investitionsmaßnahmen im Bereich Stallbau oder Viehankauf zu Beginn der Produktion sind aber nur gegen entsprechende Kreditsicherheiten zu bekommen. Als Folge mangelnder Kapitalverfügbarkeit und Materialverfügbarkeit können die Bauern nur suboptimale Stallgebäude errichten, die schon nach kurzer Zeit zu hohen Reparaturaufwendungen führen. Dadurch entstehen schlechte Produktionsvoraussetzungen, die zu einer geringeren Gesamtproduktivität der Schweineproduktion beitragen.

7.2 Die Betriebssysteme

Ressourcenausstattung: Deutliche regionale Unterschiede konnten für die Flächenausstattung der Betriebe festgestellt werden, die mit der unterschiedlichen Besiedlungsdichte in den Regionen korreliert ist. Die kleinsten Betriebe mit durchschnittlich 2.4 ha befanden sich in Mangwende, dem CA mit der höchsten Bevölkerungsdichte.

Die veröffentlichten Untersuchungsergebnisse[30] von Schumba (1985) und Rohrbach (1989) wiesen deutlich über diesem Wert liegende durchschnittliche Betriebsgrößen von 3.4 ha bzw. 2.8 ha aus. Die unter diesen Werten liegende Flächenausstattung der Schweineproduzenten ist auf den sehr hohen Anteil der kleineren Betriebe, die von Frauen geleiteten werden (67 %), zurückzuführen (vgl. Avila, 1985). Die durchschnittliche Betriebsgröße der Schweineerzeuger in Chivi lag mit 2.9 ha über den bisher veröffentlichten Werten (CIMMYT, 1982; Makombe, 1987; ICRA, 1987; GFA, 1987; Rohrbach, 1989). Die größten Betriebe mit durchschnittlich 3.7 ha wurden in Kandeya, der Region mit der niedrigsten Bevölkerungsdichte, vorgefunden. Die Anteile der Betriebe mit unter dem Mittel liegenden Flächenausstattungen lagen je nach Region zwischen 40 % und 50 %. Etwa 13 % der Betriebe verfügten über mehr als 5 ha Ackerland.

Bei den Haushaltsgrößen und verfügbaren Arbeitskräften pro Betrieb sowie der Anzahl der in Arbeitsmigration oder auf weiterführende Schulen befindlichen Familienmitglieder ergaben sich große Unterschiede zwischen den Regionen. Die größten Familien mit 10.4 Personen und einem Arbeitskräftebesatz von etwa vier Vollarbeitskräften befanden sich auf den Betrieben in Chivi, der Region mit dem geringsten Landnutzungspotential. Durchschnittlich 7 bis 8 Personen gehören zu den Familien in Mangwende und Kandeya. Die Anzahl der Vollarbeitskräfte in den Betrieben dieser Regionen lag bei durchschnittlich 2.5 bzw 2.8 AK. In den Betrieben befindet sich aufgrund des hohen Kinderanteils von ca. 50 % eine Arbeitsreserve, die vor allem im Bereich der Tierproduktion für wenig zeitaufwendige Pflege- und Fütterungsmaßnahmen genutzt werden kann. Die relativ großen Familien, deren Umfang für Chivi deutlich über den bisher veröffentlichten Ergebnissen liegt, sind auf das hohe Durchschnittsalter der Betriebsleiter zurückzuführen, da bis zum Alter von ca. 70 Jahren ein Ansteigen der Familiengöße festgestellt wurde (GFA, 1987, ICRA, 1987). Der große Anteil der Betriebe mit Rinderhaltung unter den Schweineproduzenten (80 %) kann als zusätzliche Erklärung für die Familiengrößen dienen, da Avila (1986) und Schumba (1985) signifikant größere Familien in rinderhaltenden Betrieben in Mangwende und Chivi ermittelt haben.

Die in dieser Arbeit vorgestellten Ergebnisse hinsichtlich der permanenten oder temporären außerlandwirtschaftlichen Beschäftigung zeigen, daß mit zunehmender Entfernung zu den urbanen Zentren die Anzahl der abgewanderten Familienmitglieder und die Höhe der in der Region erzielten außerlandwirtschaftlichen Einkommen abnimmt. Insgesamt konnten in 30 % der Betriebe außerlandwirtschaftliche Einkommen von Familienmitgliedern, die im Haushalt leben, festgestellt werden. Die erwirtschafteten Einkommen weisen große Unterschiede zwischen und innerhalb der Regionen aus, die durch die Form der

30) Ergebnisse aus empirischen Erhebungen in den Untersuchungsregionen existieren bisher nur für Mangwende und Chivi.

außerlandwirtschaftlichen Tätigkeit verursacht werden (z.B. Festanstellungen mit regelmäßigen Lohnzahlungen gegenüber handwerklichen Nebenerwerbstätigkeiten).

Die Ausstattung der Haushalte und Betriebe mit Gebrauchs- und Luxusgütern bzw. Geräten und Maschinen, die in den letzten 7 Jahren in den untersuchten Betrieben angeschafft wurden, deuten auf große soziale Unterschiede innerhalb und zwischen den Regionen hin. In 88 % der Haushalte wurden nur sehr geringe Ausgaben für Luxus- oder Gebrauchsgüter getätigt. Bezogen auf betrieblichen Investitionen ist auffallend, daß in Mangwende und Kandeya ca. 70 % der Betriebe nur geringe Investitionen für die Mechanisierung in diesem Zeitraum vorgenommen haben. Im Gegensatz dazu deuten die Ergebnisse von Chivi auf deutlich höhere Investitionstätigkeiten hin und zeigen, daß die regionalen Unterschiede in der Ausstattung der Betriebe weniger auf die Höhe des Landnutzungspotentials zurückzuführen ist, sondern vielmehr auf den Umfang der Arbeitsmigration sowie den außerlandwirtschaftlichen Einkommens- und betrieblichen Kapitalakkumulationsmöglichkeiten der Tierhhaltung. Darüberhinaus sind die geringen Betriebsinvestitionen und Ausgaben für Haushaltsgüter auf die Prioritäten der Bauern, ihren Kindern eine gute Ausbildung zu ermöglichen, wofür hohe Ausgaben getätigt werden, zurückzuführen. Dieses Ergebnis deckt sich mit den von Avila in Mangwende und Chivi untersuchten Prestigesymbolen der Bauern, wobei er feststellte:

> "With respect to prestige symbols in the community the census is that in both areas the ranking order, independent of area or household type is as follows: "four wheels" (motorised vehicle), education of children (considered a major influence on political status), home appearance, good clothes and television. At present, very few communal area residents have vehicles, good homes and clothes, and television; but in the urban areas these items are very much within easy reach of the middle-income groups. Education of the children, for this reason is viewed as a ticket to the outside world, perhaps the only means to possibly acquire such status symbols at some time in the future." (Avila, 1986, Seite 4)

Der Rinderbesitz hat eine zentrale Bedeutung für die Entwicklung der Betriebssysteme in den CAs. Nach Mombeshora (1984), Shumba (1985), Reh (1986), GFA (1987), Jackson (1989) und Chipika (1989) haben 45 % bis 60 % der Haushalte in den CAs Rinder. Dabei zeigt vor allem Shumba (1984) die effizienzsteigernde Wirkung der Rinderhaltung auf die Anbausysteme auf. Jackson (1989), der die soziale Differenzierung in den CAs im Zusammenhang mit dem Rinderbesitz und den Rinderbestandsgrößen untersucht hat, kommt zu folgendem Ergebnis:

> "Highest production, marketing and yields are found in the high potential areas when cattle ownership is highest and conversly the lowest production, total marketing and

yields are associated with the driest areas in combination with the stockless households." (Jackson, 1989 in Cousins et al.,1989, Seite 207)

Vor dem Hintergrund dieser Ergebnisse zeigt der 80 %ige Anteil der Betriebe mit Rinderhaltung und die hohen Durchschnittsbestände von 8.9 Tiere pro Betrieb, daß die Betriebe mit Schweinehaltung zur oberen sozialen Schicht der agrarischen Gesellschaft in den CAs gehören. Der große Anteil der rinderhaltenden Betriebe in Chivi, deren Bestandsgrößen und der Umfang der Ziegenhaltung verdeutlichen die wichtige Rolle von Wiederkäuern am ariden Standort.

Signifikant geringere Ressourcenausstattungen für die von den Ehefrauen und Witwen geführten Betriebe wurden von Avila (1986) festgestellt. Dieser Zusammenhang trifft hinsichtlich der Unterschiede in der Flächenausstattung für alle Betriebe und bezüglich der Rinderbestandsgrößen für die untersuchten Betriebe in Kandeya und Chivi zu. Die größeren Bestände in den von Frauen geleiteten Betrieben in Mangwende weisen auf eine Beziehung zwischen Investitionen in die Rinderhaltung und Einkommen aus Arbeitsmigration hin. Neben den geringeren Ressourcenausstattungen der Betriebe, die von Frauen und Witwen geleitet werden, wirken sich Einschränkungen in der Entscheidungsfreiheit der Frauen bei wichtigen Produktionsentscheidungen auf die Produktion und Betriebsergebnisse aus. Im allgemeinen sind die Frauen für die Produktion der für den Eigenkonsum benötigten Nahrungsmittel zuständig. Den dafür notwendigen Produktionsentscheidungen werden von Seiten der Männer geringe Prioritäten eingeräumt. Die Männer treffen die Entscheidungen über die Flächenallokation für die Verkaufsfrüchte und über die dafür notwendigen Vorleistungen. Für die Produktion der Nahrungsfrüchte wird den Frauen normalerweise das minderwertige Ackerland zur Verfügung gestellt. Auch in den Betrieben, die von den Frauen geleitet werden, bedarf es der Zustimmung der Männer bei allen wichtigen Produktionsentscheidungen. Aufgrund von Kommunikations- und Transportproblemen ist der Entscheidungsprozeß häufig recht langwierig. Dieses wirkt sich negativ auf die Produktionsergebnisse aus. Darüber hinaus haben weibliche Betriebsleiter schlechteren Zugang zu den Kapitaleinnahmen, da die Männer den Verkauf der Ackerfrüchte tätigen und Zugang zu Krediten für die Vorleistungsanbaupakete haben (Avila, 1986; Mugabe and Ruzvidzo, 1986).

Beratung und Betriebsleiter: Die Beratungsaktivitäten zielten in der Vergangenheit auf die Ausbildung der Bauern zum "Master Farmer" und ihre Organisation in "Master Farmer Clubs", in denen weitere Beratungen erfolgten. Seit Mitte der 80 Jahre wird das Training-and-Visit-System als Beratungsansatz durchgeführt, um eine flächendeckendere Beratung zu erreichen (Drinkwater, 1987; Vaughan-Evans, 1987). Obwohl die Bauern über eine langjährige Betriebserfahrung von durchschnittlich 24 Jahren verfügten, konnten große Unterschiede zwischen den Regionen nach formalem Ausbildungsniveau und dem Organisationsgrad in Produzentengruppen festgestellt werden. Die Ergebnisse für die periphere Untersuchungsregion Kandeya zeigen, daß dort wesentlich weniger Bauern an einer landwirtschaftlichen Ausbildung teilgenommen haben oder teilnehmen als in den beiden anderen Regionen. Dies kann auf den schlechten Zugang zur Beratung vor der Unabhängigkeit zurückgeführt werden sowie auf ein geringeres Interesse an Beratung, da jetzt Berater in unmittelbarer Nähe der Dörfer wohnen. Ein Defizit der Beratung zur Tierproduktion konnte für alle drei Regionen festgestellt werden. Denn in Kandeya und Mangwende berichtete nur eine geringe Anzahl der befragten und an Beratungsveranstaltungen teilnehmenden Bauern von Tierproduktionsberatungsthemen. In Chivi gaben 50 % der Bauern, die in Beratungsgruppen organisiert sind auch Diskussionen zu Tierproduktionsthemen an. Dabei wurden ausschließlich Fragen zur Rinderproduktion und -fütterung behandelt. Von einer Verbesserung der Beratungssituation zu Tierproduktionsproblemen kann in Zukunft ausgegangen werden. Das DVS betreibt den Aufbau von 250 Tiergesundheitszentren (AMHCs) in den CAs, die von Veterinary Extension Assistants (VEAs) geleitet werden und eng mit den AGRITEX-Beratern zusammenarbeiten sollen (GFA, 1987). Allerdings ist aus den bisher beschriebenen Aufgabenstellungen der VEAs nicht klar ersichtlich, inwieweit Probleme der Schweineproduktion bei der zukünfitgen Beratung berücksichtigt werden.

Pflanzenproduktion: Große Unterschiede bestehen in den Regenfeldbaussystemen zwischen den drei Untersuchungsregionen. Mais, das die Ernährungsgrundlage für die einheimische Bevölkerung bildet, wird in allen Regionen, von fast allen Bauern, mit unterschiedlichem Umfang und Intensität angebaut. In Mangwende wurde 62 % der Fläche mit Mais, der in dieser Region auch die Hauptverkaufsfrucht ist, bestellt. 92 % der Bauern bauen etwa ein Viertel der Betriebsfläche mit Erdnüssen an, so daß das Anbausystem in dieser Region als Mais-Erdnußanbausystem charakterisiert werden kann. Die erzielten Getreideerträge in der Anbausaison 86/87, die von vielen Bauern als schlecht bezeichnet wurden, lagen in allen 6 berechneten Betriebsgrößenklassen deutlich über dem durchschnittlich errechneten Haushaltsbedarf von ca. 762 kg. Selbst in den Betrieben unter 1 ha Ackerfläche, der kleinsten Betriebskategorie, wurde ein über dem Eigenbedarf liegender vermarktbarer oder verfütterbarer Überschuß von ca. 700 kg erzielt. Der aus allen Getreidearten errechnete durchschnittliche Getreideertrag von ca. 2.5 t/ha und ein Maisertrag von 2.8 t/ha bestätigen das hohe Getreideertragspotential in dieser Region (Shumba, 1985; Rohrbach, 1989). Die mit den Marktpreisen bewerteten Ernteergebnisse ergeben für die Anbausysteme in dieser Region eine Marktleistung von Z.$ 868.70 pro Betrieb für die Anbausaison 86/87.

Das Anbausystem in Kandeya kann aufgrund des großen Anteils der Baumwollproduzenten und des Anbaus der Baumwolle auf fast 50 % der Ackerfläche als ein Baumwoll-Maisanbausystem bezeichnet werden. Erd- oder Bambaranüsse, sowie trockenresistente Sorghum- und Hirsearten werden nur in geringem Umfang angebaut. Der geringe durchschnittliche Getreideertrag von 0.85 t/ha und ein Maisertrag von 0.88 t/ha, der zum Teil auch auf die Trockenheit während der Anbausaison 86/87 zurückgeführt werden kann, weisen auf das geringe Getreideertragspotential und auf hohe Produktionsrisiken für die Maiserzeugung in dieser Region hin. In den Betrieben mit unterdurchschnittlicher Betriebsgröße (35 %) reichten die Getreideerträge nicht aus, um den errechneten Eigenbedarf zu decken. Der Einfluß des Baumwollanbaus und seine wirtschaftliche Bedeutung für diese Betriebe zeigt sich bei geringen Erträgen der anderen Ackerfrüchte in der errechneten hohen Gesamtmarktleistung von Z.$ 1358.4 pro Betrieb.

Ein vielfältiges, kapitalextensives Anbausystem, das als Mais-Sorghum-Hirsesystem bezeichnet werden kann, wurde bei den schweinehaltenden Betrieben in Chivi vorgefunden. Die geringen durchschnittlichen Getreideerträge von ca. 0.5 t/ha und Maiserträge von 0.65 t/ha sowie der Anteil von 54 % der untersuchten Betriebe, deren Erntemenge nicht ausreichte, um den Eigenbedarf zu decken, zeigt die schwierige Ernährungssituation in dieser Region mit dem niedrigsten Landnutzungspotential auf. In den von Rohrbach (1989) untersuchten Betrieben wurden in der guten Anbausaison 84/85 und der durch Trockenheit gekennzeichneten Saison 85/86 Maiserträge von 1.7 t/ha bzw. 0.5 t/ha erzielt. Die geringe Marktleistung von Z.$ 303.4 pro Betrieb verdeutlicht die marginalen Standortbedingungen für den Regenfeldbau in Chivi.

Insgesamt zeigt die Analyse der Anbausysteme an den drei Untersuchungsstandorten im Hinblick auf die Schweineproduktion, daß lediglich die Betriebe in Mangwende Getreideüberschüsse erzielen konnten. Da der meist kreditfinanzierte, kapitalintensive Maisanbau in dieser Region überwiegend zur Erwirtschaftung von Einnahmen betrieben wird, kann davon ausgegangen werden, daß aufgrund von Rückzahlungsverpflichtungen und dem hohen Kapitalbedarf für Haushaltsausgaben bzw. Schulgeld nur geringe Maismengen in der Schweinehaltung eingesetzt werden. In den anderen beiden Regionen weist der große Anteil der Betriebe, die ihre Subsistenz durch die Getreideproduktion nicht sichern können, auf eine große lokale Getreidenachfrage vor allem nach Mais hin. Aufgrund der allgemein geringen Durchschnittserträge kann diese Nachfrage zumindest in Chivi von den größeren Betrieben nicht gedeckt werden. Diese Situation deutet darauf hin, daß Mais in diesen beiden Regionen nur in sehr begrenztem Maße in der Schweineproduktion eingesetzt werden kann. Der geringe Umfang der Produktion von Sorghum oder Hirse in Kandeya läßt darüberhinaus den Schluß zu, daß hier die Schweineproduktion hauptsächlich auf dem Einsatz nicht konventioneller Futterressourcenberuht. Aufgrund der allgemein geringen Ernährungspräferenz für Sorghum und Hirse kann in Chivi davon ausgegangen werden, daß dort neben unkonventionellen Futterressourcen zusätzlich größere Mengen dieser Getreidearten als Schweinefutter Verwendung finden.

Seit der Unabhängigkeit wurden die Forschungsaktivitäten zur Verbesserung der Monokulturanbausysteme in den Regionen mit niedrigem Landnutzungspotential verstärkt. Neben der züchterischen Verbesserung der Sorghum- und Hirsearten sowie der

Erhöhung der Trockenresistenz und Verkürzung der Vegetationsperiode bei Mais wurden vor allem Versuche zur Entwicklung von geeigneten Mischkultur- und Staffelanbausystemen sowie zu wasserkonservierenden Produktionstechniken durchgeführt. Darüber hinaus wurden ertragreiche Produktionsalternativen, wie der Cassavaanbau getestet (Mataruka and Whingwiri, 1989; DR&SS, 1989; Olver, 1987; Mafungoya, 1989). Erste Ergebnisse (vgl. Anhangstabellen 13, 14) zeigen, daß durch die Veränderung der Anbausysteme und Verbesserung der Produktionstechniken in den semi-ariden Gebieten der agrarökologischen Zonen 4 und 5 das Ertragspotential gesteigert werden kann. Dabei sind in bezug auf potentielle Schweinefutterressourcen die Erträge einiger Körnerleguminosen wie Straucherbsen (Cajanus cajan, pigon pea), Augenbohne (Vigna unguiculata, cowpea) und Soyabohnen (Glycine max) vielversprechend (CARD, 1988a). Ein hohes Ertragspotential wurde von Cassava (Manihot esculenta) in der agrarökologischen Zone 5 festgestellt. In Feldversuchen konnten Erträge bis zu 20 t/ha erzielt werden (Mafungoya, 1989).

Tierproduktion: Die Analysen der Tierproduktionssubsysteme anhand der Funktionen und marktfähigen Leistungen der verschiedenen Tierarten verdeutlichen die überragende Stellung der Rinderproduktion in den untersuchten Betrieben. Etwa 75 % der Abgänge aus den Beständen standen in direktem Zusammenhang mit der Erfüllung von sozio-kulturellen Funktionen, die als Spar- und Versorgungsfunktion zu definieren sind. Die Relevanz dieser Funktionen kann für den geringen Marktanteil am Rindfleischmarkt verantwortlich gemacht werden. Am ariden Standort in Chivi erbringen die Rinder aufgrund einer intensiveren Milchnutzung und dem deutlich höheren Verkaufsanteil die größte marktfähige Leistung mit Z.$ 581.90 pro Betrieb. Ähnliche Ergebnisse wurden von der Agricultural Rural Development Authority (ARDA, 1982 a,b; 1983) für die ariden Standorte des Matabelelandes berichtet.

Die bewertete Zugkraftleistung liegt in Kandeya über den Werten der beiden anderen Regionen, da es dort die größten Betriebe gibt und höhere Preise für das Pflügen bezahlt werden. In den Betrieben der stadtnahen Region Mangwende wird die Milchleistung der Kühe in wesentlich geringerem Umfang genutzt als in den Betrieben der beiden anderen Regionen, was auf die knapperen Weideressourcen und bessere Milchversorgung über den Markt zurückgeführt werden kann. Insgesamt liegen die berechneten marktfähigen Leistungen trotz unberücksichtigter Dungleistung über den von Steinfeld (1987) berechneten Werten. Dieser Sachverhalt kann auf die wesentlich größeren Rinderbestände in den hier analysierten Betrieben zurückgeführt werden.

Nach den berechneten Marktleistungen rangiert die Schweineproduktion an allen Untersuchungsstandorten hinter der Rinderhaltung auf dem zweiten Platz. Das hohe Leistungsvermögen der Schweine zeigt sich an den nach Aussagen der Bauern berechneten und zwischen 40 % und 50 % liegenden Extraktionsraten. Der Einfluß der Marktnähe und der günstigen Standortbedingungen auf die Produktionsstruktur der Schweinehaltung findet in dem größeren Anteil der für den offiziellen Markt produzierenden Betriebe in Mangwende seinen Niederschlag. Aufgrund dieser Verhältnisse werden in der Region deutlich höhere Verkaufsanteile und Durchschnittserlöse erzielt, die zu einer um 54 % über dem Durchschnitt aller Regionen liegenden Marktleistung pro Betrieb führen. Die Diskrepanz der berechneten Marktleistungen zwischen Chivi und Kandeya kann auf den unterschiedlichen Stellenwert der Tierproduktion im Betriebssystem zurückgeführt werden. Für die Betriebe in Kandeya besteht im Gegensatz zu den Betrieben in Chivi aufgrund der hohen Flächenausstattung pro Betrieb und hohen Wertschöpfung pro Arbeitskraft, die auf den Baumwollanbau zurückgeführt werden kann, nur eine geringe Notwendigkeit zur Steigerung der innerbetrieblichen Wertschöpfung und Veredlung.

Die regionalen Bestandsunterschiede der kleinen Wiederkäuer und die Markteinbindung der verschiedenen Regionen wirken sich auf ihre Funktionen, Preise und Marktleistungen aus. Die hohen Preise in Mangwende führen im Vergleich zu den beiden anderen Regionen zu einem sehr hohen Verkaufsanteil. Die große Bedeutung der Ziegen- und Schafhaltung für die Versorgung der Bevölkerung mit tierischem Eiweß am ariden Standort wird in dem hohen Eigenkonsumanteil in Chivi deutlich. Die im Vergleich zu den bisher ermittelten Extraktionsraten von 19.6 % (GFA, 1987) festgestellten sehr hohen Extraktionsraten von 32 % und 25 % für Mangwende und Chivi deuten auf Bestandsabstockungen aufgrund knapper Futterressourcen hin. Sie erklären zum Teil auch die beachtlichen Marktleistungen in den ziegen- und schafhaltenden Betrieben dieser Regionen. Die deutlich geringeren Marktleistungen in Kandeya liegen in der Extraktionsrate von 13 % begründet und können im Zusammenhang mit den Bemühungen der Bauern zur Bestandsaufstockung in dieser Region gesehen werden.

Die Bedeutung der in den bisherigen Untersuchungen kaum beachteten Hühnerproduktion in den kleinbäuerlichen Betriebssystemen zeigen die Ergebnisse der errechneten Marktleistungen, die im Gesamtdurchschnitt einen Wert von Z.$ 105 ergeben. Die Bauern schlachten ca. 13 Hühner pro Jahr und verwerten 65 Eier. Mit zunehmender Anzahl der genutzter Tiere steigt der Vermarktungsanteil.

Anhand der Bewertung der Marktleistungen der Tierproduktionsverfahren stellt die Schweineproduktion in den untersuchten Betrieben in allen Regionen das zweitwichtigste Produktionsverfahren dar. Besonders auffallend ist dabei der deutliche Abstand, den die Schweineproduktion zur Produktion kleiner Wiederkäuer selbst in Chivi hat, wo die Ziegenhaltung im regionalen Vergleich die größte Bedeutung einnimmt und wo die Schweineproduktion aufgrund des niedrigen Landnutzungspotentials auf ungünstige Produktionsvoraussetzungen trifft.

7.3 Schweineproduktionssysteme

Zum Zeitpunkt der Ersterhebung in den 225 Betrieben wurden durchschnittlich 5.2 Schweine pro Halter und nur ein reproduktionsfähiges Schwein gezählt. In ca. 15 % der Betriebe wurden ferkelführende Sauen vorgefunden. Nur in 26 % der Bestände befanden sich Eber. Die Ergebnisse der Befragung zur Produktionserfahrung zeigen, daß fast 60 % der Bauern die Schweinehaltung zwischen 1982 und 1987 begonnen haben. Aus den Angaben über den Kenntnisstand zu Symptomen der Brunst- und Trächtigkeit geht hervor, daß bei der Mehrzahl der befragten Bauern ein geringer Kenntnisstand zur Schweinehaltung besteht. In weniger als 50 % der Betriebe wird durch züchterische und hygienetechnische Maßnahmen aktiv in den Produktionsprozeß eingegriffen.

Einen Vergleich zwischen wichtigen Parametern der Reproduktionsleistungen der Sauen, die aus Antworten der Bauern beziehungsweise aus Ergebnissen[31] der Feldleistungsprüfung berechnet wurden, zeigt folgende Tabelle. Die prozentualen Unterschiede zwischen den Ergebnissen vedeutlichen die Überbewertung der Leistungen der Schweine durch die Bauern.

Tabelle 7.1: Vergleich von Leistungsparametern aus Befragungs- und Feldleistungsdatenerhebungen;

Leistungsparameter	Ergebnisse		Unterschied
	Befragung	Leistungstests	in %
Erstferkelalter (Monate)	9.2	15.9	73
Zwischenwurfzeit (Monate)	8.4	12.5	47
Würfe/Sau + Jahr (St.)	1.42	0.96	49
Anzahl geb. Ferkel/Wurf (St.)	8.3	6.4	30
Anzahl geb. Ferkel/Jahr (St.)	11.8	6.1	93
Lebenswurfleistung (Würfe)	4.4	1.6	175
Lebensleistung/Sau (Ferkel)	36.5	10.2	257

Quelle: eigene Berechnungen

Aus der Gegenüberstellung dieser Ergebnisse wird deutlich, daß Erhebungen zu den relevanten Ereignissen in der traditionellen Schweineproduktion, die in Form einer ein-

31) Der Vergleich der Befragungswerte erfolgt aufgrund der ungleichen Stichprobenzusammensetzung nicht mit den errechneten Gesamtmittelwerten aus den Feldleistungsdaten, sondern ahnhand der geschätzten Mittelwerte (LSQ-Werte), die für das traditionelle Haltungssystem ermittelt wurden.

maligen Befragungen durchgeführt werden, wenig geeignet sind für die Berechnung realitätsnaher Herdenparameter.

Haltungssysteme: In den CAs existieren zwei unterschiedliche Haltungssysteme. Neben einem traditionell subsistenzorientierten extensiven System gibt es marktorientierte kapital- und arbeitsintensive Produktionssysteme, die mit zunehmender Tendenz vor allem in Regionen mit geringer Entfernung zu den offiziellen Vermarktungsmöglichkeiten entstehen.

Die **traditionelle Schweinehaltung** in Simbabwe ist in ihren wesentlichen Erscheinungsformen mit den bisher beschriebenen traditionellen Haltungsverfahren anderer Entwicklungsländer vergleichbar[32]. Unterschiede existieren lediglich zu Haltungssystemen mit ganzjähriger Freilandhaltung, die an verschiedenen Standorten der humiden Tropen in Südost Asien und Lateinamerika praktiziert werden.

In den traditionellen Haltungsverfahren Simbabwes findet ein Wechsel zwischen Freilandhaltung, die in der Nachernte- und Trockenzeit beginnt, und einer Stall- oder Kraalhaltung, die während der Anbausaison betrieben wird, statt. In der Region Chivi werden die Schweine nach Aussagen der Bauern in größerem Umfang ganzjährig in den Ställen gehalten. Die Bauweise der meisten beobachteten Ställe oder Schweinekraals, die in Eigenleistung oder für Z.$ 20 bis Z.$ 30 erstellt werden, läßt den Schluß zu, daß das Hauptaugenmerk bei der Konstruktion der Ställe lediglich auf die sichere Aufbewahrung der Tiere gelegt worden ist und weniger darauf, den Tieren eine tiergerechte Behausung zu bieten. Die sichere Einstallung der Tiere während der Anbausaison ist notwendig, weil die Bauern Schweine aus fremden Beständen töten, die in ihre Felder eindringen. Die Ställe bieten kaum Schutz vor Regen und gewährleisten keine ausreichende Entwässerung. Dadurch treten in der Regenzeit hohe Verluste auf. Die Ställe sind weder mit ausreichend überhängenden Dächern ausgestattet, stehen meist nicht in der Nähe von schattenspendenden Bäumen und werden nicht in in Ost-West-Richtung gebaut und überdacht, was nach Rannfelt und Kroeske (1974) sowie Poetschke (1984) zur Verminderung der direkten Sonneneinstrahlung beiträgt. Die Einrichtungen für die Futtervorlage sind vor allem für die Bereitstellung von Trinkwasser unzureichend. Der Schweinedung wird nur von wenigen Bauern genutzt.

Aufgrund der unterschiedlichen Anbausysteme in den Untersuchungsregionen werden verschiedene Futtermittel eingesetzt. In den Regionen mit maisbetonten Fruchtfolgen verfüttern fast alle Bauern Mais, der hauptsächlich aus Kümmerkorn besteht oder von Schädlingen befallen ist (Stunnings, 1987), und Haushaltsabfälle, die überwiegend aus

---

32) Vergleiche die Untersuchungen von Jollans (1959); Mahmud and Devendra (1971); Kroeske (1972); de Fredrik (1977); Eusebio (1980); Falvey (1981); Jahnke (1982); Wilkins and Martinez (1983); Rajamahindran (1985); Nkane (1987); Pathiraja (1987).

Maisbrei (Sadza) bestehen. In deutlich geringerem Umfang werden diese beiden Futterressourcen von den Bauern in der ariden Region Chivi eingesetzt, wo entsprechend der Anbaustruktur vermehrt Sorghum und Hirse oder Hirseprodukte (Biertreber) verfüttert werden. Die Verfütterung von Kürbisarten und Wassermelonen an die Schweine steht in Beziehung zum Landnutzungspotential und wird in geringerem Umfang in den ariden Gebieten praktiziert. Nach Angaben der Bauern in allen Regionen treten in der Mehrzahl der Betriebe Fütterungsprobleme auf.

Die Untersuchungen von Scherf (1990) zeigen, daß die eingesetzten Futtermittel Proteindefizite aufweisen. Eine Integration von Körnerleguminosen könnte zur teilweisen Beseitigung der Fütterungsprobleme beitragen, ohne daß in den Mais- und Hirseanbausystemen mit hohen Opportunitätskosten durch verminderte Erträge oder Anbauflächen gerechnet werden muß (CARD, 1989). Der Leguminosenanbau hat vielfältige positive Auswirkungen in der Fruchtfolge (Norman, 1974; Ezueh and Taylor, 1983; Ashokan et al., 1985; Carls, 1989, 1990) und soll zukünftig zur Verminderung der Bodenerosion und Erhaltung der Ertragsfähigkeit der Böden besonders ausgedehnt werden. Bei der Wahl der Leguminosenarten, die zur Überwindung der Proteindefizite in der Schweinefütterung beitragen sollen, muß jedoch die biologische Wertigkeit der Leguminosenproteine und der Gehalt an Trypsininhibitoren, die sich nachteilig auf Wachstum, Futteraufnahme und -verwertung auswirken, berücksichtigt werden (Pond and Maner, 1974).

Die Verwendung von Cassava als Energieträger in Futterrationen ist allgemein akzeptiert {vgl. Aumaitre (1967); Maner et al. (1969 & 1970); Maust et al. (1972); Müller et al. (1972 & 1974); Gomez (1977 & 1979); Wyllie and Lekule (1974)}, aber in Simbabwe vermutlich wegen der erst kürzlich begonnenen Cassavaproduktion noch nicht anzutreffen. Obwohl einige Bauern bereits Cassava angebaut haben, waren sie über die mögliche Verwendung als Schweinefutter nicht informiert. Die gute Eignung von ad libitum gefütterten, frischen und geschnitzelten Cassavawurzeln als Schweinefutter bei entsprechendem Proteinausgleich wurde von Maner et al. (1969 & 1970) bewiesen. Allerdings gibt es große Variationen zwischen den Cassavasorten in bezug auf ihre Schmackhaftigkeit und ihren Cyanidgehalt (Nestel, 1973; Müller, 1974). Nach Aussage von Mafungoya (1989) haben die in Simbabwe benutzten Cassavasorten hohe Bitterstoff- und Cyanidgehalte, die aber durch entsprechende Verarbeitungstechniken gesenkt werden können. Eine weitere Verbesserung der Futtersituation in den traditionellen Systemen kann durch die Ausdehnung des bisher nur in geringem Umfang praktizierten Anbaus von Sweet Potato (Ipomoea batatas) erreicht werden. Allerdings müssen für die Fütterungsberatung auf der Basis der vorhandenen und den hier aufgezeigten zusätzlichen Futterressourcen entsprechende Futterrationen entwickelt und optimiert werden, die auf das Tiermaterial und die Ressourcenverfügbarkeit der Kleinbetriebe zugeschnitten sind (Falvey, 1981).

Auch die bedarfsgerechte Bereitstellung von Wasser stellt in den meisten Betrieben aufgrund ungeeigneter Tröge bzw. großer Distanzen zu den Wasserquellen ein Problem dar. Auf die Bedeutung einer guten Wasserverfügbarkeit auf das Wachstum der Tiere besonders am tropischen Standort weist Kunan (1971) hin.

Der allgemein schlechte Fütterungszustand und die extremen Haltungsbedingungen in der Stallhaltungsphase führen zu Mangelerkrankungen und einer verringerten Widerstandsfähigkeit der Tiere gegen Parasitenkrankheiten. Neben Ektoparasitenbelastungen durch Läuse, Zecken und blutsaugende Insekten, tritt besonders in den ariden Regionen während der trockenen Wintermonate, die Sarcoptusräude in verstärktem Maße auf. In der Trockenzeit treten in allen Regionen vermehrt bakterielle Atemwegserkrankungen bei Schweinen auf. Scherf (1990) konnte mit längerer Dauer der Regenzeit eine Zunahme des Kokzidien- und Helminthenbefalls nachweisen. Nach Mafukidze (1988) sind die Wildschweine und Warthogs (Phacochoerus aethiopicus) Träger des Erregers der afrikanischen Schweinepest, die auch in der Zecke Ornithodorus mubata bis zu sechs Monate im infektiösen Zustand überdauern kann. Die Tatsache, daß sich die Habitate der Wildschweinearten mit Aufenthaltsbereichen der Tiere der Bauern zumindest während der Freihaltungsphase in den weniger besiedelten, peripheren Gebieten überschneiden und daß die Bauern über keine epizootisch verlaufenden Krankheitsausbrüche berichteten, kann ein Hinweis auf mögliche Resistenzen der einheimischen Schweine gegen die Schweinepest sein.

Die autochthonen Mukota-Schweine und ihre Kreuzungsprodukte sind an die Standorte und Haltungsbedingungen in Simbabwe sehr gut angepaßt und zeichnen sich durch eine hohe Widerstandsfähigkeit aus, die auch im Verlauf des Zuchtstufentestes aufgrund kaum zu verzeichnender Verluste beobachtet werden konnte. Die Fähigkeit zu kompensatorischem Wachstum der einheimischen Schweine erscheint außerordentlich groß zu sein. Stark abgemagerte und scheinbar kurz vor dem Hungertod stehende, ferkelführende Sauen, die sich kaum noch auf den Beinen halten konnten, erreichen nach Erhöhung der Futtermenge in der Erntezeit oder bei einsetzender Freilandhaltung, schon nach kurzer Zeit eine gute Kondition. Öfters beobachtete braun-schwarz gestreifte Ferkel weisen auf Kreuzungen zwischen den Schweinen der Bauern mit wildlebenden Ebern des Bushpigs (Potamochoerus porcus) hin. Daneben zeigt sich der von Kleemann et al. (1975) beschriebene Trend zur Einkreuzung exotischer Schweinerassen in die Lokalrassen, der durch die vorgefundene hohe Anzahl von Kreuzungstieren sowie die Präferenz der Bauern für weiße Schweine, die bei den Verteilungen der Ferkel für den Zuchtstufentest beobachtet werden konnte, zum Ausdruck kommt.

Die schlechten Haltungs- und Fütterungsbedingungen kommen besonders in den Verlustursachen (vgl. Tab. 5.23) und der hohen Verlustrate von 40 % (vgl. Tab. 5.18) zum Ausdruck. Die geringen Verlustgewichte - 4.55 kg bei relativ hohem Alter - weisen auf einen langsamen Hungertod, der von den Bauern oft als Krankheit bezeichnet wurde, hin. Die Regenzeit übt einen besonders großen Einfluß auf die Höhe der Verluste aus, da mehr als 50 % der Tiere, die in dieser Zeit geboren werden, verenden (vgl. Abb. 5.17).

Die Anteile der produzierten Tiere im traditionellen System, die für den Verkauf oder Eigenkonsum bestimmt waren, unterschieden sich nur geringfügig voneinander (11.2 % bzw. 9.7 %). Die Extraktionsrate für den erfaßten Schweinebestand in diesem System liegt zwischen 29 % und 45 %.

Große Unterschiede bestehen zwischen den Betrieben mit **intensivem Schweineproduktionssystem** hinsichtlich Stallbau, Fütterungs- und Produktionsintensität. Die Motivation und der Kenntnisstand der Bauern sowie die Ressourcenverfügbarkeit in den Betrieben bestimmen das äußere Erscheinungsbild und das Leistungsniveau der Schweinehaltung. In den intensiven Produktionssystemen werden hauptsächlich Large White * brit. Landrassekreuzungstiere gehalten. Ungenügende Stallbau-, Produktions-, und Finanzplanungen führen zu verminderten Leistungen, die durch schlechte Haltungsbedingungen und temporär auftretende Futterengpässe hervorgerufen werden. Zur Überwindung der Futterengpässe konnten die Bauern in Mangwende, die über hohe außerlandwirtschaftliche Einkommen verfügen und die Mitgliedschaft von COLCOM erworben haben, Kredite für den Kraftfutterzukauf in Anspruch nehmen. Die Rückzahlung dieser Kredite erfolgt über Einzugsermächtigungen beim Verkauf der Schweine an die COLCOM - Vermarktungsgenossenschaft.

Der schlechte Zugang zu Baumaterialien, unsachgemäße Bauausführungen und die zeitweise Überbelegung der Buchten führt zur schnellen Abnutzung der Ställe, hohen Reperaturkosten und verursacht erhöhte Verluste, die vor allem auf das eindringende Regenwasser zurückzuführen sind (vgl. Tab. 5.23). Die ermittelte Gesamtverlustrate in den untersuchten Betrieben von 12 % liegt um 2 % unter den im Lande üblichen Verlusten (PIB, 1988, Masvaure, 1988). Die Extraktionsrate in den Betrieben mit intensivem Produktionssystem beträgt 83 %.

7.4 Leistungen der Schweine

Reproduktionsleistung: Das Reproduktionsgeschehen in den meisten Betrieben mit **traditionellem Systemen** geschieht unkontrolliert und überwiegend in der Freihaltungsphase. Die dadurch entstehende Saisonalität ist von der regionalen Ernte- und Ausstallungszeit abhängig und entspricht weitgehend derjenigen der Wildschweinpopulation (Cumming, 1975). Dieser Reproduktionsverlauf führt zu Zwischenwurfzeiten von ca. einem Jahr. Das Erstferkelalter von 18 Monaten ist bedingt durch die geringe Wachstumsrate im traditionellen System. Dadurch kann die Fähigkeit der Mukotaschweine zur frühen Geschlechtsreife nicht ausgenutzt werden (Holness, 1968). Die mittlere Wurfgröße liegt bei 6.6 Ferkel und unterscheidet sich nicht signifikant zwischen den Rassen. Dieser unter Feldbedinungen ermittelte Wert läßt im Vergleich zu den bisher unter Stationsbedingungen erhobenen Wurfgrößen der Mukota- und anderer afrikanischer Lokalrassen darauf schließen, daß die Haltungsbedingungen keinen Einfluß auf die Wurfgrößen ausüben (vgl. Holness, 1974; Somade, 1984; Adebambo, 1986). Vielmehr lassen die Ergebnisse von Holness (1974), der einen signifikanten Einfluß des Fütterungsniveaus auf die Wurfgröße für die Mukotarasse nachweisen konnte, den Schluß zu, daß sich die Sauen in der Endphase der Trächtigkeit in einem guten Ernährungszustand befanden. Die meisten Sauen werden nach dem ersten Wurf geschlachtet, so daß die höheren Wurfleistungen der Folgewürfe nicht genutzt werden. Signifikante Unterschiede zwischen den durchschnittlichen Geburtsgewichten der Ferkel der verschiedenen Rassen konnten festgestellt werden. Im Gesamtmittel liegen die Geburtsgewichte bei 1.23 kg. Dieser hohe Wert ist auf das größere Reproduktionsleistungspotential der Kreuzungssauen zurückzuführen, das um 49 % über den errechneten Geburtsgewichten der Mukotaferkel liegt. Die Geburtsgewichte der Mukotaferkel, deren Mittel 0.95 kg beträgt, unterscheiden sich nur wenig von den bisher unter Stationsbedingungen für afrikanische Lokalrassen ermittelten Werten (vgl. Holness, 1974; Somade, 1984; Makinde 1984; Adebambo, 1984). Auch existieren signifikante Saisoneinflüsse auf die Höhe der Geburtsgewichte der Ferkel. Diese können auf die klimatischen Einflüsse während der Trächtigkeit und auf haltungstechnisch bedingte Futterverfügbarkeiten, die sich auf das Sauengewicht zum Zeitpunkt der Konzeption auswirken, zurückgeführt werden.

Die aus der Aufzuchtrate berechneten Aufzuchtverluste betragen im traditionellen Haltungssystem 24 % und steigen bei Würfen, die in der Hauptregenzeit geboren werden, auf über 30 % an. Von ähnlich hohen Aufzuchtverlusten berichtete Wilkins (1983) für traditionelle Produktionssysteme in Bolivien. Der Einfluß von Jahressaisoneffekten konnte statistisch abgesichert werden und deutet auf einen Zusammenhang zwischen dem Verlauf der Regenzeit und den Aufzuchtverlusten hin. Schon in Untersuchungen von Holness (1974) waren hohen Aufzuchtverluste auf schlechte Haltungsbedingungen während der Stallhaltungsphase und schlechte Fütterungsbedingungen während der Aufzuchtphase zurückzuführen.

In den Betrieben mit **intensivem System** konnte keine Saisonalität im Reproduktionsgeschehen festgestellt werden. Die signifikanten Systemunterschiede zeigen sich im geringeren Erstferkelalters (12 Monate), der höheren Wurfgröße (9 Ferkel) und den niedrigeren Aufzuchtverlusten von ca. 7 %. Diese Werte unterscheiden sich nur im geringfügig von den im LSCF ermittelten Werten (Masvaure, 1988; PIB, 1989; Pathiraja, 1989). Fütterungsprobleme verursachen die längere Zwischenwurfzeit in Chivi. Die Jahreswurfleistungen in Mangwende und Chivi liegen mit 1.97 bzw. 1.53 deutlich unter den Werten von 2.1 Würfen pro Sau und Jahr, die der PIB (1988) für das "Management Recording Scheme 1987" ermittelt hat. Die durchschnittlichen Geburtsgewichte der Ferkel in den untersuchten Betrieben liegen bei 1.45 kg und unterscheiden sich nicht von den von Pathiraja (1989) ermittelten Werten aus Betrieben des LSCF. Die nicht signifikanten Unterschiede zwischen den Leistungsrassen und Kreuzungstieren decken sich mit den von Adebambo (1986) veröffentlichten Unteruchungsergebnissen. Es besteht ein großer Einfluß der Wurfsaison auf die Geburtsgewichte der Ferkel.

Ein zum Vergleich der verschiedenen Rassen in den beiden Systemen berechneter Wurfindex auf Grundlage der unterschiedlichen Sauengewichte zeigt, daß nur geringe Unterschiede in der sauengewichtsbezogenen Wurfleistung bestehen, und bestätigt die Ergebnisse von Holness (1973).

Wachstumsleistungen der einheimischen Tiere: Im Gegensatz zu den relativ geringen Unterschieden zwischen den beiden Produktionssystemen bei den Reproduktionsleistungen existieren erwartungsgemäß sehr große Unterschiede hinsichtlich der Wachstumsleistungen, die bis zum Alter von 210 Tagen auf über 500 % ansteigen.

Die untersuchten Einflußfaktoren, die sich auf die Wachstumsleistungen der Schweine im **traditionellen Produktionssystem** auswirken, zeigen, daß nur geringe, statistich nicht absicherbare Unterschiede zwischen den Regionen und Rassen sowie der Wurfsaison und den sozio-ökonomischen Effekten bestehen. Bisher gab es nur sehr wenig Informationen über erhobene Wachstumsleistungen in traditionellen Systemen. Für die Aufzuchtphase (56 Tage) hat de Fredrick (1977) im traditionellen Schweineproduktionssystem der Solomon Inseln eine Lebenstagzunahmen von 89 g ermittelt, die nur geringfügig über dem Wert von 83 g liegen. In der Tendenz stimmt der weitere Wachstumsverlauf in den traditionellen Systemen der sehr unterschiedlichen Standorte überein. Mit dem natürlichen Absetzen nach ca. 90 Tagen sinkt die Wachstumsrate deutlich von 75 g ab und bleibt auf niedrigem Niveau für die gesamte Wachstumsperiode bestehen, was zu einem fast linearen Gewichtverlauf führt. Die Lebenstagzunahme zwischen dem Alter von 120 und 210 Tagen schwankt im Bereich von 60 g und 65 g in diesem Produktionssystem in Simbabwe. Dieser Wert liegt um mehr als 50 % unter der von Holness (1968) ermittelten Lebenstagzunahme von 126 g, die für Mukota-Jungsauen bei niedrigem Fütterungsniveau mit rohfaserreicher und proteinarmer Fütterung gemessen wurden. Nach 9 Monaten erreichen die in dieser Arbeit untersuchten Schweine ein durchschnittliches Gewicht von 18.6 kg. Bestehende Betriebsunterschiede kommen in den höheren Gewichten und Lebenstagzunahmen der verkauften Tiere in der Region Mangwende zum Ausdruck.

Im intensiven Produktionssystem bestehen signifikante Unterschiede zwischen den verschiedenen Regionen. Die Gewichtsentwicklung der Schweine ist signifikant vom Zeitpunkt des Ferkelns abhängig und ist auf den Einfluß der kalten Wintermonate während der Aufzuchtperiode und auf die unterschiedlichen Futterverfügbarkeiten während des Jahres zurückzuführen. Die durchschnittlichen Gewichte der Schweine betragen im Alter von 180 und 210 Tagen 60.7 kg bzw. 76.1 kg. Die vom 60-Tagegewicht abgeleiteten täglichen Zunahmen betragen in diesen Wachstumsabschnitten 434 bzw. 451 Gramm und entsprechen in etwa den von Chigaru (1981) (vgl. Tab. 5.2) ermittelten Werten für Leistungsrassen bei 25 %iger Proteinunterversorgung. Der Vergleich der Untersuchungsergebnisse von Chigaru mit den hier ermittelten Ergebnissen belegt die suboptimale Fütterung der Tiere in den meisten Betrieben und zeigt das nicht genutzte Wachstumspotential der Leistungsrassen auf. Die bestehenden großen Wachtumsunterschiede zwischen den Betrieben kommen besonders bei den berechneten Lebenstagzunahmen der verkauften Tiere zum Vorschein (vgl. Tab. 5.20), die in 55 % der Betriebe unter 200 g liegt.

Wachstumsleistungen der verschiedenen Zuchtstufen: Für die verschiedenen Zuchtstufen der Leistungs-Mukotarassekreuzungstiere konnten im **intensiven System** signifikante Unterschiede in der Gewichtsentwicklung nachgewiesen werden. Dabei zeigt sich die deutliche Überlegenheit der Tiere mit mindestens 75 % Leistungsrasseanteil. Diese Tiere erreichten eine tägliche Zunahme von 374 g, die um 28 und 46 Prozent über den Werten für die Gruppen mit 50 % bzw. 25 % Leistungsrasseanteil liegen.

Auch die Unterschiede im Wachstumsverlauf zwischen den verschieden Zuchtstufen im **traditionellen System** zeigen die deutliche Überlegenheit der Tiere mit hohem Leistungsrasseanteil. Diese Unterschiede waren jedoch bei den meisten Altersgewichtsmerkmalen nicht signifikant und vergrößern sich mit zunehmenden Alter. Die Gewichtsdifferenz zwischen den Tieren mit 25 % und 75 % Leistungsrasseanteil beträgt im Alter von 120 Tagen 3.1 kg und steigt auf 8.5 kg im Alter von 270 Tagen an. Allerdings zeigen die um das unterschiedliche Verteilungsalter korregierten Gewichtszuwächse wesentlich geringere und nicht signifikante Unterschiede zwischen den verschiedenen genetischen Gruppen. Der Unterschied im Wachstumsabschnitt 210 Tage beträgt zwischen den Tieren mit 25 % und 75 % Leistungsrasseanteil beim Gewichtszuwachs ca. 14 %.

Die Ergebnisse, die aufgrund der geringen Anzahl des untersuchten Tiermaterials und der Probleme bei der Versuchsdurchführung keine endgültigen Schlußfolgerungen zulassen, deuten darauf hin, daß Tiere mit höherem Leistungsrasseanteil selbst unter den traditionellen Produktionsbedingungen bessere Wachstumleistungen erzielen. Allerdings zeigen die geringen Unterschiede zwischen den unterschiedlichen Zuchtstufen, daß sich das durch Einkreuzung von Leistungsrassen in die Mukotarasse erreichte höhere genetische Wachstumsleistungspotential unter den momentanen traditionellen Produktionsbedingungen nur im geringen Maße auswirken kann.

Einfluß von Fütterungs- und Hygienemaßnahmen: Für den Wachstumsabschnitt 35 bis 120 Tage zeigt das Fütterungsniveaus einen hochsignifikanten Einfluß auf den Gewichtsverlauf von Tieren im traditionellen Produktionssystem. Die täglichen Zunahmen in der Gruppe mit traditionellem Fütterungssystem und den Gruppen, die mit 50 % und 100 %

ihres Bedarfs zugefüttert wurden, betragen 59, 120 bzw. 214 g. Die durch diese Fütterungsmaßnahmen erzielten Steigerungen der täglichen Zunahmen um 103 % bzw. 262 % lassen den Schluß zu, daß durch die Verbesserung der Fütterung die größten Produktivitätsfortschritte in den traditionellen Produktionssystemen erzielt werden können. Die positive Auswirkung einer Parasitenbehandlung auf das Wachstum der Tiere konnte zwar festgestellt, aber statistisch nicht abgesichert werden. In den Gruppen mit suboptimaler Fütterung zeigten sich dabei nur geringe Unterschiede in der Höhe der täglichen Zunahme (8 %). Bei Schweinen, die bedarfsgerecht gefüttert wurden, konnte dagegen durch Hygienemaßnahmen eine 24 %ige Verbesserung der täglichen Zunahme erreicht werden.

7.5 Wirtschaftlichkeit der Schweineproduktion

Signifikante Erlös- und deutliche Preisunterschiede existieren zwischen den verschiedenen Untersuchungsregionen bei Verkäufen aus den Betrieben mit **traditionellen Produktionssystemen**. Die Preise pro Kilogramm Lebendgewicht in Mangwende und Chivi liegen um 43 % bzw. 64 % über den Preisen, die in der peripheren Region Kandeya erzielt werden. Die Ursachen für die geringeren Preise an diesem Untersuchungsstandort liegen in der größeren Dichte der Betriebe mit Schweinehaltung und dem damit verbundenen höheren Angebot sowie einer geringeren Nachfrage. Da die genauen Kosten im Rahmen der Erhebungen nicht erfaßbar waren, liegen den Berechnungen Ergebnisse von Einzelerhebungen zugrunde, die durch Annahmen ergänzt werden mußten. Diese Annahmen basieren auf Beobachtungen, die während der Datenerhebung gemacht worden sind. In den Berechnungen sind alle möglichen Kostenpositionen berücksichtigt worden, wobei die Werte der angenommenen Kosten so gewählt wurden, daß sie eher die Obergrenze der realen Kosten markieren. Die Ergebnisse der Erfolgsrechnungen stellen deshalb einen unteren Wirtschaftlichkeitswert dar.

Die regional unterschiedlichen Preise wirken sich auf die berechneten Deckungsbeiträge, Arbeitseinkommen und Gewinnbeiträge der durchschnittlichen Jahressauenleistung in den verschiedenen Regionen aus (vgl. Tab. 6.6). Die auf Betriebsebene für drei Leistungsklassen errechneten jährlichen Marktleistungen für Mangwende und Kandeya zeigen, daß größere Unterschiede zwischen den Betrieben innerhalb der Regionen als zwischen diesen Regionen bestehen. In diesen beiden Regionen erzielen 47 % bzw. 41 % der Betriebe negative Arbeitseinkommen. Im Gegensatz dazu existieren nur geringe Unterschiede zwischen den drei Leistungsklassen in Chivi, die auf den höheren Kenntnisstand und das daraus resultierende bessere Management der Bauern zurückzuführen sind. Die schlechtere Ressourcenverfügbarkeit an diesem ariden Standort verdeutlicht das um ca. 40 % unter den Werten von Mangwende und Kandeya liegende Gesamtgewicht der geschlachteten, verkauften oder verschenkten Tiere in der oberen Leistungsklasse. Die errechneten

Deckungsbeiträge in diesen beiden Regionen sind um 68 % bzw. 32 % höher als in Chivi.

Die Wirkung züchterischer Verbesserungsmaßnahmen auf die Wachstumsleistung der Tiere zeigt sich besonders in dem um 25 % höheren partiellen Deckungsbeitrag für den Gewichtszuwachs in der 210-tägigen Wachstumsperiode zwischen den Zuchtstufen mit 25 % und 75 % Leistungsrasseanteil. Trotz der daraus resultierenden Deckungsbeitragsdifferenz (Z.$ 6.1 pro Tier) erscheinen züchterische Verbesserungsmaßnahmen, wie sie von Pathiraja (1986, 1987) beschrieben wurden, noch keine geeignete Strategie für die Steigerung der Produktivität des traditionellen Produktionssystems zu sein. Denn aufgrund der geringen Schweinebestandsdichte in den CAs und den existierenden begrenzenden Produktionsfaktoren im traditionellen Produktionssystem sind für die Einführung von züchterischen Verbesserungsmaßnahmen erhebliche Kapital- und organisatorische Anstrengungen notwendig, deren Wirkungen auf die Intensivierung des traditionellen Produktionssystems im Vergleich zu anderen Verbesserungsstrategien relativ gering sind.

Die ökonomischen Auswirkungen der getesteten Fütterungsmaßnahmen führen im Vergleich zum traditionellen Fütterungssystem bei bedarfsgerechter Fütterung zu einer Verdreifachung der Deckungsbeiträge (Z.$ 7.1 bzw. Z.$ 22.7 pro Tier). Der geringe Deckungsbeitragsanstieg (30 %), und die wesentlich höheren Erzeugungskosten pro kg Lebendgewicht bei suboptimal verbesserter Fütterung verdeutlichen die Notwendigkeit der Entwicklung von bedarfsdeckenden Futterrationen aus Futtermitteln, die auf den Betrieben der Bauern erzeugt werden können. Liegen die Erzeugungskosten der betriebseigenen Futtermittel unter Kosten, die für den Zukauf der Kraftfuttermittel entstanden - wie dies bei diesen Berechnungen unterstellt wurde -, so sind für die Betriebe zusätzliche Spezialisierungsgewinne realisierbar.

Unter Einbeziehung dieser Ergebnisse wurden vier Szenarien untersucht, die zu einer schrittweisen Verbesserung des traditionellen Produktionssystems führen können.

Maßnahme 1: Die Verlegung der saisonalen Reproduktionsphase in die Vorerntezeit durch züchterische Maßnahmen führt zur Verringerung der Verluste um 20 %, die eine Erhöhung des Deckungsbeitrages der Jahressauenleistung um 44 % bewirken. Die Bauern werden darüber hinaus durch diese Maßnahme in die Lage versetzt, die weitere Bestandsentwicklung in Anlehnung an ihre Ernteergebnisse zu bestimmen.

Maßnahme 2: Nach guten Ernten kann die Zwischenwurfzeit halbiert werden, wodurch gegenüber der Ist-Situation eine Verdoppelung des Deckungsbeitrags erreicht wird. Durch den gestaffelten Verkauf der Tiere aus dem ersten Wurf können eventuell auftretende Fütterungsprobleme überwunden werden. Zur Beibehaltung der unterstellten geringeren Verlustrate sind Verbesserungen an den Ställen, vor allem den Dächern, notwendig.

Diese beiden Maßnahmen erfordern keine grundlegende Änderung des praktizierten Haltungssystems sondern lediglich das Merzen der Jungeber oder die räumliche Trennung der Sauen- und Eberhaltung und können je nach Ernteergebniss von allen Bauern durchgeführt werden.

Maßnahme 3: Die Berechnungen dieses Szenarios basieren auf den Ergebnissen der suboptimalen Fütterung durch Intensivierung der Fütterung, die nach erfolgter Einführung des Leguminosenanbaus und entsprechender Fütterungsberatung möglich ist. Dadurch ist eine weitere Produktivitätssteigerung erreichbar. Erst mit der Intensivierung des Fütterungssystems erscheint die Einführung der ganzjährige Stallhaltung sinnvoll.

Maßnahme 4: Sind die Bauern in der Lage ihre Schweine bedarfsgerecht zu füttern, so können sie einen zusätzlichen Deckungsbeitragsanstieg um 80 % erzielen. Im Vergleich zur Ist-Situation kann durch diese Maßnahmen der Deckungs- und Gewinnbeitrag für die Jahresleistung einer Sau um das 4- bzw. 7.5-fache auf Z.$ 166.9 bzw. Z.$ 278.9 gesteigert werden.

Diese vier Intensivierungsmaßnahmen zeigen auf der Grundlage der derzeitigen Leistungen des einheimischen Tiermaterials der Bauern ein beträchtliches Intensivierungspotential auf. Zusätzliche Möglichkeiten ergeben sich nach erfolgter Verbesserung der Fütterung und der Einführung der Ganzjahresstallhaltung durch züchterische Maßnahmen, wobei nach Einführung von Leistungsrasseebern über die Verdrängungskreuzung genetische Verbesserungen von Wachstumsleistungsmerkmalen realisiert werden können. Dabei muß allerdings berücksichtigt werden, inwieweit der Verzicht auf Immunität gegenüber der afrikanischen Schweinepest, die durch die Wildschweinpopulationen übertragen werden kann, durch genetische Leistungssteigerungen kompensiert wird. Nach Seifert (1991) können F_1-Kreuzungstiere bis zu 50 % ihrer Immunität einbüßen. Zusätzliche positive Effekte ergeben sich für das Gesamtbetriebssystem, die durch die Nutzung der innerbetrieblichen Verbundfunktionen der Schweinehaltung entstehen. Diese Verbundfunktionen bestehen in der nutzbaren größere Schweinedungmenge und effizienten Verwertung der nicht marktfähigen Körnerleguminosen als Proteinausgleichsfutter. Insgesamt zeigen die Berechnungen der traditionellen Schweineproduktionssysteme, daß im traditionellen Schweineproduktionsverfahren kostengünstiges tierisches Protein erzeugt wird, das sich mit zunehmender Intensivierung verteuert.

Die Wirtschaftlichkeit der Schweineproduktion in den Betrieben mit **intensiven Produktionssystemen** hängt hauptsächlich von den Vermarktungswegen, der Wahl der Produktionsalternative und den Futterkosten ab. Die nach Marktpreisen berechneten Futterkosten führen für die regional bewerteten durchschnittlichen Jahreserzeugungsleistungen der Sauen in Mangwende und Chivi sowie bei der Produktion von Kreuzungstieren zu negativen Deckungsbeiträgen. Die Ursachen dafür liegen in den geringen auf regionaler Ebene ermittelten durchschnittlichen Verkaufsgewichten und den deutlich niedrigeren Preisen, die für die Kreuzungstiere erzielt werde. Lediglich die bewerteten Durchschnittsleistungen der Leistungsrassesauen ergeben einen Deckungsbeitrag von Z.$ 9.6. Die nähere Analyse der Ursachen dieser geringen wirtschaftlichen Leistungen kommt in Kalkulationsrechnungen, die auf der Grundlage der Vermarktungsergebnisse von geschlachtet vermarkteten Tieren und anhand kalkulartorisch ermittelter Erzeugungskosten des Getreidefutters für Regionen mit hohem und niedrigem Landnutzungspotential, deutlich zum Ausdruck. Hierbei zeigt sich, daß Gewinne und Veredlungsleistungen nur durch die Erzeugung von schweren Tieren der Gewichtsklassen der Baconer oder GP-Schweine erwirtschaftet werden können. So liegt z.B. der Deckungsbeitrag der GP-Produktion pro Hektar bei einem Durchschnittsertrag von ca. 3.1 t Mais pro ha, der in Mangwende erreicht werden kann (Rohrbach, 1989), um Z.$ 323.7 über dem Deckungsbeitrag der Maisproduktion. Allerdings ist ein Kapitalaufwand von Z.$ 1457.2 und ein Flächenbedarf von 1.1 ha erforderlich, um das notwendige Futter für die Gesamtjahreserzeugung einer Sau bereitstellen zu können.

In diesen Werten zeigen sich die begrenzten Möglichkeiten für ca. 80 % der Betriebe in Mangwende, intensive Schweineproduktionbetriebe aufzubauen. In den MP- und LP-Gewichtsklassen werden zwar im Gegensatz zu den SP- und VP-Gewichtsklassen noch postitve Deckungsbeiträge pro Tier erzielt, die aber nicht ausreichen um die Fixkosten abzudecken. Anhand dieser Berechnungen konnte die Bedeutung der richtigen Produktionsstrategie bei der Totvermarktung aufgezeigt werden. Die Bauern in den CAs unterliegen hohen Vermarktungsrisiken, da sie das Preisdifferenzierungssystem und seine ökonomischen Auswirkungen meist nicht verstanden haben und ohne entsprechende wirtschaftlichen Vorkenntnisse oder Beratungen ihre Produktion betreiben. Darüber hinaus fehlen ihnen die Kenntnisse für die Planung des entsprechenden Futter- und Kapitalbedarfes. Wegen des schnellen Umsatzes und zur Risikoverminderung bei auftretenden Futterengpässen bevorzugen sie die Porkerproduktion, die ihnen eine bessere Anpassung an die vorhandenen Futterressourcen ermöglicht. Die exteremen Auswirkungen der Vermarktungsstrategie zeigen sich besonders an den Gesamtdeckungsbeiträgen, die aus den Ergebnissen der geschlachtet vermarkteten Tiere errechnet werden konnten. In Betrieb 1 sind überwiegend SP- und MP-Schweine produziert worden, so daß aus dem Verkauf von 220 Tieren ein negativer Deckungsbeitrag von Z.$ -8.1 entstanden ist, während Betrieb 2 aus 75 überwiegend als Baconer- oder GP- Schweine vermarkteten Tieren einen Deckungsbeitrag von Z.$ 1885.2 erzielen konnte. An diesem Beispiel zeigt sich die Bedeutung einer umfassenden Beratung und entsprechenden Produktionsplanung auf der Grundlage der verfügbaren Ressourcen. Dies gilt vor allem für die ariden Standorte, wo die intensive Schweineproduktion vermehrt in genossenschaftlicher Organisation erfolgt oder auf den Zukauf von Hirse oder Sorghum aus Nachbarbetrieben basiert.

8. Schlußfolgerungen

Das Potential für die Verbesserung und Ausdehnung der kleinbäuerlichen Schweineproduktion in den CAs ist vorhanden.

Die wichtigsten begrenzenden Faktoren der kleinbäuerlichen Schweineproduktion sind in folgender Übersicht zusammengefassend dargestellt:

Begrenzende Faktoren	traditionelles System	intensives System
Informationsdefizite	Zucht, Hygiene, Krankheiten, Futterressourcen, Futterbedarf der Tiere, Stallbau	Selektionskriterien für Zuchttiere, leistungsgerechte Futterrationen, Futterbedarf, Krankheiten, Vermarktung, Produktionsplanung nach Ressourcenverfügbarkeit, Preise
Haltungsprobleme	Zustand der Böden und Dächer der Ställe, keine Futtertröge, Wärmeschutz, Baumaterialien, geringer Arbeitseinsatz für Pflege und Fütterung	Zustand der Böden und Dächer der Ställe, keine Futtertröge, Mangel an Baumaterialien, Bauausführung, Kälteschutz im Winter
Zuchtprobleme	geringe Eberdichte, keine Selektion u. Zuchtaktivitäten, Auftreten von Inzucht, Kreuzung mit Wildschweinebern	hohe Kosten der Eberhaltung, Auswahl von Zuchttieren,
Fütterungsprobleme	Futtermangel in der Stallhaltungsphase, Nährstoffzusammensetzung, Wasserbereitstellung	Futtermangel, unregelmäßiger Kraftfutterzukauf, Futtermischungen, hohe Schrot- und Futterkosten schlechte Lagermöglichkeiten, hohe Futterverluste
Vermarktungsprobleme	keine verfügbaren Marktplätze und/oder Schlachtereien, geringer Umfang nachbarschaftlicher lokaler Nachfrage	wenig lokale Vermarktungsmöglichkeiten, hohes Marktrisiko, hohe Marktzugangskosten, Transportkosten, Transportprobleme

Die Überwindung der begrenzenden Faktoren und die verbesserte Nutzung des Potentials für die kleinbäuerliche Schweineproduktion hängt von folgenden Bedingungen ab:

Betriebsinterne Bedingungen: Der Kenntnisstand der Bauern zu Fragen der Schweinehaltung ist vom Umfang und der Bedeutung der Tierhaltung im Betriebssystem abhängig und besitzt einen größeren Einfluß auf die Produktivität der Schweineproduktion als die natürlichen Standortbedingungen. Eine Intensivierung der Produktionssysteme kann durch die **Verbesserung des praxisrelevanten Kenntnisstandes der Bauern** erreicht werden.

Die aus ökologischer Sicht notwendige Diversifizierung der Monokulturanbausysteme durch **Leguminosenanbau** in den CAs eröffnet ein zusätzliches Potential für die Verbesserung der Schweineproduktion. Dadurch kann ein wichtiger Produktionsengpaß in der kleinbäuerlichen Schweinehaltung überwunden werden, ohne daß von negativen Auswirkungen auf die derzeitige Produktionseffizienz der Betriebe ausgegangen werden muß. Die **Nutzung dieser alternativen Futtermittel** in der Schweinehaltung **führt somit zur Intensitätssteigerung** und Erhöhung der Wertschöpfung der Betriebe.

Mit diesen zusätzlichen Futterressourcen sollten entsprechende Futterrationen entwickelt werden, die zu einer mehr als Verdreifachung der Produktionsleistungen in den traditionellen Haltungssystemen führen können. Die **Verbesserung der Fütterungssysteme** ist dabei von den Kosten und Erträgen sowie von der Entwicklung und Adaption der ackerbaulichen Maßnahmen, die zu standortgerechteren Anbausystemen führen, abhängig.

Die Schweineproduktion wird überwiegend von Frauen betrieben. Der begrenzte Zugang der Frauen zu den Betriebsressourcen und ihre eingeschränkte Entscheidungskompetenz wirken sich negativ auf die Schweineproduktion aus. Deshalb muß bei der Entwicklung der Schweineproduktionssysteme die **Rolle und Ressourcenverfügbarkeit der Frauen im Betrieb und in der Schweinehaltung besonders berücksichtigt** werden.

Die **Wirtschaftlichkeit** im **traditionellen Schweineproduktionsystem** ist gegeben. Die Erzeugungskosten pro Kilogramm Lebendgewicht sind niedriger als bei intensiver Produktionsweise. Darüberhinaus wird im traditionellen System eine höhere Kapital- und Arbeitsproduktivität erzielt. Deshalb sollten die **Maßnahmen zur Entwicklung** der traditionellen Produktionssysteme primär auf die **bessere Ausnutzung des vorhandenen biologischen Leistungspotentials** der autochthonen Tiere abzielen.

Das **Potential zur Erhöhung der Betriebsintensität** unter Ausnutzung von vorhandenen Produktionsreserven konnte sowohl **in traditionellen als auch in intensiven Schweineproduktionssystemen identifiziert** werden. Soll dieses Potential genutzt werden, so müssen die **Haltungstechniken durch angepaßte Technologien verbessert** werden. Dabei muß im traditionellen System von der zentralen Bedeutung der Freilandhaltung ausgegangen werden. Eine **Abschaffung der Freilandhaltung sollte nur schrittweise und nach erfolgreicher Einführung von verbesserten Fütterungs- und Haltungsbedingungen erfolgen**.

Zur Überwindung der **haltungstechnischen Probleme** in den Betrieben mit **intensivem Sytem** sollten **verbesserte und kostengünstige Stallbausysteme entwickelt** werden, die mit Baumaterialien auskommen, die in den Dörfern verfügbar sind, und die gewisse Mindestanforderungen hinsichtlich der technischen Ausstattung erfüllen (Schutz vor Kälte, Hitze, Futtertröge, Hygiene) sowie von guter Haltbarkeit sind.

In **allen kleinbäuerlichen Betrieben** mit Schweinehaltung führt eine **Verbesserung der Produktionsplanung** auf der Grundlage der Ressourcenausstattung und jährlichen Futterverfügbarkeit **zur Steigerung der Rentabilität**. Durch eine **jährliche Produktions- und Absatzplanung** können die **größten Produktivitätsfortschritte in den Betrieben mit intensiver Schweineproduktion erzielt werden.**

Züchterische Verbesserungsmaßnahmen führen unter den derzeitigen Haltungsbedingungen des **traditionellen Systems nur zu geringen Produktivitätssteigerungen.** Sie sollten erst nach haltungstechnischen Verbesserung, die zu einer drastischen Verringerung der Verlustursachen beitragen, und nach Überwindung der Fütterungsprobleme erfolgen, da erst dann ein hoher Wirkungsgrad der genetischen Verbesserungen gewährleistet ist.

Für die **intensiven kleinbäuerlichen Produktionssysteme** ist aufgrund des Klassifizierungssystems bei der Totvermarktung, der **guten Angepaßtheit der europäischen Leistungsrassen** an die Standortverhältnisse in Simbabwe (Bellis, 1982), **und deren Überlegenheit bei allen Leistungsmerkmalen im Vergleich zu den Mukotakreuzungstieren, eine Kombinationskreuzung aus diesen Rassen nicht anzustreben bzw. ökonomisch sinnvoll.**

Zur Verringerung der **hohen Eberhaltungskosten** in den intensiven Systemen sollte die **überbetriebliche Eberhaltung** propagiert werden, die auch für eine besseren Zuchtplanug genutzt werden kann.

Die Verbesserung des Zugangs zu landwirtschaftlichen Serviceeinrichtungen erfordert die Organisation aller kleinbäuerlichen Schweineproduktionsbetriebe in Beratungsgruppen, Erzeugergemeinschaften und/oder Produktionsgenossenschaften und ist eine unabdingbare Voraussetzung für die Steigerung oder Verbesserung der kleinbäuerlichen Schweineproduktion.

Betriebsexterne Bedingungen: Das Nachfragepotential auf den Fleischmärkten stellt eine günstige Ausgangssituation für die Produktionsausdehnung und -intensivierung der kleinbäuerlichen Schweineproduktion in den CAs dar.

Besondere Anstrengungen von Forschung und Beratung sollten zur Verbesserung des Kenntnisstandes der Bauern und Baüerinnen, zur Entwicklung geeigneter Technologiepakete und zur Verbesserung des Zugangs zu den Märkten beitragen.

Als besondere Aufgaben für die involvierten Institutionen können die nachfolgenden Bereiche herausgestellt werden.

Forschung und Beratung:

* Erhöhung der Prioritäten für die Schweineproduktion in den Forschungs- und Beratungsorganisationen

* Intensivierung der Beratung zur Erhöhung des Kenntnisstandes der Bauern hinsichtlich Haltungstechnik sowie Zucht- und Hygienemaßnahmen

* Verbesserung der Haltungstechnik und Fütterungssysteme durch zu entwickelnde Technologiepakete für verschiedene Intensitätsniveaus der Schweineproduktion

Um diese Ziele zu erreichen sind folgende Schritte notwendig:

- Verbesserung der Ausbildung der AGRITEX-Berater für die Tierproduktion mit größerem Gewicht auf angepaßte haltungstechnische und züchterische Maßnahmen sowie den vorhandenen Hygieneproblemen bei Schwein, Huhn und kleinen Wiederkäuern
- Verbesserung der veterinärmedizinischen Versorgung in den CAs durch Aufnahme eines Lernprogramms Schweineproduktion bei der Ausbildung der VEAs, des Einsatzes bei der Beratung der Bauern und die Bereitstellung der notwendigen Arzneien
- Verbesserung des Zugangs zu Krediten vor allem für die Erstellung der baulichen Anlagen und bei Produktionsbeginn
- Integration des PIB in die staatliche Agrarforschungsorganisation oder Verbesserung der Koordination

Durch die Integration des PIB in das DR&SS oder eine institutionalisierte Kooperation mit dem DR&SS soll die Durchführung der notwendigen systemorientierten Forschungsaktivitäten gewährleistet werden. Solche Forschungsaktivitäten sind Voraussetzungen zur Entwicklung der notwendigen Technologiepakete für die Verbesserung der traditionellen kleinbäuerlichen Schweinehaltung. Die wichtigste Aufgabe liegt dabei in der Entwicklung von kostengünstigen Futterrationen aus Komponenten, die auf den Betrieben in den verschiedenen agrar-ökologischen Zonen erzeugt werden können. Dazu ist eine enge Kooperation zwischen dem PIB, der Pflanzenproduktionsabteilung und der FSR-Unit notwendig, um pflanzenbaulich sinnvolle Anbaualternativen, für die es keine Märkte gibt, auf ihre Futtereignung und -verwertung zu testen.

Darüber hinaus müssen Stallbausysteme, die aus den Bauern verfügbaren Materialien hergestellt werden können, erprobt werden. Die Überprüfung der Feldtauglichkeit dieser Verbesserungsansätze hat in den Betrieben der Bauern zu erfolgen, um eine hohe Adoptionsrate der vorgeschlagenen Technologiepakete zu erreichen. Zur Erfüllung dieser Aufgaben ist eine Steigerung der personellen Kapazitäten und Sachmittelausstattung des PIB notwendig.

Mit den On-Farm-Tests der verbesserten Fütterungs- und Haltungsbedingungen sollte die Möglichkeit des Einsatzes von Leistungsrasseebern untersucht werden, um die Grundlage für den Aufbau eines Verdrängungskreuzungsprogramms zu schaffen.

Zur Förderung der intensiven Schweineproduktion sind spezielle Beratungskurse für Kleinbauern der CAs notwendig, die Planungskriterien zur Bestimmung des möglichen Umfangs der Schweineproduktion unter Berücksichtigung der Ressourcenausstattung der Betriebe aufzeigen. Dazu ist in Zukunft die Ausbildung von Spezialberatern vom PIB durchzuführen, die die Kleinbauern mit intensiven Haltungssystemen zusätzlich zur Fütterungs- und produktionstechnischen Beratung auch in wirtschaftlichen und organisatorischen Belangen unterrichten können. Darüberhinaus sollten diese Berater eine strukturierte Leistungsdatenerfassung aufbauen, die die Identifikation der Produktionsprobleme in den Betrieben ermöglicht. Anhand dieser Leistungsdaten kann bei entsprechendem Produktionsumfang in den Kleinbetrieben eine Zuchtorganisation und -planung aufgebaut werden.

Weitere Untersuchungen der urbanen und ländlichen Fleischmärkte könnten Aufschluß über die Konsumentenpreferenzen geben, die Auswirkungen der Preisverzerrungen auf dem Fleischmarkt quantifizieren und die Dimensionen des Nachfragepotentials abschätzen.

Agrarpolitik und Vermarktung:

Folgende zusätzliche Maßnahmen können zur Förderung der kleinbäuerlichen Schweineproduktion beitragen:

1. Erzeuger-, Vermarktungs- und Transportgemeinschaften

Eine Unterstützung des Aufbaus von Erzeugergemeinschafen, die zur Überwindung der Bezugs- und Absatzprobleme, zur Koordination des Transports sowie zur Verbesserung des Zugangs zu Informationen und Beratung beitragen, könnte sich kostensenkend auf die Beratung und kleinbäuerliche Schweineproduktion auswirken. Neben Schweineproduktionsgenossenschaften, die aus traditionell gewachsenen und sich zusammengehörig fühlenden Gruppen hervorgehen sollten, können Erzeugergemeinschaften auf Dorf- oder Wardebene notwendige Koordinationsaufgaben, die sich durch eine überbetriebliche Eberhaltung für den Bereich der betrieblichen Zuchtplanung ergeben, wahrnehmen.

2. Verbesserung der Wettbewerbsbedingungen auf dem offiziellen Schweinefleischmarkt für die kleinbäuerlichen Schweineproduzenten mit intensiven Produktionssystemen

Die Bildung eines Interessenverbandes der Kleinbauern unter dem Dach der "National Farmers Association"[33] könnte die Anliegen der kleinbäuerlichen Schweineproduzenten bei der Aufteilung des zusätzlich entstehenden Marktpotentials vertreten. Dieser Interessensverband kann zusätzlich für die Überwindung von Wettbewerbsnachteilen der Kleinbauern eintreten und geeignete Maßnahmen fordern, die auf eine Verbesserung der an die Bedingungen der Kleinbauern angepaßten Beratung und der Forschung abzielen.

Ein möglicher Schritt zur Steigerung des Marktanteils und zur Verbesserung des Marktzugangs der Kleinbauern besteht in der Einfrierung der Anlieferungsquoten der Großproduzenten des LSCF. Das zusätzlich benötigte Schweinefleischangebot könnte somit für die Ausdehnung der kleinbäuerlichen Schweineproduktion zur Verfügung stehen. Die durch den steigenden Bedarf zusätzlichen entstehenden Anlieferungsquoten könnten vom Staat von der Vermarktungsgenossenschaft aufgekauft und den kleinbäuerlichen Schweineproduzenten zur Verfügung gestellt werden. Ein freierer Zugang zum offiziellen Schweinemarkt kann den Kleinbauern dadurch ermöglicht werden.

3. Förderung der ländlichen Fleischvermarktung und des Konsums durch den Aufbau von Dorfschlachthäusern

Die fehlenden Fleischvermarktungsmöglichkeiten in den CAs können durch den Aufbau von Dorfschlachthäusern überwunden werden. Diese sollen als Marktplatz für das in den CAs erzeugte Fleisch dienen und können darüber hinaus zur Verbesserung der Fleischversorgung der ländlichen Bevölkerung beitragen. Dadurch entfallen die derzeit hohen Transport- und Vermarktungskosten der Tiere in die zentralen Schlachthöfe und der Rücktransport des Fleisches oder der Fleischprodukte, so daß erhebliche Transport- und volkswirtschaftliche Kosten eingespart und eine lokale Nachfrage aufgebaut werden kann. An den vorgeschlagenen Dorfschlachthäusern sollte die notwendige Fleischuntersuchung durch die VEAs durchgeführt werden und eine Zwischenlagerung von Fleisch erfolgen.

Zukünftig kann sich die momentan diskutierte und beabsichtigte Liberalisierung[34] der Märkte, vor allem des Getreidemarktes, und die Verringerung der Wettbewerbsverzerrungen auf dem Fleischmarkt positiv auf die Wettbewerbsstellung der Schweineproduktion auswirken.

---

33) Die "National Farmers Association of Zimbabwe" (NFAZ) ist der Bauernverband der Kleinbauern in den CAs.

34) Vergleiche: Rodriguez (1985); Heidhues und Thalheimer (1986); Davies (1988); Jayne et al. (1989).

9. Zusammenfassung

In Simbabwe zeichnet sich wie in anderen afrikanischen Ländern auch eine zunehmende Deckungslücke in der Fleischversorgung aus der einheimischen Produktion ab. Vor diesem Hintergrund stellt sich die Frage, ob und inwieweit die kleinbäuerliche Schweineproduktion in den Communalen Gebieten einen Beitrag zur Schließung dieser keineswegs nur auf die urbanen Zentren beschränkten Deckungslücke beitragen kann. Dieser Frage geht die hier vorgelegte Arbeit im Rahmen einer Betriebs- und Produktionssytemanalyse von schweinehaltenden kleinbäuerlichen Betrieben nach.

Die Analyse basiert auf einer zweieinhalbjährigen Feldforschungsphase, die in Zusammenarbeit mit der Farming Systems Research Unit und dem Pig Industry Board in Simbabwe durchgeführt wurde.

Mit einer Basisbefragung bei 225 Bauern in drei verschiedenen agrarökologischen Zonen, die in unterschiedlicher Entfernung zu urbanen Zentren lagen, wurden Daten zu Betriebs- und Produktionssystemen von schweinehaltenden Haushalten erhoben. Aus den gewonnen Daten konnten traditionelle und intensive Produktionssysteme identifiziert werden.

Zur genaueren Ermittlung der Leistungsprofile der Schweineproduktion in den kleinbäuerlichen Haltungssystemen wurden aus der Basisbefragung 57 Betriebe ausgewählt, in denen zwischen November 1987 und März 1990 umfangreiche Feldleistungsprüfungen stattfanden.

Im Rahmen der Felderhebung wurden zusätzlich zwei Verbesserungsmaßnahmen in der Schweineproduktion getestet. In 48 Betrieben der drei Regionen wurden 140 Kreuzungstieren mit 25 %, 50 % und 75 % Leistungsrasseanteil verteilt und ihre Gewichtsentwicklung zusammen mit den Tieren der Bauern in der Zeit vom Mai 1988 und Oktober 1989 verfolgt. Ziel war es, Daten für eine erste Einschätzung der Wirkung von züchterischen Maßnahmen zu erlangen. Als zweite Maßnahme wurde von 0ktober 1989 bis März 1990 die Auswirkung einer verbesserten Fütterung und flankierende Hygienemaßnahmen in 28 Betrieben, die sich in zwei unterschiedlichen agrar-ökologischen Zonen befanden, getestet.

Im Vordergrund der Analyse der Betriebssysteme stehen die Ressourcenausstattung, Anbaustruktur und der Stellenwert der Schweineproduktion in den Betrieben sowie der Kenntnisstand der Bauern zur Schweineproduktion. Die Struktur und das Produktionspotential der Schweinebestände im traditionellen und intensiven Produktionssystem werden hinsichtlich Reproduktion, Körpergewichtsentwicklung und Abgangsursache der 1425 erfaßten Tiere aus 255 Würfen analysiert. Aufgrund der befristeten Zeit und der geringen Produktionsintensität im traditionellen System konnten nur die Wachstumsleistungen der unterschiedlichen Zuchtstufen analysiert werden. Aus den genannten Gründen erfolgte der Test für die Fütterungs- und Hygienemaßnahmen für den Gewichtszuwachs zwischen dem 35. und 120. Tag.

Zur Ermittlung des Stellenwertes der Schweineproduktion in den Betriebssystemen werden anhand der Ergebnisse der Basisbefragung die marktfähigen Leistungen der Betriebszweige bestimmt. Für die Analyse der Wirtschaftlichkeit der Schweineproduktion werden Deckungs- und Gewinnbeitragsrechnungen auf der Grundlage der erfaßten Leistungsparameter und Produktionskosten durchgeführt. Zur Analyse der Einflüsse der Haltungssysteme, der Standorte, des unterschiedlichen Tiermaterials, der Wurfsaison sowie von sozio-ökonomischen Merkmalen auf die erhobenen Leistungsparameter werden varianzanalytische Modelle entwickelt. In einem weiteren Arbeitsschritt werden für die ökonomische Bewertung der traditionellen Systeme und des Verkaufsverhaltens der Bauern die Preise der lebendvermarkteten Schweine mit einem mathematischen Modell analysiert.

Als mögliche Strategien zur Verbesserung der traditionellen Systeme werden vier Intensivierungsszenarien entwickelt und in ihren ökonomischen Auswirkungen herausgearbeitet. Für das intensive System wird mit Hilfe von Planungsrechnungen die Abhängigkeit der Schweineproduktion vom Getreideertragspotential aufgezeigt und die Notwendigkeit einer sorgfältigen Produktionsplanung unterstrichen.

Die Ergebnisse der Betriebssystemerhebung zeigen, daß die Schweineproduktion hinsichtlich der errechneten marktfähigen Leistungen nach der Rinderhaltung und dem Ackerbau den dritten Rang in der Bedeutung der Betriebszweige einnimmt. Als ein überwiegend von Frauen betriebener Produktionszweig hat die Schweineproduktion einen besonderen sozio-ökonomischen Stellenwert.

Die Analyse der Reproduktions- und Gewichtsdaten zeigt, daß zwischen den Systemen hochsignifikante Unterschiede bestehen. Darüber hinaus existieren deutliche Leistungsunterschiede zwischen den Betrieben innerhalb der Systeme, die gleichzeitig auch das Intensivierungspotential der bestehenden Produktionssysteme aufzeigen.

Die wichtigsten Produktionsengpässe im traditionellen System liegen in den hohen Verlusten (40 %) und in der unzureichenden Fütterung, vor allem während der Stallhaltungsphase. Die geringere biologische Leistungsfähigkeit der Lokalrasse stellt unter den gegebenen Produktionsbedingungen keinen Produktionsengpaß dar.

In den intensiven Systemen wirken sich die Kapitalknappheit, die unzureichende Futterresourcenverfügbarkeit, die schlechte Produktions- und Absatzplanung sowie die hohen Vermarktungskosten auf die Betriebsergebnisse aus.

Als Ergebnis der vorliegenden Arbeit wird ein Entwicklungspotential für die kleinbäuerliche Schweineproduktion Simbabwes identifiziert. Dieses Entwicklungspotential kann bei steigender Nachfrage umfassend nur für die kleinbäuerliche Schweineproduktion aktiviert werden, wenn diskutierte Maßnahmen zur Veränderung der Prioritäten in Beratung, Kreditvergabe, Agrarforschung und Agrarpolitik die bereits vorhandenen Ansätze der Bauern zur Produktionsausweitung unterstützen.

10. Summary

The increasing meat demand due to economic and population growth, the limited potential to increase the meat offtake from ruminants and substantial grain surplus production after independence in Simbabwes smallholder farming sector in the Communal Areas (CA s) lead to the question of the potential of smallholder pig production and its possible contribution the meat market. However, little is known about the role of pigs, the biolocigal performances and major constraints to production in smallhoder mixed farming systems in Zimbabwe and other developing countries.

Therefore, a farming systems research approach was implemented from 1987 to 1990 in cooperation with the Farming Systems Research Unit of the Department of Research and Specialist Sercices and the Pig Industry Board to overcome the conspicious lack of information on smallholder pig production in Zimbabwe.

During the diagnosis phase an extensive survey was conducted among 225 peasant pig producers in 3 different agro-ecological regions in order to identify the role and intensity of pig production in different farming systems. Two different production systems in the Communal Areas - a traditional or extensive and an intensive system - could be distinguished. Between November 1987 and March 1990 livestock on-farm trials have been carried out to assess pig performances and to test possible improvements.

140 piglets of genotypes having 25, 50 and 75 percent of exotic blood had been distributed to 48 farmers in order to estimate the growth performance potential of local x exotic crossbred pigs under the production environment of the smallholders. The growth of pigs under improved feeding systems between weaning (35 days) and the age of 120 days have been tested with 195 pigs in 28 smallholdings by supplementing 50 % and the total feed requirements. Additionally, these feeding trials have been supported by deworming treatments.

From the results of the base line survey a calculated marketable output of all farming enterprises among the pig producers was used to assess the role of pig production in the peasant farming systems. The economic analysis of small scale pig production is based on gross margin analysis. However, various assumptions were necessary to overcome information deficits.

The analysis of measured biological performances of pigs was carried out by using linear models for least squares analysis of variance. The models considered effects of production systems, regions, genotypes, anual seasons as well as socioeconomic factors. A linear model was also used to analyse prices of pigs sold alive. The data about the traditional production system is summarized in four scenarios which show a possible strategy for its development and its economic feasibility. The potential for development of intensive production systems in peasant mixed farms is shown by grossmargin calculations for different grain yield levels and different production altenatives given by the pig marketing system.

The results of the base line survey show that pig production ranks third after cattle and crop production according to the calculated marketable output of the different production subsystems. Mainly, pigs are kept by woman and are of great economic importance to them.

The analysis of reproduction and growth performance parameters indicates highly significant differences between the traditional and intensive system as well as differences within the two groups. The differences within the production systems show the potential for further improvements of small scale pig production.

The constraints to production in the traditional production system are the high rate of losses (40%) and the poor feeding level, mainly during the planting season when pigs are pen-fed and kept in pigkraals. The significantly lower performance level of the lokal Mukota breed is not yet a constraint to production at the present traditional managemant system.

Lack of cash, inadequate feed resources, poor planning of production and marketing are the main limiting factors of the production of pigs in intensive mangement systems.

From the analysis which is presented here, it can be concluded that there is a great underutilized potential for small scale pig production in Zimbabwe. Consequently, small scale pig production can contribute to satisfy the increasing meat demand in future. However, the potential can only be mobilised, if the presented and briefly discussed chances of priorities in extension, credit, research and agricultural policy planning are effectively supporting the efforts of the peasants.

Literaturverzeichnis

Adebambo, O.A. (1985) Crossbreeding the Nigerian indigenous pigs. Effect of crossing and early weaning on sow performance, Turrialba 35

Adebambo, O.A. (1986a) Selective breeding of the the Nigerian indigenous pigs for the rural producer, In: 3rd World Congress applied to Livestock Production, Lincoln, Nebraska , Breeding programms for swine, poultry and fish

Adebambo, O.A. (1986b) Genetic and environmental effect on litter productivity of exotic and indigenous pure and crossbred pigs in Nigeria, Bulletin of Animal Health and Production in Africa 34

AGRITEX, (1985) The training approach for Communal Area Farmers, Internal Paper, Harare

AGRITEX, (1989) Small livestock training module. Arbeitsunterlagen zur Beraterausbildung der Small Livestock Section von AGRITEX, Harare

AMA, (1988) Economic review of the agricultural industry of Zimbabwe 1987. Agricultural Marketing Authority, Harare

ARDA,(1982 a) Communal Area Development Report No3 - South Matabeleland - South Gwanda Baseline Survey, Agricultural and Rural Development Authority, Harare

ARDA,(1982 b) Communal Area Development Report No5 - South Matabeleland - North Gwanda Baseline Survey, Agricultural and Rural Development Authority, Harare

ARDA, (1983) Communal Area Development Report No4 - South Matabeleland - Nswasi Baseline Survey, Agricultural and Rural Development Authority, Harare

Ashokan, P.K., Nair, R.V.,and Sudhakara, K. (1985) Studies on cassava-legume intercropping systems for the oxisols of Kerala State, India. Trop. Agr. (Trinidad) 4

Aston-Tate,(1989) DBase 4; Manual of the DBase4 Datamanagementprogramm 1,2, Torrance, California, USA.

Aumaitre, A. (1967) Futterwert von Tapioka und verschiedenen Getreidearten in Futterrationen für frühzeitig abgesetzte Ferkel. Zeitschrift für Tierphysiologie, Tierernährung und Futtermittelkunde, Vol.23

Avila, M. (1984) The Farming Systems Research Programme, DR&SS, MLARR, Harare, Mimeo.

Avila, M. (1985) Intra- and inter- household decision making in the Mangwende and Chivi Communal Areas: Preliminary results. FSRU, DR&SS, MLARR, Harare, Mimeo.

Avila, M. (1988) Farming systems approaches to improve livestock producton in Communal Areas, In: Zimbabwe Workshop on Livestock Reasearch and Extension in the Communal Areas of Zimbabwe, Harare

Babatunde, G.M. (1985a) Value of agro-industrial by-products and farm wastes in the feeding of pigs in Nigeria: Cane molasses, maize cobs, yam peels and plantain peels, In: Efficient animal production for Asian Welfare. Proceedings of the 3rd AAAP Animal Science Congress, Seoul, Korea 3

Baumhögger, G. (1982) Zimbabwe, In: Handbuch der 3. Welt. Ostafrika und Südafrika, Bd. 5, Nohlen, D.; Nuscheler. F. (Hrsg.), Hamburg

Beach, D. (1977) The Shona Economy - Branches of Production, In: Palmer, Robin, Neil (Hrsg.) The Roots of Rural Poverty in Central and Southern Africa, London

Bellon, S. (1983) Pig feeding trials using locally available feed-stuffs conducted by personnel of the Division of Agriculture, Dominica, In: Proceedings of a workshop on feeding of animals in the Caribbean, 11.-16. Apr. 1983, St. Augustine, Trinidad and Tobago CARDI

Bonga, T. (1987 u. 1989) Persönliche Mitteilungen

Bourdillon, M. (1987) The Shona peoples - An ethnography of the contemporary Shona with special reference to their religion, Shona Heritage Series Vol. 1

Bushnell, D.G. (1965) Analyses of Rhodesian feedstuffs, Technical Bulletin 4, Rhodesia

Canope, I. (1981) Comparative study of native pigs (Creole) and Large-White in Guadeloupe. Performance on reproduction, fattening and carcass quality, INRA Centre de Recherches des Antilles et de la Guyane, 97-Petit Bourg, Guadeloupe

CARD,(1988a) Recommendations for cropping in the semi-arid areas of Zimbabwe. In: Cropping in the semi-arid areas of Zimbabwe, Proceedings of a workshop, GTZ - Masvingo, Zimbabwe

CARD, (1988b) Gutai crop development concept: An integral part of the CARD programme. Background paper, GTZ - Masvingo, Zimbabwe

Carls, J. (1989 und 1990) Abstracts on sustainable agriculture; Vol.:1 - 3; Deutsches Zentrum für Entwicklungstechnologie - GATE, GTZ, Eschborn

Cheater, A.P. (1976) Co-operative marketing among African producers in Rhodesia, Rhodesian Journal of Economics 1

Chiboka, O. (1981) The effect of age at first mating on litter characteristics in the native Nigerian pig, Livestock Production Science 8(2)

Chigani, P.R.N., et al. (1981) Comparative growth, food conversion efficiency and carcass composition of indigenous and Large White pigs, Zimbabwe Journal of Agricultural Research 19(1)

Chigaru, P.R., Mandura, L., and Holness, D. (1981) Comparative growth, food conversion efficiency and carcass composition of indigenous and Large-White pigs. Zimbabwe Journal of Agricultural Research, 19

Chigwendere, I.T. (1978) Agriculture and the utilisation of labour and skilled manpower in the subsistence and commercial sector of the Zimbabwean economy, Zimbabwe Manpower Survey, IUEF (Hrsg.) 3, Genf

Chinembiri, F.M. (1988) Livestock extension programmes and packages in the Communal Lands of Zimbabwe. In: Cousins, B. (ed.) People, land and livestock, Proceedings of a workshop on the socio-economic dimensions of livestock in the Communal Lands of Zimbabwe, Centre for Applied Social Science, University of Zimbabwe, Harare

Chipika, S. (1985) The master farmer scheme, Working paper of the Monitoring and Evaluation Section of AGRITEX, Harare

Chipika, S. (1988) Livestock ownership and inequality with particular reference to cattle: The case of some Communal Lands in Zimbabwe. In: Cousins, B. (ed.) People, land and livestock, Proceedings of a workshop on the socio-economic dimensions of livestock in the Communal Lands of Zimbabwe, Centre for Applied Social Science, University of Zimbabwe, Harare

Christon, R. (1983) Effects of shade and dietary protein level on the growth of local pigs in Guadeloupe, Revue d'Elévage et de Médicine Vétérinaire des Pays Tropicaux 36(2)

Christon, R. (1986) Adverse effects of a tropical climate on the metabolism of pigs. Relation with level of feeding, Les malnutrition dans les pays du Tiers - Monde, Paris

Cianci, D., et al. (1985) Strategy for animal production improvement in African countries, World Review of Animal Production, Vol.21, No. 2

CIMMYT, (1982) Demonstrations of an interdisciplinary approach to planning adaptive agricultural research programmes. Report No. 5, Nairobi, Kenya

Clark, C. (1970) The economics of subsistence agriculture, 4 th edition, Macmillan St. Martin's Press, Glasgow

COLCOM, (1988) Letter to all active members, April 1988. COLCOM Central Cooperative Limited, Harare

Comberg, G. (1978) Schweinezucht, 8.Aufl., Ulmer Verlag, Stuttgart

Cornia, G.A. (1985) Farm size, land yields and the agricultural production function: An analysis for fifteen developing countries, World Development 4, Oxford

Cousins, B. (1988) Socio - economic considerations in planning livestock research and extension for Communal Areas, In: Workshop on Livestock Research and Extension for Communal Area Farming Systems, Henderson Research Station, DR&SS, Mazowe, Zimbabwe

Cousins, B., et al. (1989) People, land and livestock, Proccedings of a Workshop on the socio-economic dimensions of livestock in the Communal Lands of Zimbabwe, Center for Applied Social Sciences, University of Zimbabwe, Harare

Cross, E.G. (1989) The stability of food crop production through pricing policies, Zimbabwe Science News, 3ff.

CSO, (1988) Statistical Yearbook of Zimbabwe 1987. Central Statistical Office, Harare

Cumming, D.H. (1975) A field study of the ecology and behaviour of warthog, Museum Memoir No. 7, (Hrsg.:Trustees of the National Museums and Monuments of Zimbabwe), Harare, Simbabwe

Dankwerts, J.P. (1976) Requirements for the development of African agriculture, Rhodesia Science News, 251ff.

Dash, P., and Mishra, M. (1986) Performance of Large-White, Yorkshire and its crossbreds with indigenous pigs in Orissa, Indian Journal of Animal Science Vol. 56 (1)

De Fredrik, D.F. (1977) Pig production in the Solomon Islands, 1. Village pig production, in Tropical Animal Health and Production, Vol. 9

Delgado, C.L. (1979) Livestock versus foodgrain production in southeast Upper Volta, CRED, Ann Arbor, Michigan

Department of Meteorological Services (1981) Climatic handbook of Zimbabwe. Department of Meteorological Services, Harare

Dhliwayo, D.K.C. (1988) Farming Systems Research Unit: On-going programmes in Mangwende and Chivi Communal Areas of Zimbabwe, AGRITEX, Agronomy foundations training workshop, Mt. Darwin, Zimbabwe

DR&SS, (1989) Departement for Research and Specialist Services, Directory of current Research Projects in DR & SS as from October 1988, DR&SS, MLARR, Causeway, Harare

Drinkwater, M.J. (1987) Exhausted messages, training and groups: A comparative evaluation of Zimbabwe's Training and Visit System. Working paper, Department of Economics and Extension, University of Zimbabwe, Harare

DVS,(1989) Livestock census 1986/87. Department of Veterinary Services, Harare

Ecker, F. (1981) Socio - economics of sheep and goat production in Punjab. Dissertation, Universität Göttingen

Eckert, M. van, and Mombeshora, B. (1988) Farmers objectives and livestock functions. In: Cousins, B. (ed.) (1989) People land and livestock, Proceedings of a workshop on the socio-economic dimensions of livestock in the Communal Lands of Zimbabwe, Centre for Applied Social Sciences, University of Zimbabwe, Harare

Egbunike, G.N. (1986) Response of European pigs to improved management under the humid tropical climatic conditions in Ibadan: A review, Pig News and Information Vol.7, No. 3

Epstein, H. (1971) The origin of the domestic animals of Africa, Africana 1 and 2, New York

Eschevarria, A.I., et al. (1985) Evaluation of two production systems for growing pigs: pasture vs. confinement, Revista Argentina de Produción Animal 5

Eurostat,(1990) Zimbabwe, Statistischer Jahresbericht 1989.

Eusebio, J.A. (1980) Pig production in the Tropics, Los Baños, Philippines, ITAS Longman, London

Ezueh, M.I.,and Taylor, A.T. (1985) Effects of time of intercropping with maize on cowpea susceptibility to three major pests. India, Tropical Agriculture, Trinidad, 11

Falvey, L. (1981) Research on native pigs in Thailand, World Animal Review 38

FAO,(1967) Food composition table for use in Africa, Rome

FAO,(1977) The outlook for meat production and trade in the Near East and East Africa, Rome

FAO,(1988) FAO Production Yearbook, FAO Statistics Series 73, Rome

FAO,(1989) Report of the conference of FAO. Twenty-fifth Session, Rome

Farinu, G.O. (1986) Organ growth in two breeds of pigs fed diets varying in protein and energy levels. Nutrition Reports International 34

Gapare, R.L. (1988) Communal farmer constraints and objective in livestock production. Vortrag auf der Tagung: Livestock Research and Extension for Communal Area Farming System, Henderson Research Station, DR&SS, Mazowe, Zimbabwe

GFA,(1987) Study on the economic and social determinants of livestock production in the Communal Areas of Zimbabwe. Gesellschaft für Agrarprojekte in Übersee, Hamburg

Gobbins, K.E., et al. (1983) Communal agriculture - A study from Mashonaland West, Zimbabwe Agriculture Journal 80(4)

Göhl, B. (1981) Tropical feeds - feed information summaries and nutritive values, FAO Animal Production and Health Series 12 , Rome

Gomez, G. (1979) Cassava as a swine feed, World Animal Reviewe, 29

Gomez, G. 1977 Live-cycle swine feeding systems with cassava, In: Nestel et al.(1977) Cassava as animal feed, IDRC 095, Ottawa

Goodchild, A.V., et al. (1983) Research experiment in pig feeding in Tanzania, In: Proceedings of the 1st Tanzania Veterinary Association Scientific Conference 12-14th Dec. 1983,

Goonewardene, L.A., et al. (1983) Analysis of pre-weaning traits in indigenous and crossbred swine under restricted feeding systems. In Proccedings of 5th World Conference on Animal Production, Tokyo

Göttlicher, M., et al. (1983) Ländliche Mittelpunktzentren in den Communal Lands von Zimbabwe, DFG-Projektbericht, Bonn

Government of Zimbabwe, (1986) Second Five Year National Development Plan. Government Printers, Harare

Grant, P.H. (1976) Peasant farming on infertile sands, Rhodesia Science News, 252ff

Hailu, K. (1984) The economics of farming systems in the different ecological zones of Embu District, Kenya, Dissertation, Universität Hannover

Hale, D.H. (1987) Preliminary results from on-farm research studies on small ruminants in Zimbabwe, CYMMIT Senior Research/Extension Administrators Workshop, 5. - 8. 5. 1987, Lilongwe, Malawi

Hall, H.T.B. (1980) Diseases and parasites of livestock in the tropics, Kaduna, Nigeria, ITAS Longman, London

Haresnape, J.M., et al. (1985) A four-year survey of African swine fever in Malawi, Journal of Hygiene 95

Haresnape, J.M., et al.(1986) The distribution of ticks of the Ornithodoros maibata complex (Ixodoidea: Argasidae) in Malawi, and its relation to African swine fever epizootiology, Journal of Hygiene 96

Harrison, J., et al. 1988 Socio-economic analysis of goat production in Bikita Communal Land. In: Goat production in Zimbabwe, Proceedings of the goat development workshop of the French goat programme in Bikita Communal Land, Harare

Harvey, W.R. (1975) Least-Square Analysis of data with unequal subclass numbers, USDA Report ARS H-4, Washington

Harvey, W.R. (1987) LSMLMW with Parmchard. PC-Version users guide, Departement of Dairy Science, Ohio State University, Columbus, Ohio

Heidhues, F., und Thalheimer, F. (1986) Agricultural production and marketing in the Communal Areas of Zimbabwe since independence. Gutachten für die KfW, Frankfurt

Holness, D.H. (1972) Aspects of puberty in the indigenous gilt, South African Journal of Animal Science 2

Holness, D.H. (1973a) The effect of plane of nutrition on reproductive efficiency of the indigenous sow, South African Animal Science 31

Holness, D.H. (1973b) The role of the indigenous pig as a potential source of protein in Africa - A Review, Rhodesian Agricultural Journal 73(3)

Holness, D.H., and Smith, A.J. (1973) Reproductive performance of the indigenous Rhodesian pig: 1. The effect of plane of nutrition on number of ova shed, mortality and the distribution of embryo's in the uteri of gilts and sows. Rhodesian Agricultural Journal 11

Holness, D.H., and Smith, A.J. (1974) Reproductive performance of the indigenous Rhodesian pig: The effect of plane of nutrition on the development of the reproductive tract and the anterior pituitary, thyroid and adrenal glands in the pregnant sow. Rhodesian Agricultural Journal **12**

Holness, D.H., et al. (1970) Some effects of plane of nutrition on the development of the reproductive tract and associated endocrine glands in pregnant indigenous gilts, Rhodesian Journal of Agricultural Research 8

Hrabovszky, J.P. (1981) Livestock development toward 2000, World Animal Review 40

Hume, L.M. (1977) Agriculture in Rhodesia, Whitsun Foundation, Salisbury

Huss, D.L. (1982) Small animals for small farms in Latin America, World Animal Review 43

ICRA,(1987) Farming system dynamics and risk in a low potential area: Chivi South, Masvingo Province, Zimbabwe. June 1987, International Course for Development Oriented Research in Agriculture, Wageningen

IDRC,(1985) Research methodology for livestock on-farm trials. In: Proceedings of a workshop held at Aleppo, Syria. IDRC, Ottawa

ILCA,(1979) The potential of Tropical Africa in by-products for animal feeds, ILCA-Bulletin 6, Addis Ababa

ILCA, (1980) Livestock production prospects for Tropical Africa in the year 2000, ILCA-Bulletin 10, Addis Ababa

Ilori, J.O., et al. (1976) The performance of local and exotic pigs on restricted feed intake in the Tropics, Nutrition Reports International 14(2)

ISNAR, (1988) A review of the Department of Research and Specialist Services, Zimbabwe. International Service for National Agricultural Research, R32e, The Hague

Jackson, J.C. (1988) Exploring livestock incomes in Zimbabwe's Communal Lands. In: Cousins, B. (ed) People, land and livestock, Proceedings of a workshop on the socio-economic dimensions of livestock in the Communal Lands of Zimbabwe, Centre for Applied Social Science, University of Zimbabwe, Harare

Jahnke, H.E. (1977) The livestock economy of Africa, Occasional Paper 5, ILCA, Addis Ababa

Jahnke, H.E. (1982) Livestock production systems and livestock development in Tropical Africa, Kiel

Joubert, D.,and Bonsma, M. (1961) Observations om South African native pigs In: Pigs in Southern Africa. Merino, Bloemfontein

Joyce et al. (1980) Understanding Africa's rural households and farming systems, Boulder, Colorado

Kamada, T., et al. (1983) Relationship between swine meat production and physiological response under hot environment, In: Proceedings of the Fifth World Conference on Animal Production, Vol. 2, Tokyo

Kasali, O.B., et al. (1982) Haemoglobin values and some biochemical parameters of different breeds and sexes of pigs in a tropical humid environment, Beiträge zur trop. und subtrop. Landwirtschaft und Tropenveterinärmedizin 21

Kemm, E.H. (1986) Pig production in South Africa, Pig News and Information, Vol.7

Kennan, P.B. (1980) Agricultural extension in Zimbabwe 1950-1980, Zimbabwe Science News, Harare

King, R.H. (1987) Balancing nutrients for growth and reproductive efficiency of swine under warm and humid conditions. In: Proceedings of the Tenth Annual Conference of the Malaysian Society of Animal Production, Genting Highlands, Pahang, Malaysia, 1987

Kleemann, G., et al. (1975) Problematik und Entwicklungstendenzen der Schweineproduktion in den Tropen und Subtropen, Entwicklung + ländlicher Raum 3, 4, und 5, Frankfurt/Main

Kleemann, G., et al. (1977) Performance traits and physiological parameters of Zungo and Duroc pigs and their crosses in a tropical environment (Colombia). Animal Research 4

Koh, F.K. (1981) Evaluation of native strains of pigs of the SABRAO Region. Pig Research Institut, Taiwan, Republic of China, Chunan, Miaoli

Korn, S. von (1988) Die Versorgung mit tierischem Eiweiß am tropischen und subtropischen Standort. Diskussionspapier, Institut für Tierzucht und Haustiergenetik, Universität Göttingen, 1988;

Kouba, V. (1984) Animal health yearbook, FAO/WHO/OIE, Rome

Kroeske, D. (1972) Stimulating pig production in developing countries, World Animal Review 2,

Kunan, W.K. (1971) Nutrition in the gravid pig, lactating sow and growing piglets. In: Proceedings of the Symposium on the pig industry in Malysia, State Veterinary Office Selangor, Ministry of Agriculture and Fisheries

Lakhani, G.P., et al. (1985) Effect of replacing maize with kodo (Paspalum scrobiculatum) on carcass characteristics of indigenous pigs, Indian Journal of Animal Production and Management 1

Legast, P., et al. (1983) Study of the market for poultry and pig products (Congo) - Find mission report

Leihner, D.E. (1985) Wie kommt Agrarforschung in der Praxis an: Integrierte Maniokerzeugung und -verarbeitung in Kolumbien, Entwicklung + ländlicher Raum 6, Frankfurt/M.

Lekule, F. P., Mtenga, L.A., and Just, A. (1988) Total replacement of cereals by cassava and rice polishings in diets of growing-finishing pigs. Tropical Agriculture (Trinidad) Vol 65

Lotus,(1986) Lotus 123: Handbuch zum Tabellenkalkulationsprogramm

MacCown, R.L. (1979) The interaction between cultivation and livestock production in semi-arid Africa, In: Agriculture in semi-arid environments. Ecological Studies, Vol.34, Springer, Heidelberg

Madzima,W.N. (1988) Current status of veterinary technology feasible for transfer to Communal Area farmers and required research. Vortrag auf der Tagung: Livestock Research and Extension for Communal Area Farming System, Henderson Research Station, DR&SS, Mazowe, Zimbabwe

Mafukidze, R. (1988) The overall situation of pig diseases in Zimbabwe, Internal paper, Veterinary Research Labratory, Harare

Mafungoya, B. (1989) Persönliche Mitteilung

Makinde, M.O., and Olowookorun, M.O. (1984) Post natal developments in the Nigerian indigenous and Large White piglets raised in a tropical environment, Animal Technology 36

Makombe, G. (1987) The economics of groundnut production of communal farmers in Zimbabwe. In: Rukuni, M. and Eicher, K. (eds.), Food security for Southern Africa. Harare, UZ/MSU Food Security Project, Department for Agricultural Economics and Extension, University of Zimbabwe, Harare

Makombe, G. (1989) Persönliche Mitteilung

Mandisodza, K. (1986) The importance of proper feeding in sucessful pig rearing, Farming World,Vol.12,Zimbabwe

Mandisodza, K. (1989) Update on research work: To include mhunga (Perlhirse), rapoko (Fingerhirse), and poultry manure in pig feeding diets. Vortrag: Pig Producers Forum, Pig Industry Board, University of Zimbabwe, Harare

Maner, J.N., and Gomez, G. (1973) Implications of cyanide toxicity in animal feeding studies using high cassava rations, in: Chronic cassava toxicity, Ottawa, Int. Dev. Research Centre

Maner, J.N., Buitrago, J., and Callo, J.T.(1970) Protein sources for supplementation of fresh cassava (Manihot esculenta) rations for growing - finishing swine. J. Animal Science, 31 (1)

Maner, J.N., Buitrago, J., und Jimenez, I. (1969) Utilization of yam in swine feeding. First Int. Symposium of Tropical Root Crops, University of the West Indies, Trinidad

Mangwayana, M. (1989) Economics of pig production. Handouts and manuals for training of pig producers and extension workers, PIB, Highlands, Zimbabwe

Mason, I.L., and Maule, J.P. (1960) The indigenous livestock of Eastern and Southern Africa, Technical Communication No.14, London. C.A.B.

Masvaure, S. (1988) Are records we keep aids to management? Working paper, Pig Industry Board, Highlands, Harare

Mataruka, D.F., and Whingwiri, E.E (1989) Maize production in Communal Areas and research options for improving productivity; Agronomy Institute; DR&SS; Harare

Maust, L.E., Warner, R.G., Pond, W.G., and Mc Dowell, R.B. (1969), Rice bran - cassava meal as a carbohydrate feed for growing pigs, Journal Animal Science, Jg. 29, Vol. 1

Mc Dowell, R.E. (1988) Approches and methods of research and extension for small-scale livestock production systems, Vortrag auf der Tagung: Livestock Research and Extension for Communal Area Farming System, Henderson Research Station, DR&SS, Mazowe, Zimbabwe

Mc Dowell, R.E., and Hildebrand, P.E. (1980) Integrated crop and animal production: Making the most of resources available to small farmers in developing countries, Working papers, Rockefeller Foundation, New York

Medrano, J.F., et al. (1977) Genetic and environmental effects and interactions determining response of native pigs and European pigs under different feeding systems in Guatemala, Informe Anual (INCAP)

Meteorological Services, (1989) Persönliche Mitteilung: Rainfall data and average temperatures from stations in the Survey Areas, Department of Meteorological Services, Harare

MLARR, (1989) Government of Zimbabwe: The national livestock development policy. Ministry of Lands, Agriculture and Rural Resettlement, Harare

Mohme, D. (1989) Persönliche Mitteilung, Universität Göttingen

Mombeshora, B., et al. (1984) Livestock ownership and management in the Chivi and Mangwende Communal Areas of Zimbabwe, MLARR, DR&SS, Farming Systems Research Programme, Harare

Mombeshora, B.G. (1985) Livestock management in the Communal Areas of Zimbabwe: Constraints and research interventions, Commonwealth Secretariate Workshop of Dryland Farming Systems in East Central And Southern Africa. Nyeri, Kenya

Montgolfier-Kouevi, C. de, et al. (1981) Trends and prospects for livestock and crop production 1981 in Tropical Africa, ILCA Headquarters Working Document 5, ILCA, Addis Ababa

Mufandaedza, O.T. (1988) Applicability and adequacy of current technology and research for Communal Area livestock production, Vortrag auf der Tagung: Livestock Research and Extension for Communal Area Farming System, Henderson Research Station, DR&SS, Mazowe

Mugabe, N.R., and Ruzvidzo, T. (1986) The implications of Zimbabwe's agricultural policies on women's access to agricultural resources and services. Vortrag auf der SADCC - Tagung über: "The Policy Implications of the Roles of Women in Agricultural Development." Lusaka, Zambia;

Müller, Z., Chou, K.C., Nah, K.C., and Tan, T.K. (1972) Study of nutritive value of tapioca in economic rations for growing/finishing pigs in the tropics. UNDP/SF Project, SIN 67/505, Pig and Poultry Research and Training Institute, Singapore, Report 672

Müller, Z., Chou, K.C., and Nah, K.C. (1974) Cassava as a total substitutefor cereals in livestock and poultry rations, World Animal Review, No. 12, 1974

Mushonga, J.N. (1988) The state of art of sorghum research for Communal Farmers in Zimbabwe, in Rukuni, M., & Bernstein, R.H. 1988 Southern Africa: Food Security Policy Options, Department of Agricultural Economics and Extension, University of Zimbabwe, Harare

Nana-Nukechap, M.F., et al. (1985) Socioeconomic effects of African swine fever in Cameroon, Tropical Animal Health and Production 317

Nduna, J. (1988) Agricultural District Extension Officer; Persönliche Mitteilung

Nestel, B., et al. (1973) Animal production and research in Tropical Africa, Report on the Task Force commissioned by the African Livestock Sub-committee of the Consultative Groups on International Agricultural Research, 2nd edition, Washington D.C.

Nicole, W.H.H. (1971) The Development of the Subsistence Sector: What is being done in Rhodesia, Rhodesian Journal of Economics

Nkane, D. (1987) Pig production in Botswana. SACCAR Workshop Series, Southern African Center for Cooperation and Agricultural Research, Gabarone

Nobbs, C.R. (1988) Livestock extension in the Communal Areas, COFRE Workshop 1.2.1988

Norman, D.W. (1974) Rationalising mixed cropping under indigenous conditions: the example of northern Nigeria, Journal of Development Studies 11

Norman, D.W. (1978) Farming systems research to improve the livelihood of small farmers, American Journal of Agricultural Economics 60

Nziramasanga, M. (1980) The agricultural sector in Zimbabwe: Prospects for Change and Development in Zimbabwe, Towards a New Order - Working Papers Vol.1 UN (Hrsg.)

Olubunmi, P.A. (1985) Isolation of campylobacter coli from indigenous pigs in Nigeria, Tropical Veterinarian 3

Olver, R. (1987) Zimbabwe maize breeding programme. In: Towards self sufficiency, Proceedings of the second Eastern, Central and Southern Africa regional maize workshop, CIMMYT, Harare

Oppen, M. von, et al. (1985) Important programmes in International Agricultural Research Performance and Transfer Constraints of Improved Vertisol Technology, Entwicklung + ländlicher Raum 6, Frankfurt/M.

Palmer,R., et al. (1977) The Agricultural history of Rhodesia, In: The roots of rural poverty in Central and Southern Africa, London

Pathiraja, N. (1986) Improvement of pig-meat production in developing countries 1. Exploitation of hybrid vigour (Heterosis), World Animal Review 60

Pathiraja, N. (1987) Improvement of pig-meat production in developing countries 2. Selection schemes, World Animal Review 61

Pathiraja, N., et al. (1989) Evaluation of the performance of British Landrace Pigs under tropical conditions of Zimbabwe. In: Proceedings Annual Conference of the British Society of Animal Production, 1989

Peters, K.J. (1987) Evaluation of goat populations in tropical and subtropical environments. ILCA Bulletin 28, 1987

Phillips, R.W. (1949) Breeding livestock adapted to unfavorable environments. FAO, Agricultural Studies No. 1, Washington

PIB,(1989) Arbeitsunterlagen zur Ausbildung von Beratern und Bauern. Pig Industry Board, Highlands, Harare

Poetschke, J. (1983) Anpassung von Zuchtschweinen an hohe Umgebungstemperaturen und Abgrenzung von Toleranzbereichen thermisch belasteter Schweinepopulationen, Beiträge zur trop. und subtrop. Landwirtschaft und Tropenveterinärmedizin 23

Pond, W.G., et al. (1974) Swine production in temperate and tropical environments, W.H. Freemann and Company, San Fransisco

Prabhakar, K. (1984) Comparative studies on the economics of pork production and carcass characteristics of traditionally reared indigenous pigs and intensively reared exotic Large White Yorkshires, Cheiron-Tamil Nadu, Journal of Veterinary Science and Animal Husbandry (India) 13(4)

Pratelli, G. (1984) Animal housing in a hot climate, Génie Rurale 47

Rabhakar, R. (1985) Comparative studies on qualitative characteristics of pork from traditionally reared indigenous pigs and intensively fed Large White Yorkshire pigs, Kerala Journal of Veterinary Science 16

Rai, B.K. (1984) A system for raising pigs by small farmers, Belmopan (Belize) CARDI, Aug. 1984

Rannfelt, C.A., et al. (1974) Pig housing in warm climates, World Animal Review 10

Ratarasarn, S., and Koshi, J. (1965) Swine improvement project in Kasetsart University. Kasetsart Journal 5

Reh, I. (1986) Livestock numbers and holdership in Chivi District, Masvingo Province - Results from a livestock census carried out in Oct./Nov. 1984, Department of Research and Specialist Services - Farming Systems Research Unit

Rehm, S., und Espig, G. (1984) Die Kulturpflanzen der Tropen und Subtropen: Anbau, wirtschaftliche Bedeutung, Verwertung. Stuttgart

Ridell, R.C. (1978b) The land problem in Rhodesia. Alternatives for the Future, Gwelo 1978

Rigor, E.M., und Kroeske, D. (1972) Indigenous and exotic pig breeds in the tropics, World Animal Review 4

Robinson, R.D.V., et al. (1978) Effect of ambient temperature on farrowing rate in pigs, South African Journal of Animal Science 8

Rohrbach, D. (1987) A preliminary assessment of factors underlying the growth of Communal Area maize production in Zimbabwe. In: Rukuni, M., and Eicher, K. (eds.) (1987), Food security for Southern Africa. Harare, UZ/MSU Food Security Project, Department for Agricultural Economics and Extension, University of Zimbabwe, Harare

Rohrbach, D. (1989) The economics of smallholder maize production in Zimbabwe: Implications for food security. MSU International Paper No. 11, East Lansing, Michigan

Runsheng, C. (1986) Pig production in People's Republic of China, Pig News and Information, Vol.7, No.1

Rupia, M. (1989) persönliche Mitteilung, Agricultural Finance Corperation, Mt. Darwin

Ruthenberg, H. (1980) Farming systems in the tropics, Oxford University Press, 3. Auflage, 1986

Sandford, S. (1982) Livestock in the Communal Areas of Zimbabwe. Overseas Development Institut, London

Sarma, J.S., and Yeung, P. (1985) Livestock products in the Third World: Past trends and projections to 1990 and 2000. Research Report 49, IFPRI, Washington DC

SAS Institute Inc., (1985a) SAS-Language guide for PC's, Version 6 Edition, Cary, NC. SAS Institute Inc.

SAS Institute Inc., (1985b) SAS-Procedures guide for PC's, Version 6 Edition, Cary, NC. SAS Institute Inc.

SAS Institute Inc., (1985c) SAS-Statistics guide for PC's, Version 6 Edition, Cary, NC. SAS Institute Inc.

Scheffé, H. (1959) The analysis of variance; New York

Scherf, B. (1990) Auswirkungen verbesserter Haltungstechniken auf die traditionelle Schweinehaltung in kleinbäuerlichen Betrieben Simbabwes, Diplomarbeit, Institut für Tierzucht und Haustiergenetik, Universität Göttingen

Schleich, K. (1987) Die Entwicklung der Tierproduktion in Savannengebieten Westafrikas. Studien aus dem Norden der Elfenbeinküste, Dissertation, Universität Gießen

Schleich, K.(1989) Die Entwicklung der Tierproduktion in Sub-Saharan Africa. GTZ, Eschborn

Schoonhoven, A. van (1986) Important programmes in International Agricultural Research Example: The Bean Network at CIAT, Entwicklung + ländlicher Raum 6

Seifert, H. (1991) Persönliche Mitteilung

Shumba, E.M. (1983) Development of the farming system in Mangwende-Murehwa district - Results of a diagnosis from the informal survey, March 1982, DR&SS, 1983;

Shumba, E.M. (1985) On-farm research priorities resulting from a diagnosis of the farming systems in Mangwende, a high potential area in Zimbabwe, Research Report No.: 5, Zimbabwe Agricultural Journal, 1985;

Somade, R. (1985) The influence of season, parity and duration of lactation on some performance traits of sows indigenous to Nigeria, Beiträge zur trop. und subtrop. Landwirtschaft und Tropenveterinärmedizin 23

Statistik des Auslandes, (1987) Länderbericht Simbabwe, Statistisches Bundesamt Wiesbaden (Hrsg.), W. Kohlhammer Verlag, Stuttgart und Mainz

Steinfeld, H. (1989) Analysis and Development Planning of Livestock Production Systems Applied to Selected Communal Areas in Zimbabwe, Dissertation, Fachbereich Internationale Agrarentwicklung, TU-Berlin

Stunning, J. (1987) Household grain storage and marketing in surplus and deficit communal farming areas in Zimbabwe: preliminary findings. In: Rukuni and Eicher K. (eds.) (1987) Food security for Southern Africa. UZ/MSU Food Security Project, Department of Agricultural Economics and Extension, University of Zimbabwe, Harare

Theisen , R.J., and Marasha, J. (1974) Livestock in the Que Que Tribal Trust Land : An ecological study of the importance of livestock development. Unveröffentlichter Bericht, Information services, DR&SS, Harare

Thomas, K., et al. (1985) Feeding pigs in tropics 1. Effect of plane of feeding and feed particle size on growth 2. Effect on plane of feeding and carcass characteristics, Kerala Journal of Veterinary Science 15

Vaughan-Evans, R. (1987) Extension in Zimbabwe. CYMMIT Senior Research/Extension Administrators Workshop, 5. - 8. 5. 1987, Lilongwe, Malawi

Veen, R.G. van der (1982) The advanced Master Farmers Training Scheme - A new era in small-scale farmer training in Zimbabwe, Zimbabwe Agricultural Journal 79

Villalta, B.J.F. (1978a) Productive behaviour of native pigs (Paraguay), Veterinaria (Paraquay) 27

Villalta, B.J.F. (1978b) Reproductive behaviour of native pigs (Paraguay), Veterinaria (Paraquay) 29

Weinrich, A.K.H. (1975) African farmers in Rhodesia - Old and new peasant communities in Karangaland. Oxfort University Press

Weniger, J.H., et al. (1983) Expertengespräch "Erhaltung und Nutzung genetischer Ressourcen der Tierproduktion der Tropen und Subtropen, Entwicklung + ländlicher Raum 2, Frankfurt/M., 34

Whitlow, J.R. (1980a) Environmental constraints and population pressures in the tribal areas of Zimbabwe, Zimbabwe Agricultural Journal 67

Whitlow, J.R. (1980b) Agricultural Potential in Zimbabwe, Zimbabwe Agricultural Journal 77

Wilkins, J.V., and Martinez, L. (1983) Bolivia: An investigation of sow productivity in humid lowland villages. World Animal Review 47, 1983

Wilkins, J.V., et al. (1983) An investigation of sow productivity in humid lowland villages, World Animal Review 47

Witsun Foundation, (1983) Land reform in Zimbabwe. Harare

World Bank (1985) Zimbabwe land sub-sector study, Report No.: 5878-Zim., Washington D.C.

Wyllie, D., and Lekule, F.P. (1980) Cassava and molasses for fattening pigs under village conditions in Tanzania, In: Tropical Agriculture, (Trinidad) Vol 57

Yen, H.T. (1984) The performance of growing pigs under ad libitum feeding in Taiwan, Journal of the Chinese Society of Animal Science 13, 27-33

Yoshimoto, T., et al. (1983) The influence of thermal radiation on physiological and productive factors of pigs in hot environment, In: The Fifth World Conference on Animal Production, Aug.14.-19.1983,

ZPS, (1990a) Kangai urges rural farmers to go into piggery. Zimbabwe Press Statement, Department of Information, Harare

ZPS,(1990b) Promote pig production - Mangwende urges Pig Board. Zimbabwe Press Statement, Department of Information, Harare

Tabellenanhang

Tabelle 1: Phänotypische Korrelationen der Gewichte im intensiven System

Alter (Tage)	0	30	60	90	120	150	180	210	240	270
0	1.00	0.48	0.19	0.28	0.19	0.05	0.31	0.27	0.68	-0.73
30		1.00	0.70	0.64	0.55	0.50	0.68	0.70	0.88	0.16
60			1.00	0.85	0.71	0.71	0.66	0.61	0.20	-0.04
90				1.00	0.83	0.71	0.77	0.71	0.61	0.57
120					1.00	0.88	0.90	0.89	0.79	0.72
150						1.00	0.93	0.95	0.89	0.81
180							1.00	0.97	0.90	0.93
210								1.00	0.95	0.99
240									1.00	0.99
270										1.00

Quelle: eigene Berechnungen

Tabelle 2: Phänotypische Korrelationen der Gewichte im traditionellen System

Alter (Tage)	0	30	60	90	120	150	180	210	240	270
0	1.00	0.69	0.49	0.32	-0.19	0.01	0.41	-.--	0.11	-.--
30		1.00	0.43	0.09	0.53	0.35	0.26	0.33	0.17	0.54
60			1.00	0.88	0.81	0.66	0.46	0.52	0.03	0.09
90				1.00	0.84	0.77	0.74	0.68	0.14	0.13
120					1.00	0.73	0.74	0.63	0.50	0.56
150						1.00	0.87	0.75	0.54	0.56
180							1.00	0.87	0.73	0.70
210								1.00	0.92	0.87
240									1.00	0.93
270										1.00

Quelle: eigene Berechnungen

Tabelle 3: **Ergebnisse der Varianzanalysen der Geburtsgewichts- und Wachstumsleistungen der Schweine bis zum Alter von 270 Tagen**

Tabelle 3 a: **Ergebnisse der Varianzanalysen der Geburtsgewichts- und Wachstums leistungen der Schweine bei 30 und 60 Tagen**

Alter	Geburt		30		60	
Varianzursache	FG	F-Wert	FG	F-Wert	FG	F-Wert
Haltungssystem	1	2.913*	1	23.072***	1	149.769***
Betriebsgröße	2	6.778**	2	14.866***	2	2.101*
Rinderbesitz	1	0.087	1	6.847**	1	12.926***
Geschlecht	1	0.008	1	0.265	1	0.387
Kombinierter Effekt aus Rassen und Region innerhalb Haltungssystem						
intensiv	3	0.515	3	4.233**	3	8.033***
traditionell	4	4.825***	5	3.133**	4	3.122*
Wurfsaison innerhalb Haltungssystem						
intensiv	3	13.854***	3	14.907***	3	15.392***
traditionell	2	3.346*	3	1.147	3	0.379
Interaktionen der Haltungssysteme mit:						
Betriebsgröße	2	1.200	2	12.424***	2	9.296***
Rinderbesitz	1	0.006	1	3.343	1	10.564**
Geschlecht	1	0.013	1	1.763	1	0.001
R^2		0.295		0.447		0.434

Quelle: eigene Berechnungen

Tabelle 3 b: Ergebnisse der Varianzanalysen der Wachstumsleistungen der Schweine in den Altersabschnitten zwischen 90 und 150 Tagen

Alter	90		120		150	
Varianzursache	FG	F-Wert	FG	F-Wert	FG	F-Wert
Haltungssystem	1	84.896***	1	305.645***	1	184.821***
Betriebsgröße	2	3.169*	2	13.170***	2	27.990***
Rinderbesitz	1	19.135***	1	58.995***	1	85.820***
Geschlecht	1	0.092	1	1.792	1	0.038
Kombinierter Effekt aus Rasse und Region innerhalb Haltungssystem						
intensiv	3	5.679***	2	2.026	3	10.071***
traditionell	5	0.857	5	0.265	5	0.300
Wurfsaison innerhalb Haltungssystem						
intensiv	3	0.644	3	11.805***	3	12.700***
traditionell	3	1.004	2	1.341	3	0.472
Interaktionen der Haltungssysteme mit:						
Betriebsgröße	2	6.076**	2	18.182***	2	25.509***
Rinderbesitz	1	18.929***	1	63.792***	1	83.796***
Geschlecht	1	0.128	1	0.145	1	0.000
R^2		0.472		0.487		0.606

Quelle: eigene Berechnungen

Tabelle 3 c: Ergebnisse der Varianzanalysen der Wachstumsleistungen der Schweine in den Altersabschnitten zwischen 180 und 270 Tagen

Alter (Tage)	180		210		240		270	
Varianzursache	FG	F-Wert	FG	F-Wert	FG	F-Wert	FG	F-Wert
System	1	384.045***	1	462.049***	1	742.757***	1	364.439***
Betriebsgröße	2	28.016***	2	9.717***	2	23.778***	1	3.606
Rinderbesitz	1	173.841***	1	162.437***	1	279.679***	1	207.359***
Geschlecht	1	1.793	1	0.573	1	0.879	1	0.705
Kombinierter Effekt aus Rasse und Region innerhalb System								
intensiv	3	27.055***	2	46.917***	1	4.882*	1	1.944
traditionell	5	0.158	4	0.377	5	1.978	4	2.083
Wurfsaison innerhalb Haltungssystem								
intensiv	3	1.544	3	7.388***	3	15.511***	2	20.248***
traditionell	2	1.288	2	0.466	2	2.489	2	2.276
Interaktionen der Haltungssysteme mit:								
Betriebsgröße	2	23.064***	2	13.292***	2	15.567***	1	186.129***
Rinderbesitz	1	191.094***	1	192.212***	1	257.510***	1	0.476
Geschlecht	1	2.533	1	0.766	1	7.280**	1	3.921*
R^2		0.788		0.876		0.894		0.909

Quelle: eigene Berechnungen

Tabelle 4: **Ergebnisse der LSQ - Mittelwerte der Geburtsgewichts- und Wachstumsleistungen**

Tabelle 4a: **LSQ-Mittelwerte des Geburtsgewichte und der Gewichte bei 30 und 60 Tagen**

Alter (Tage)	Geburt			30			60		
	N	LSQX	±SE	N	LSQX	±SE	N	LSQX	±SE
Gesamtmittel	485	1.34	.06	616	5.59	.27	848	8.52	.29
int. System	379	1.45	.04	520	6.92	.22	678	12.14	.36
ext. System	106	1.23	.11	96	4.26	.50	170	4.90	.46
große Betriebe	209	1.16	.13	340	6.35	.62	452	8.48	.42
mittlere Betriebe	205	1.59	.06	202	4.27	.23	270	7.97	.42
kleine Betriebe	71	1.28	.06	74	6.15	.30	126	9.11	.42
Rinderhalter	293	1.36	.04	427	5.10	.21	614	7.70	.31
Rinderlos	192	1.33	.10	189	6.08	.42	234	9.34	.42
männliche Tiere	257	1.35	.06	320	5.63	.29	436	8.60	.33
weibliche Tiere	228	1.34	.06	296	5.55	.27	412	8.44	.31
Rassen in den intensiven Systemen in den Regionen:									
Chivi LR	91	1.50	.05	184	6.92	.21	289	12.97	.31
Chivi KR	38	1.46	.06	51	6.31	.26	65	12.16	.45
Mangwende LR	242	1.48	.05	276	6.92	.20	315	11.33	.31
Mangwende KR	8	1.37	.12	9	7.52	.47	9	12.11	1.04
Rassen in den traditionellen Systemen in den Regionen:									
Kandeya KR	53	1.38	.10	38	4.77	.64	29	5.17	.83
Kandeya I	15	1.23	.15	13	3.99	.74	27	4.96	.86
Chivi KR	9	1.37	.27	15	4.17	.96	30	5.93	.70
Chivi I	5	0.66	.19	5	3.44	.91	--	---	---
Mangwende KR	24	1.52	.09	20	2.84	.33	58	5.66	.43
Mangwende I	--	---	--	5	6.37	.92	26	2.77	.80
Wurfsaison im intensiven System:									
Nov. - Jan.	78	1.37	.05	126	7.60	.23	98	13.59	.43
Feb. - April	104	1.48	.05	173	6.85	.22	265	11.47	.40
Mai - Juli	78	1.64	.06	81	6.62	.27	166	11.11	.42
Aug. - Okt.	119	1.32	.05	140	6.60	.25	149	12.40	.46
Wurfsaison im traditionellen System:									
Nov. - Jan.	52	1.11	.17	48	4.22	.70	94	5.24	.48
Feb. - April	10	1.49	.18	13	4.92	.76	19	4.42	.86
Mai - Juli	--	---	--	13	4.34	.68	17	5.19	.93
Aug. - Okt.	44	1.11	.09	22	3.56	.43	40	4.74	.64
Interaktionen der Haltungssysteme mit:									
int.* große Betr.	184	1.40	.06	334	6.71	.21	425	12.30	.40
int.* mittlere Betr.	182	1.62	.07	180	5.23	.20	230	10.30	.40
int.* kleine Betr.	13	1.33	.11	6	8.82	.55	23	13.84	.74
ext.* große Betr.	25	0.92	.26	6	5.98	1.24	27	4.67	.75
ext.* mittlere Betr.	23	1.56	.10	22	3.32	.41	40	5.65	.74
ext.* kleine Betr.	58	1.23	.06	68	3.48	.22	103	4.38	.43
int.* Rinderhalter	205	1.47	.05	356	6.09	.22	485	10.57	.37
int.* nicht Rinderhalter	174	1.43	.09	164	7.75	.33	193	13.71	.53
ext.* Rinderhalter	88	1.25	.06	71	4.12	.35	129	4.82	.50
ext.* nicht Rinderhalter	18	1.22	.18	25	4.41	.77	41	4.98	.66
int.* männliche Tiere	208	1.46	.05	281	6.86	.23	360	12.23	.38
int.* weibliche Tiere	171	1.45	.05	239	6.98	.23	318	12.06	.38
ext.* männliche Tiere	49	1.23	.12	39	4.40	.55	76	4.98	.55
ext.* weibliche Tiere	57	1.23	.11	57	4.12	.49	94	4.82	.48

Quelle: eigene Berechnungen

Tabelle 4b: LSQ-Mittelwerte der Gewichte bei 90, 120 und 150 Tagen

Alter in Tagen	90			120			150		
	N	LSQX	±SE	N	LSQX	±SE	N	LSQX	±SE
Gesamtmittel	782	12.18	.58	758	20.25	0.73	767	27.78	1.32
int. System	601	17.53	.82	620	33.10	0.91	618	45.84	1.65
ext. System	181	6.83	.81	138	7.40	1.14	149	9.72	2.08
große Betr.	361	12.80	.75	415	22.64	1.10	388	33.86	1.54
mittlere Betr.	322	10.90	.70	270	15.80	1.00	312	21.61	1.52
kleine Betr.	99	12.82	1.01	73	22.31	1.34	67	27.87	2.30
Rinderhalter	508	10.41	.61	534	14.92	0.74	512	19.50	1.32
Rinderlos	274	13.94	.79	224	25.58	1.22	255	36.07	1.83
männliche Tiere	400	12.25	.64	394	20.85	0.93	393	27.88	1.44
weibliche Tiere	382	12.11	.60	364	19.65	0.78	374	27.68	1.41
Rassen in den intensiven Systemen in den Regionen:									
Chivi LR	219	18.41	.69	262	33.92	0.96	242	39.18	1.48
Chivi KR	16	13.19	1.51	59	33.62	1.52	16	53.92	3.21
Mangwende LR	357	17.63	.70	299	31.77	1.01	342	41.22	1.43
Mangwende KR	9	20.87	1.90	--	-----	----	18	49.04	3.05
Rassen in den traditionellen Systemen in den Regionen:									
Kandeya KR	26	5.71	1.28	14	5.81	2.59	24	9.51	3.18
Kandeya I	45	6.48	1.56	19	7.67	2.98	30	10.07	2.81
Chivi KR	22	8.78	1.44	20	7.87	2.52	18	11.06	3.36
Chivi I	13	7.12	1.69	8	7.81	3.43	11	7.31	3.95
Mangwende KR	42	6.65	.84	50	8.67	1.39	36	11.36	2.84
Mangwende I	33	6.22	1.19	27	6.58	1.92	30	9.04	2.91
Wurfsaison im intensiven System:									
Nov. - Jan.	102	17.06	.94	186	34.92	1.08	194	44.99	1.73
Feb. - April	262	17.81	.86	266	29.94	0.91	196	41.76	1.89
Mai - Juli	98	17.35	.94	71	34.38	1.37	61	47.56	2.14
Aug. - Okt.	139	17.89	.96	97	33.17	1.30	167	49.04	1.95
Wurfsaison im traditionellen System:									
Nov. - Jan.	94	5.45	.74	47	6.19	1.61	72	8.19	1.90
Feb. - April	21	6.66	1.27	26	6.85	2.13	22	11.31	2.82
Mai - Juli	7	8.33	2.36	--	----	----	3	11.40	6.80
Aug. - Okt.	59	6.86	.89	65	9.15	1.38	52	8.00	1.69
Interaktionen der Haltungssysteme mit:									
int. * große Betriebe	321	19.20	.77	374	36.89	1.07	342	57.39	1.66
int. * mittlere Betriebe	270	14.61	.82	224	23.24	1.01	266	33.44	1.50
int. * kleine Betriebe	10	18.77	1.86	22	39.17	2.20	10	46.68	3.93
ext. * große Betriebe	40	6.41	1.30	41	8.40	1.94	46	10.34	2.60
ext. * mittlere Betriebe	52	7.20	1.13	46	8.37	1.74	46	9.79	2.66
ext. * kleine Betriebe	89	6.87	.80	51	5.44	1.52	57	9.05	2.39
int. * Rinderhalter	366	14.00	.84	432	22.23	0.93	391	29.37	1.76
int. * nicht Rinderhalter	235	21.05	1.07	188	43.98	1.53	227	62.31	2.19
ext. * Rinderhalter	142	6.82	.88	102	7.61	1.15	121	9.63	1.98
ext. * nicht Rinderhalter	39	6.84	1.16	36	7.19	1.90	28	9.82	2.93
int. * männliche Tiere	314	17.68	.83	336	33.87	0.95	322	45.94	1.66
int. * weibliche Tiere	287	17.37	.86	284	32.33	1.02	296	45.74	1.75
ext. * männliche Tiere	86	6.81	.98	58	7.83	1.59	71	9.83	2.34
ext. * weibliche Tiere	95	6.84	.83	80	6.97	1.19	78	9.62	2.22

Quelle: eigene Berechnungen

Tabelle 4c: **LSQ-Mittelwerte der Gewichte bei 180, 210, 240 und 270 Tagen**

Alter (Tagen)	180			210			240			270		
	N	LSQX	±SE	N	LSQX	±SE	N	LSQX	±SE	N	LSQX	±SE
Gesamtmittel	571	36.20	1.25	341	43.83	1.50	246	41.88	1.02	109	41.15	1.29
int. System	426	60.70	1.88	244	76.16	1.95	119	69.76	1.49	41	65.93	2.04
ext. System	145	11.69	1.63	97	11.49	2.28	127	14.01	1.39	68	16.37	1.60
große Betriebe	211	40.25	1.53	104	45.50	2.00	94	39.98	1.93	63	44.50	2.36
mittlere Betriebe	288	26.35	1.60	184	35.81	2.13	97	33.81	1.42	46	37.80	2.00
kleine Betriebe	72	41.99	2.49	53	50.17	2.79	55	51.86	2.15	--	----	---
Rinderhalter	328	24.70	1.27	193	29.32	1.46	195	25.55	1.05	86	19.04	1.36
Rinderlos	243	47.69	1.74	148	58.34	2.23	51	58.22	1.70	23	63.26	2.49
männliche Tiere	277	36.98	1.41	152	44.36	1.69	112	42.45	1.20	50	40.45	1.57
weibliche Tiere	294	35.41	1.34	189	43.29	1.62	134	41.32	1.17	59	41.85	1.50
Rassen in den intensiven Systemen in den Regionen:												
Chivi LR	119	47.77	1.76	85	61.39	2.47	68	75.52	2.55	22	70.75	3.56
Chivi KR	15	54.03	3.56	--	----	---	--	----	---	--	----	---
Mangwende LR	283	60.24	1.78	151	63.36	3.21	51	64.00	3.39	19	61.11	4.41
Mangwende KR	9	80.77	4.33	8	103.74	4.71	--	----	----	--	----	---
Rassen in den traditionellen Systemen in den Regionen:												
Kandeya KR	19	11.29	3.20	43	11.53	2.80	18	14.00	2.44	6	11.47	4.03
Kandeya I	38	10.55	2.43	---	----	----	25	9.64	2.75	8	12.10	3.24
Chivi KR	15	12.99	3.64	5	12.44	5.71	15	15.61	2.87	10	18.93	3.49
Chivi I	9	10.24	4.37	5	7.43	5.40	5	9.70	4.09	--	----	---
Mangwende KR	43	11.70	2.28	23	14.20	3.08	38	18.88	2.01	27	22.06	2.66
Mangwende I	21	13.35	2.98	21	11.86	3.05	26	16.21	2.12	17	17.31	2.46
Wurfsaison im intensiven System:												
Nov. - Jan.	128	60.42	2.21	74	71.94	2.35	41	70.31	1.99	10	68.24	3.02
Feb. - April	135	59.05	2.23	60	80.44	2.57	11	84.25	2.99	--	----	----
Mai - Juli	33	60.90	2.70	24	73.47	3.00	19	51.98	3.75	5	52.00	4.78
Aug. - Okt.	130	62.45	2.32	86	78.80	2.54	48	72.49	2.20	26	77.55	2.75
Wurfsaison im traditionellen System:												
Nov. - Jan.	63	8.72	2.02	45	9.64	2.45	48	12.68	1.76	10	14.04	2.88
Feb. - April	17	14.18	3.52	8	13.31	4.45	18	17.45	2.57	9	20.81	3.16
Mai - Juli	--	----	---	--	---- -	--	-	--- -	-	--	----	---
Aug. - Okt.	65	12.16	1.73	44	11.52	2.42	61	11.90	1.55	49	14.27	1.40
Interaktionen der Haltungssysteme mit:												
int.* große Betr.	168	68.03	2.00	80	79.69	2.62	54	67.23	3.36	22	72.78	4.38
int.* mittlere Betr.	248	41.79	1.94	155	58.80	3.03	56	54.66	2.04	19	59.08	3.33
int.* kleine Betr.	10	72.28	4.48	9	89.99	4.60	9	87.39	3.79	--	----	---
ext.* große Betr.	43	12.47	2.31	24	11.30	3.03	40	12.73	1.89	41	16.23	1.74
ext.* mittlere Betr.	40	10.91	2.55	29	12.83	2.99	41	12.97	1.99	27	16.52	2.23
ext.* kleine Betr.	62	11.69	2.17	44	10.35	3.18	46	16.33	2.03	--	----	---
int.* Rinderhalter	217	37.16	1.93	110	45.87	2.12	87	37.75	1.72	33	22.87	2.02
int.* nicht Rinderhalter	209	84.25	2.40	134	106.46	2.75	32	101.77	2.43	8	108.99	4.13
ext.* Rinderhalter	111	12.24	1.64	83	12.77	2.00	108	13.35	1.19	53	15.21	1.84
ext.* nicht Rinderhalter	34	11.13	2.51	14	10.22	3.51	19	14.67	2.37	15	17.54	2.77
int.* männliche Tiere	212	62.43	1.94	112	77.32	2.05	55	71.95	1.65	17	65.80	2.47
int.* weibliche Tiere	214	58.98	2.01	132	75.01	2.12	64	67.57	1.81	24	66.06	2.41
ext.* männliche Tiere	65	11.54	2.06	40	11.41	2.70	57	12.95	1.73	33	15.10	1.95
ext.* weibliche Tiere	80	11.84	1.78	57	11.58	2.45	70	15.07	1.48	35	17.65	1.81

Quelle: eigene Berechnungen

Tabelle 5: **Ergebnisse der Varianzanalysen der Gewichtsleistungen der verteilten Kreuzungstiere in verschiedenen Altersabschnitten**

Tabelle 5a: **Ergebnisse der Varianzanalyse der Gewichtsleistungen von Schweinen mit bekanntem Genotyp in den Altersabschnitten von 60 bis 150 Tage**

Alter (Tage)	60		90		120		150	
Variations-ursache	FG	F-Wert	FG	F-Wert	FG	F-Wert	FG	F-Wert
System	1	16.884***	1	16.739***	1	50.491***	1	57.859***
Kreuzungstiere im System								
Intensiv	2	4.677*	2	4.157*	2	2.755	2	17.296***
Extensiv	2	7.026**	2	7.363***	2	0.588	2	0.550
Wiegesaison im System								
Intensiv	2	8.621***	2	5.551**	2	1.963	2	4.398*
Extensiv	2	10.273***	1	2.457	2	1.625	2	1.397
R^2		0.348		0.373		0.431		0.688

Quelle: eigene Berechnungen

Tabelle 5b: **Ergebnisse der Varianzanalyse der Gewichtsleistungen von Schweinen mit bekanntem Genotyp in den Altersabschnitten von 180 bis 270 Tage**

Alter (Tage)	180		210		240		270	
Variations-ursache	FG	F-Wert	FG	F-Wert	FG	F-Wert	FG	F-Wert
System	1	91.212***	1	126.965***	1	30.895***	1	65.377
Kreuzungstiere im System								
Intensiv	2	8.747***	2	7.415***	2	4.621*	1	5.794
Extensiv	2	0.976	2	1.489	2	1.288	2	3.616
Wiegesaison im System								
Intensiv	1	23.172***	1	0.680	--	-.---	-	-.---
Extensiv	1	1.828	1	0.011	2	1.024	1	2.410
R^2		0.676		0.662		0.749		0.711

Quelle: eigene Berechnungen

Tabelle 6: **Ergebnisse der LSQ-Mittelwerte der Wachstumsleistungen der verteilten Kreuzungstiere**

Tabelle 6a: **LSQ-Mittelwerte der Gewichtsleistungen von Schweinen mit bekanntem Genotyp in den Altersabschnitten 60 bis 150 Tage**

Alter in Tagen	60			90			120			150		
	N	LSQX	±SE	N	LSQX	±SE	N	LSQX	±SE	N	LSQX	±SE
Gesamtmittel	141	10.20	0.36	191	12.52	0.43	147	18.51	0.73	146	24.30	1.18
Haltungssysteme												
Intensiv	106	11.72	0.50	99	14.28	0.68	83	23.73	1.05	83	33.35	1.81
Extensiv	35	8.69	0.53	92	10.75	0.52	64	13.29	1.02	63	15.25	1.54
Genotypen im intensiven System												
I*(LR*I)	6	11.30	1.16	10	11.49	1.42	10	19.82	2.31	9	26.59	3.22
LR*I	9	13.53	0.90	12	15.65	1.23	14	26.41	1.97	18	32.13	2.41
LR*(LR*I)	91	10.33	0.34	77	15.72	0.54	59	24.97	1.02	56	41.33	1.62
Genotypen im intensiven System												
I*(LR*I)	6	6.15	1.07	27	9.03	0.84	11	11.70	2.26	14	14.33	2.93
LR*I	20	8.87	0.56	36	10.33	0.64	32	13.36	1.47	27	14.43	2.12
LR*(LR*I)	9	11.05	0.93	29	12.87	0.86	21	14.81	1.74	22	17.00	1.87
Wiegesaison im intensiven System												
Nov. - Jan.	20	10.39	0.55	31	15.84	0.68	22	22.58	1.50	4	37.43	4.33
Feb. - Apr.	52	13.33	0.74	53	15.17	1.00	38	25.92	1.55	58	34.40	1.30
Mai - Okt.	34	11.43	0.74	15	11.84	1.20	23	22.69	1.78	21	28.23	2.05
Wiegesaison im extensiven System												
Nov. - Jan.	15	10.60	0.68	74	11.60	.44	32	13.58	1.33	5	14.49	4.01
Feb. - Apr.	7	5.26	1.13	--	---	---	9	10.28	2.51	26	13.56	1.72
Mai - Okt.	13	10.21	0.69	18	9.90	.97	23	16.01	1.73	32	17.70	1.71

Quelle: eigene Berechnungen

Tabelle 6b: LSQ - Mittelwerte der Gewichtsleistungen von Schweinen mit bekanntem Genotyp in den Altersabschnitten 180 bis 270 Tage

Alter in Tage	180			210			240			270		
	N	LSQX	±SE	N	LSQX	±SE	N	LSQX	±SE	N	LSQX	±SE
Gesamt	156	27.28	1.08	100	34.10	1.34	77	34.40	2.21	100	38.65	1.92
Haltungssysteme												
Intensiv	71	37.65	1.66	36	49.24	2.11	20	46.70	3.15	12	54.23	3.30
Extensiv	85	16.92	1.39	64	18.97	1.65	57	22.09	3.11	88	23.08	1.97
Kreuzungstiere im intensiven System												
I * (LR*I)	8	27.15	3.94	7	43.05	4.50	3	36.16	7.23	--	----	---
LR * I	24	41.68	2.12	13	43.85	3.53	8	45.19	4.42	7	46.28	4.26
LR * (LR*I)	39	44.11	1.87	16	60.81	3.31	9	58.76	4.17	5	62.19	5.04
Kreuzungstiere im extensiven System												
I*(LR*I)	11	15.01	3.35	13	14.76	3.35	11	17.70	4.95	17	17.50	3.31
LR*I	45	16.44	1.56	32	20.10	2.21	27	25.06	3.64	44	25.73	2.07
LR*(LR*I)	29	19.32	1.94	19	22.04	2.73	19	23.51	3.41	27	26.00	2.61
Wiegesaison im intensiven System												
Nov. - Jan.	--	---	---	--	----	---	--	---	---	--	----	---
Feb. - Apr.	49	44.77	1.69	20	47.31	3.01	--	---	---	--	----	---
Mai - Okt.	22	30.52	2.65	16	51.17	3.28	--	---	---	--	----	---
Wiegesaison im extensiven System												
Nov. - Jan.	--	---	---	--	----	---	8	27.19	4.73	11	25.96	3.59
Feb. - Apr.	47	15.26	1.54	22	19.13	2.59	3	18.82	7.67	--	----	---
Mai - Okt.	38	18.58	2.12	42	18.80	1.94	46	20.26	1.90	77	20.19	1.34

Quelle: eigene Berechnungen

Tabelle 7: **Ergebnisse der Varianzanalyse der täglichen Zunahme bekannter Genotypen in drei Wachstumsabschnitten nach der Verteilung**

Wachstumsabschnitt (Tage)	TGZ30		TGZ120		TGZ210	
Varianzursache	FG	F-Wert	FG	F-Wert	FG	F-Wert
Haltungssystem	1	53.511***	1	65.866***	1	36.275***
Genotypen im System						
Intensiv	2	2.788	2	6.162**	1	20.928***
Extensiv	2	0.176	2	0.002	2	0.642
Wiegesaison im System						
Intensiv	1	0.540	1	2.233	--	--- ---
Extensiv	1	1.195	2	1.844	2	12.607***
R^2		0.665		0.843		0.736

Quelle: eigene Berechnungen

Tabelle 8: **LSQ-Mittelwerte und Standardfehler für die täglichen Zunahmen (in g) von verteilten Zuchtgruppen in drei Wachstumsabschnitten**

Wachstumsabschnitt	TGZ30			TGZ120			TGZ210		
	N	LSQX	±SE	N	LSQX	±SE	N	LSQX	±SE
Gesamt	130	96	13	100	184	15	111	111	08
Haltungssysteme									
Intensiv	47	194	21	33	308	26	7	159	14
Extensiv	83	- 5	17	67	060	15	104	62	06
Genotypen im intensiven System									
I*(LR*I)	9	125	42	8	256	38	3	91	22
LR*I	26	240	24	12	292	26	--	--	-
LR*(LR*I)	12	219	39	13	374	34	4	227	19
Genotypen im extensiven System									
I*(LR*I)	14	- 20	35	12	061	27	25	55	10
LR*I	42	1	19	33	060	15	47	65	06
LR*(LR*I)	27	1	25	22	061	20	32	67	08
Wiegesaison im intensiven System									
Nov. - Jan.	29	211	23	--	--	--	--	--	--
Feb. - Apr.	--	---	--	30	268	14	--	--	-
Mai - Okt	18	178	35	3	347	50	--	--	-
Wiegesaison im extensiven System									
Nov. - Jan.	59	11	16	11	066	25	22	75	08
Feb. - Apr.	--	---	--	49	030	11	7	81	15
Mai - Okt.	24	- 22	28	7	086	32	75	31	04

Quelle: eigene Berechnungen

Tabelle 9: Preisliste für die Handelsklassen und ihre Qualitätsabstufungen mit den entsprechenden K-Werten für die Schlachtkörperbewertung der Schweine von Mitgliedern der COLCOM-Vermarktungskooperative

Handelsklasse	Qualitäts stufe	K-Wert in mm	Preis pro kg Schlachtkörper-gewicht
UNDERMASS PIGS:	2	---	168,0
	3	---	147,0
	inferior	---	139,0
SMALL PORKERS:	1	0 - 12	184,0
(25 - 35 kg)	2	13 - 16	174,0
	3	> 17	135,0
	inferior		145,0
MEDIUM PORKERS:	1	0 - 15	214,0
(35,5 - 45 kg)	2	16 - 20	205,0
	3	> 21	175,0
	inferior		145,0
LARGE PORKERS:	1	0 - 15	195,0
(45,5 - 55 kg)	2	16 - 20	185,0
	3	> 21	165,0
	inferior		145,0
BACONERS:	1	8 - 20	212,0
(55,5 - 72 kg)	2	21 - 26	206,0
	3	> 27	187,0
GENERAL PURPOSE PIGS:			
(72,5 - 100 kg)	1	8 - 26	194,0
Males	2	27 - 31	187,0
	3	> 32	167,0
Females	1	8 - 26	200,0
	2	27 - 31	193,0
	3	> 32	173,0
MANUFACTORING PIGS:			
Jung- und Altsauen:	A		150,0
	B		140,0
	inferior		114,0
MATURE BOARS	A		131,0
	inferior		114,0

Quelle: COLCOM, 1. April 1988;

Der K-Wert gibt die Dicke des Rückenspeckes in mm an.

Tabelle 10: Kosten der Eberhaltung (in Z.$) berechnet für einen Bestand von 10 Sauen

Eberankaufpreis (Z.$)	500,0
Alteberverkaufserlös (Z.$)	300,0
Gesamtanschaffungskosten (Z.$)	200,0
Nutzungsdauer (Jahre)	2,0
anteilige Anschaffungskosten (Z.$)	100,0
Futterbedarf (kg)	1000,0
Futterkosten (Z.$)	300,0
Tierarzt, Medikamente (Z.$)	10,0
Stallhygiene (Z.$)	5,0
Reparaturen (Z.$)	5,0
feste Stallkosten (Z.$)	102,0
Kapitalkosten (Z.$)	52,2
Jahresgesamtkosten (Z.$)	574,2
anteilige Kosten pro Sau	57,4

Quelle: eigene Erhebungen

Tabelle 11a: Deckungsbeiträge der Schweineproduktionsalternativen in Regionen mit niedrigem Landnutzungspotential

Ertragsniveau (in % vom Break-even-Ertrag)	-30	-20	-10	± 0	+ 20	+ 40	+ 60	+ 80	+100	+120
Ertrag (kg/ha)	960.8	1098.0	1235.3	1372.5	1647.0	1921.5	2196.0	2470.5	2745.0	3019.5
Futterkosten (Z.$/kg)	0.36	0.34	0.33	0.32	0.30	0.29	0.28	0.27	0.27	0.26
GEN.PURPOSE (GP)										
var. Kosten (Z.$/Tier)	152.7	146.4	143.5	137.5	133.0	127.3	125.2	121.6	120.5	118.0
Deckungsbeitrag (Z.$/Tier)	4.0	10.3	13.3	19.3	23.7	29.5	31.5	35.1	36.2	38.7
Deckungsbeitrag (Z.$/ha)	27.3	64.2	89.7	139.1	202.0	288.9	351.8	438.6	501.6	588.4
Veredlungswert (Z.$/ha)	95.0	109.7	124.0	139.1	168.1	197.9	227.0	256.8	285.8	315.6
Flächenbedarf ha/Sau	3.7	3.3	2.9	2.6	2.2	1.9	1.6	1.5	1.3	1.2
BACONERMAST										
var. Kosten (Z.$/Tier)	132.4	127.1	124.6	119.6	115.8	111.0	109.2	106.2	105.3	103.1
Deckungsbeitrag (Z.$/Tier)	-0.4	4.9	7.4	12.5	16.2	21.1	22.8	25.8	26.7	28.9
Deckungsbeitrag (Z.$/ha)	8.7	42.9	65.6	112.1	169.4	250.5	307.8	388.9	446.2	527.3
Veredlungswert (Z.$/ha)	76.5	88.3	99.9	112.1	135.5	159.6	183.0	207.1	230.5	254.5
Flächenbedarf ha/Sau	3.2	2.8	2.5	2.2	1.9	1.6	1.4	1.2	1.1	1.0
LARGE PORKER (LP)										
var. Kosten (Z.$/Tier)	103.8	99.8	98.0	94.2	91.3	87.7	86.4	84.1	83.4	81.8
Deckungsbeitrag (Z.$/Tier)	-10.4	-6.4	- 4.6	- 0.8	2.1	5.7	7.0	9.3	10.0	11.6
Deckungsbeitrag (Z.$/ha)	-57.7	-33.5	-20.5	15.9	53.6	114.8	152.4	213.6	251.2	312.4
Veredlungswert (Z.$/ha)	10.0	12.0	13.7	15.9	19.7	23.8	27.6	31.7	35.5	39.6
Flächenbedarf ha/Sau	2.5	2.1	1.9	1.7	1.4	1.2	1.1	1.0	0.9	0.8
MEDIUM PORKER (MP)										
var. Kosten (Z.$/Tier)	89.3	86.0	84.5	81.3	79.0	76.0	74.9	73.0	72.5	71.2
Deckungsbeitrag (Z.$/Tier)	-8.3	-5.0	-3.4	-0.3	2.0	5.0	6.1	8.0	8.6	9.9
Deckungsbeitrag (Z.$/ha)	-51.2	-26.4	-12.7	24.3	63.2	125.5	164.5	226.7	265.7	327.9
Veredlungswert (Z.$/ha)	16.5	19.1	21.6	24.2	29.3	34.5	39.6	44.9	49.9	55.2
Flächenbedarf ha/Sau	2.1	1.8	1.6	1.4	1.2	1.0	0.9	0.8	0.7	0.7

Quelle: eigene Berechnungen

Tabelle 11b: Deckungsbeiträge der Schweineproduktionsalternativen in Regionen mit niedrigem Landnutzungspotential

Ertragsniveau (in % vom Break-even-Ertrag)	-30	-20	-10	± 0	+ 20	+ 40	+ 60	+ 80	+100	+120
Ertrag (kg/ha)	960.8	1098.0	1235.3	1372.5	1647.0	1921.5	2196.0	2470.5	2745.0	3019.5
Futterkosten (Z.$/kg)	0.36	0.34	0.33	0.32	0.30	0.29	0.28	0.27	0.27	0.26
SMALL PORKER (SP)										
var. Kosten (Z.$/Tier)	81.5	78.6	77.2	74.4	72.4	69.7	68.8	67.1	66.6	65.4
Deckungsbeitrag (Z.$/Tier)	-26.3	-23.4	-22.1	-19.3	-17.3	-14.6	-13.6	-12.0	-11.5	-10.3
Deckungsbeitrag (Z.$/ha)	-222.2	-221.9	-232.8	-220.6	-230.9	-218.0	-228.3	-215.4	-225.7	-212.8
Veredlungswert (Z.$/ha)	-154.4	-176.5	-198.6	-220.7	-264.8	-309.0	-353.1	-397.3	-441.4	-485.6
Flächenbedarf ha/Sau	1.8	1.6	1.4	1.3	1.1	0.9	0.8	0.7	0.6	0.6
MANUFACTORING PIG (VP)										
var. Kosten (Z.$/Tier)	135.1	129.6	127.0	121.7	117.8	112.8	111.0	107.8	106.9	104.6
Deckungsbeitrag (Z.$/Tier)	-46.7	-41.2	-38.6	-33.4	-29.5	-24.4	-22.6	-19.4	-18.5	-16.3
Deckungsbeitrag (Z.$/ha)	-227.4	-226.9	-237.9	-225.1	-235.1	-221.4	-231.5	-217.7	-227.8	-214.1
Veredlungswert (Z.$/ha)	-159.6	-181.5	-203.6	-225.1	-269.1	-312.3	-356.3	-399.6	-443.6	-486.8
Flächenbedarf ha/Sau	3.3	2.9	2.6	2.3	1.9	1.7	1.4	1.3	1.2	1.1

Quelle: eigene Berechnungen

Tabelle 12: **Deckungsbeitragsrechnung der Maiserzeugung bei unterschiedlichem Input- und Ertragsniveau an Standorten mit hohem Landnutzungspotential**

Ertragsniveau (± Break-even)		Unter break-even - 30	-20	-10	Break-even-Ertrag	+20	Über break-even-Ertrag +40	+60	+80	+100	+120
Ertrag (in kg)		1367.8	1563.2	1758.6	1954.0	2344.8	2735.6	3126.4	3517.2	3908.0	4298.8
Ertrag (in Säcken)		19.0	23.0	19.3	21.5	25.8	30.1	34.4	38.7	42.9	47.2
Erlös (Z.$)		**266.7**	**304.8**	**342.9**	**381.0**	**457.2**	**533.4**	**609.6**	**685.9**	**762.1**	**838.3**
Kosten des Maispaketes in Z.$:											
Saatgut	Aufwand 20.0 kg	28.0	28.0	28.0	28.0	28.0	28.0	28.0	28.0	28.0	28.0
Dünger											
Comp.D.	300.0 kg	126.0	126.0	126.0	126.0	126.0	126.0	126.0	126.0	126.0	126.0
AN	300.0 kg	144.0	144.0	144.0	144.0	144.0	144.0	144.0	144.0	144.0	144.0
Pflanzen-schutz	1.0 l	4.0	4.4	4.0	4.4	4.0	4.4	4.0	4.4	4.0	4.4
Transport	Z.$ 1.5/Sack	28.5	34.5	29.0	32.2	38.7	45.1	51.5	58.0	64.4	70.9
Sackkosten	Z.$ 1.0/Stück	15.0	17.2	19.3	21.5	25.8	30.1	34.4	38.7	42.9	47.2
Kapital-kosten	i= 7 %	24.2	24.8	24.5	24.9	25.6	26.4	27.2	27.9	28.7	29.4
variable Kosten		**369.7**	**378.9**	**374.8**	**381.0**	**392.1**	**404.0**	**415.0**	**427.0**	**438.0**	**449.9**
DB MAIS (Z.$)		**-88.0**	**-74.0**	**-12.6**	**0.0**	**90.9**	**129.5**	**229.0**	**258.9**	**367.0**	**388.3**

Quelle: eigene Berechnungen

Tabelle 13: **Durchschnitts- und Maximalertäge (in kg/ha) von neun Ackerfrüchten aus On-Farmversuchen bei guten und schlechten Niederschlagsbedingungen**

Niederschlagsbedingungen Anbausaison		schlecht 83-84	gut 84-85	Maximal- ertrag
1.	Pearl Millet (Eleusine Coracan)	467	2025	2 971
2.	Castor Bean (Ricinus Communis)	300	777	1 677
3.	Cowpea (Vigna Unguiculata)	489	783	1 803
4.	Groundnut (Arachis hypogaea)	232	759	2 370
5.	Sunflower (Helianthus annuus)	350	759	1 601
6.	Soyabean (Glycine max)	122	729	2 133
7.	Guar Bean (Cyamopsis tetragonoloba)	420	1 133	2 778
Anbausaison		86-87	83-84	
8.	Pigeonpea (Cajanus Cajan)	228	2 408	3 783
9.	Cassava (Manihot esculenta)	bis zu 20 000 kg/Jahr		

Quelle: Card 1987, S. 29;

Den Durchschnittserträgen liegen 20 bis 25 Ertragsmessungen zugrunde.

Tabelle 14: **Durchschnittsertäge (in kg/ha) von Mais und verschiedenen Zwischensaaten im Staffelanbau aus vier Anbaujahren in der agrarökologischen Zone 5 in Chiredzi**

Anbausaison	Mais- ertrag kg/ha	Zwischensaaten und Erträge in kg/ha
1983-84	900	Maize: 150 Groundnuts: 450 Gourds: 600 Cowpea: 128 (Lagenaria siceraria)
1984-85	2 428	Pigeonpea: 1 348 Pearlmillet: 933 Cowpea: 97
1985-86	2 078	Pigeonpea: 465 Pearlmillet: 411 Cowpea: 398
1986-87	250	keine Zwischensaat im Staffelanbau

Quelle: CARD,1987, S.27;

[illegible]

[illegible]

[illegible]

[illegible]

[illegible]

[illegible]

[illegible]

[illegible]

[illegible]

[illegible]

[illegible]